中国白酒上市企业高质量发展研究

陈子曦　青梅　刘力宁◎著

中国社会科学出版社

图书在版编目（CIP）数据

中国白酒上市企业高质量发展研究/陈子曦，青梅，刘力宁著.—北京：中国社会科学出版社，2024.3
ISBN 978-7-5227-2891-9

Ⅰ.①中⋯　Ⅱ.①陈⋯②青⋯③刘⋯　Ⅲ.①白酒工业—工业发展—研究—中国　Ⅳ.①F426.82

中国国家版本馆 CIP 数据核字（2023）第 238381 号

出 版 人	赵剑英
责任编辑	戴玉龙
责任校对	周晓东
责任印制	王　超

出　　版	中国社会科学出版社
社　　址	北京鼓楼西大街甲 158 号
邮　　编	100720
网　　址	http://www.csspw.cn
发 行 部	010-84083685
门 市 部	010-84029450
经　　销	新华书店及其他书店
印刷装订	三河市华骏印务包装有限公司
版　　次	2024 年 3 月第 1 版
印　　次	2024 年 3 月第 1 次印刷

开　　本	710×1000　1/16
印　　张	16.25
字　　数	265 千字
定　　价	98.00 元

凡购买中国社会科学出版社图书，如有质量问题请与本社营销中心联系调换
电话：010-84083683
版权所有　侵权必究

序　言

　　历经三年抗疫，在市场消费场景总体缺失的背景下，中国白酒行业龙头企业业绩保持坚挺。从生产端看，2022年，白酒行业完成酿酒总产量671.24万千升，同比下降5.58%；完成销售收入6626.45亿元，同比增长9.64%；实现利润总额2201.72亿元，同比增长29.36%；同时，白酒产业以12.4%的产量占比获得了饮料酒行业69.7%的市场份额和88.4%的利润。但是，白酒行业面临的现实挑战也不容忽视。一是产量腰斩反映市场真实需求。"十三五"时期，白酒产量高峰为1380万千升，到2022年下降至671万千升，总产量断崖式下跌，头部酒企靠提价保住了营业额。二是白酒行业集中度进一步提高，产能向优势产区集中态势明显。头部企业市场集中度进一步提升，行业的名酒化进程加快，行业分化趋势加剧，中小酒企面临更严峻的生存压力。2018年，全国规模以上白酒企业多达1445家，到2022年仅剩963家。三是高端和次高端白酒的优质白酒产能的极速扩容，未来产能进一步释放，产能扩张与产销量下滑矛盾加剧，白酒产销量仍有下行压力，导致库存积压严重，形成行业堰塞湖，市场竞争进一步加剧。四是名酒企业推进全价格带覆盖，进一步参与腰部价格带竞争、打造"第二增长极"的动力越来越足，从而推动名酒价格带降维，由此带来消费动力持续性及产业盈利能力持续性等问题。五是名酒渠道不断下沉，对终端的把控能力越来越强，如在贵州，呈现出产区优势大、龙头表现好、盈利能力强等特征，对区域性酒企突围发展构成了更大压力。六是白酒消费升级，由量到质转档，喝少喝好已成为白酒消费市场的主流消费心理，健康消费观念带动消费结构和消费形态的转变，直接倒逼白酒的"供给侧结构性改革"。

　　实际上，白酒产业已经运行在存量竞争时代，市场环境由蓝变红。因此，建立起对白酒产业的理性认知，实现高质量发展成为中国白酒行业的必然选择。本书梳理了白酒行业高质量发展的时代背景和政策脉络，分析了白酒行业的发展现状，以高质量发展为视角，集中研究了20家白酒上市企业。本书共分为七章，第一章为研究背景、内容及方法；第二章为中国白酒区域发展战略研究；第三章为中国白酒上市公司高质量发展战略；第四章为中国白酒产业指标体系构建及阐释、高质量发展测度及分析；第五章为中国白酒产业高质量发展水平格局分析；第六章为白酒上市公司财务绩效分析；第七章为中国白酒上市企业高质量发展对策建议。涉及西部、中部、东部和东北区域发展战略比较，白酒上市公司发展战略及区域政府支持政策，白酒产业指标体系构建及阐释，白酒产业高质量发展测度方法及结果，白酒产业高质量发展分析，白酒产业高质量发展水平格局动态演进，白酒产业高质量发展水平差异分析，Markov转移概率矩阵分析，白酒上市公司盈利、偿债、营运和发展能力分析等方面。

本书得到了"中国白酒上市企业高质量发展路径及对策研究"（SC22EZD036）、"多维视域下科技创新驱动成渝地区双城经济圈高质量发展机制及实施路径研究"（2022JDR0059）、"成渝经济区城市群新型城镇化高质量发展研究"（2019RC33）、"成渝双城经济圈高质量发展"（CYQCNY20221）支持。

感谢胡浩铭、杜孟杰、王冲、杨丹、韦思滢、青梅对本书的贡献，尤其感谢杨玉琴、邓雨浩、包家月三位同学在财务分析和指标测算部分所做的大量卓越工作。

四川轻化工大学
2023年6月

目　录

第一章　研究背景、内容及方法 ·· 1

　　第一节　研究背景 ··· 1
　　第二节　研究内容 ·· 11
　　第三节　研究方法 ·· 13

第二章　中国白酒区域发展战略研究 ·· 15

　　第一节　西部区域发展战略 ·· 15
　　第二节　中部区域发展战略 ·· 33
　　第三节　东部区域发展战略 ·· 50
　　第四节　东北区域发展战略 ·· 62

第三章　中国白酒上市公司高质量发展战略 ···································· 68

　　第一节　中国白酒上市公司发展战略 ····································· 68
　　第二节　中国白酒上市公司区域政府支持政策 ···························· 88

第四章　中国白酒产业指标体系构建及阐释、高质量发展
　　　　测度及分析 ·· 92

　　第一节　中国白酒产业指标体系构建及阐释 ······························· 92
　　第二节　中国白酒产业高质量发展测度方法及结果 ························ 98
　　第三节　中国白酒产业高质量发展分析 ·································· 103

第五章　中国白酒产业高质量发展水平格局分析 ······························ 158

　　第一节　中国白酒产业高质量发展水平格局动态演进 ···················· 158
　　第二节　中国白酒产业高质量发展水平差异分析 ························ 166

第三节　Markov 转移概率矩阵分析 …………………………… 175

第六章　白酒上市公司财务绩效分析 ………………………… 183

　　第一节　盈利能力分析 …………………………………………… 183
　　第二节　偿债能力分析 …………………………………………… 195
　　第三节　营运能力分析 …………………………………………… 206
　　第四节　发展能力分析 …………………………………………… 212
　　第五节　财务绩效评价 …………………………………………… 224

第七章　中国白酒上市企业高质量发展对策建议 …………… 226

　　第一节　中国白酒上市企业存在问题 …………………………… 226
　　第二节　高质量发展对策建议 …………………………………… 230

参考文献 ……………………………………………………………… 246

第一章　研究背景、内容及方法

第一节　研究背景

一　高质量发展政策的提出

（一）高质量发展是当前社会经济发展的主旋律

高质量发展是新时代中国经济发展的鲜明主题。2013年，习近平总书记在中央经济工作会议上提出，"我国经济发展正处于'增长速度换挡期、结构调整阵痛期、前期刺激政策消化期'的'三期叠加'阶段"，并在会议上首次提出"新常态"，强调当前中国经济发展不断呈现新变化，经济增长已由高速向中高速转变，我国经济正在向形态更高级、分工更复杂、结构更合理的阶段演化；2017年，党的十九大报告指出，我国经济发展已由高速增长阶段迈向高质量发展阶段；2021年，习近平总书记在党的十九届六中全会上强调，"必须实现创新成为第一动力、协调成为内生特点、绿色成为普遍形态、开放成为必由之路、共享成为根本目的的高质量发展，推动经济发展质量变革、效率变革、动力变革"；2022年，党的二十大报告明确提出，"高质量发展是全面建设社会主义现代化国家的首要任务"，强调"没有坚实的物质技术基础，就不可能全面建设社会主义现代化强国"；为全面贯彻党的二十大精神，2023年，党中央、国务院印发《质量强国建设纲要》作为纲领性文件，赋予其"推动高质量发展、促进我国经济由大向强转变的重要举措"的历史使命，对我国质量事业发展具有里程碑意义。

（二）政府出台一系列政策促进白酒高质量发展

高质量发展为白酒行业发展提出新要求。作为中国特色饮品的代表，中国白酒面临着转型升级和发展调整的压力。为了促进白酒业的可持续发展，政府相继出台了一系列政策措施。2019年，工信部发布《关于加快现代轻工产业体系建设的指导意见（征求意见稿）》，以推动轻工业产业转型升级。意见提出应增加升级创新产品，如适用不同消费群体的多样化、个性化、低度化的白酒。2021年，四川省人民政府办公厅印发《推动四川白酒产业高质量发展的若干措施》，提出"推动产业集聚发展、巩固扩大优质产能、加快技术改造升级、做大做强优势企业、持续提升川酒品牌影响力、推动酿酒专用粮基地建设、加强产业创新发展、加大市场拓展力度、加强质量安全管控、促进跨界融合发展、加大财政金融支持力度、加大人才队伍建设"，从而推动四川白酒产业高质量发展。贵州省人民政府提出《贵州省国民经济和社会发展第十四个五年规划和二〇三五年远景目标纲要草案》，指出要"进一步做强做优白酒产业，稳步扩大酱香型白酒产能，加强酿酒原料基地建设，保障白酒酿造优质原料供给，以龙头企业为引领培育壮大白酒企业梯队，打造贵州酱香型白酒品牌，构建'品牌强大、品质优良、品种优化、集群发展'的贵州白酒产业发展体系。做大做强茅台集团，力争把茅台集团打造成为省内首家'世界500强'企业、万亿级世界一流企业。以'百亿产值、千亿市值'为目标，培植提升习酒、国台、金沙、珍酒、董酒等一批在全国具有较强影响力骨干企业，加快推动企业上市，培育一批国家级、区域级知名企业。以品牌为核心创新营销方式，充分发挥'好生态酿好酒'资源优势，深挖贵州酒品牌文化内涵，不断提升产区品牌、产品品牌竞争力"。山西省《汾阳市国民经济和社会发展第十四个五年规划和二〇三五年远景目标纲要》提出，"大力实施中国酒魂龙头工程，带动白酒产业快速增长"。各政策措施涵盖了产业集聚发展、优质产能扩大、技术改造升级、品牌影响力提升、市场拓展、质量安全管控、跨界融合发展、人才队伍建设等方面，为白酒企业高质量发展提供了政策引导和积极信号。政策措施的实施也为白酒产业转型升级奠定了坚实的基础。

二　中国白酒市场发展现状

（一）白酒市场消费需求多元化

中国白酒作为重要的社交用品，其消费场景涵盖了宴请、送礼、收藏和自饮等多个方面。不同的消费群体对白酒的消费需求也不尽相同。目前，中国白酒消费群体可被分为六大类别，分别为高端商务人士、高薪中产、活跃中老年、新势力女性、新入圈年轻人以及拼搏打工人。对于高端商务人士而言，白酒是匹配个人社交身份的代表符号，该群体通常喜欢限量版或高档次的白酒。对于高薪中产群体而言，白酒更多用于社交，更加注重其在社交场合中的助兴、活跃气氛等因素，该群体喜欢次高端或以上水平的白酒。活跃中老年人群体相对于其他消费群体，更多地居住在一线或新一线的城市，拥有更高的收入和更注重养生的生活方式，他们更热衷于知名度较高的白酒产品。新入圈的年轻人则更多地选择白酒用于长辈共饮、投资或送礼，有着较大的消费需求差异。新势力女性群体将喝酒作为生活娱乐的一种方式，与家人朋友共饮是其消费白酒的主要场景，该消费群体展现出时尚化、个性化和低度化的特点。对于拼搏打工人而言，白酒是日常餐饮中不可或缺的仪式感，熟人推荐、价格实惠和促销力度大则成为该群体购买白酒的重要因素。综上所述，中国白酒市场消费群体多元且需求差异化，白酒市场需求的变化同时也带来竞争壁垒的提高。

与此同时，随着政策调整和消费观念的升级，中国的白酒市场正在发生着巨大的变化。政商消费者的市场规模逐渐下降，将白酒市场消费主体逐渐转变为大众消费者。而限制性消费政策的实施，使高端白酒的消费空间受到限制，价格适宜的中端白酒产品更受到大众消费者的推崇[1]。同时，生活水平的提高和消费观念的升级，也导致白酒消费需求呈现出多元化趋势。疫情期间，白酒行业遭受了巨大的冲击，白酒产量甚至出现了负增长的情况。2022年，白酒市场整体动销率偏低，多方面因素造成白酒销售遇冷，非名酒比名酒萎缩更严重，同时消费者也更加理性。表现出高端名酒投资持续加大，行业供给不断增加，结构性供给过剩的局面[2]，以及在名酒品牌带动下的结构性繁荣和强者恒强的"马太效应"下的中小品牌以及酒商普遍存在库存积压、价格倒挂、消费下降、预期转弱等迹象。

（二）白酒市场消费群体代际承接问题凸显

随着中高端白酒市场优势的扩大，"80后"消费者已然成为白酒消费主力，"90后"消费者逐渐崛起，白酒年轻化以及白酒消费群体代际承接问题凸显。据《多元分化　万变归一：糖酒行业关注趋势报告》显示，

---

[1] 杨春景：《消费税后移对白酒行业的影响分析》，《财会通讯》2020年第6期。
[2] 高佳晨：《白酒市场有点冷　经销商花式促销释压》，《中国食品工业》2022年第4期。

在白酒消费上，年轻群体迸发出巨大增长潜力，30 岁或为存量和增量市场临界点。30 岁以上用户对白酒内容的消费占 77.7%，但增速仅为 69%，而 30 岁以下用户增长率高达 133%。年轻人的白酒增量市场成为白酒消费群体代际传承的重要突破口。为迎合白酒年轻消费者，许多白酒企业在口感方面进行了低度化尝试。五粮液加速研发推出 35 度、39 度和 42 度的年轻人产品；江小白推出 40 度明星产品"表达瓶"，并在不断开发新饮用方式的低度产品。白酒企业同样在白酒时尚化方面下足了功夫。2018 年，五粮液与施华洛世奇开展"魔法奇缘之夜快闪店"活动，吸引众多时尚潮人关注；茅台发布茅台醇——星座酒，瓶身和包装一改尊贵特色，融入年轻时尚元素；江小白对年轻人喜爱的说唱、街舞、涂鸦等潮酷文化的探索，则被行业观察者称为"不是跟随时尚，而是制造潮流"。当前白酒市场酒体、口感、场景、产品设计的每一个细节都在向年轻人趋近，这一市场行为的背后是白酒企业对年轻人消费市场的渴求，应对消费群体代际传承问题的努力。

（三）高端市场需求旺盛

不同阶层的客户往往拥有不同的消费需求，高端白酒既是高端客户的必需品，又是大众客户的消费升级产品。目前，中国拥有全球最大的高端消费群体，千万以上净资产客户超过 470 万，中国白酒高端市场发展空间巨大。随着中国白酒市场的发展，消费者对白酒品质和口感的要求越来越高，使高端白酒受到关注，市场需求量也随之增加。作为白酒品牌中的"尖子生"，高端白酒的制造时间更长、技术水平要求更高，使其价格也相应地上涨。2023 年春节后，茅台一批价持续创新高。5 月中旬，飞天散瓶价格突破 2700 元/瓶。6 月初，箱装茅台站上了 3400 元/瓶的历史高位。茅台终端需求的旺盛和全国名酒价格定基同比持续攀升，印证了白酒高端市场的巨大发展潜力。中国高端白酒品牌正经历着快速发展和变革，随着消费者需求的不断变化和技术创新的推动，中国高端白酒品牌将会继续保持领先地位。

三 中国白酒行业发展现状

（一）白酒行业政策调整带来的新机遇

2019 年，国家发改委发布《产业结构调整指导目录（2019 年）》，将"白酒生产线"移出限制类目录，解除了对白酒产业投资、投产、用地等方面的限制，白酒行业迎来新发展机遇。新政策有利于促进白酒产业内和产业间的优质资源要素充分流动、促进产业并购与整合，为优势资源、资金进入酿酒产业提供政策便利，有利于建立良性竞争机制，使酒类市场恶性竞争得到有效控制，为净化酒类市场秩序奠定了良性基础。限制性政策的解除，有利于推动白酒产业转型升级并建立符合高质量发展要求的白酒新标准，目标在于促进白酒行业的高质量发展，更加强调白酒的高品质、生产流程的高标准、产业总体发展态势的高质量，市场资源进一步向优势白酒产区和知名酒企集中，有利于白酒优质产区和名优酒企的高质量发展。但限制政策解除对于白酒行业发展既是机遇，也是挑战。白酒行业进入壁垒的降低，可能导致白酒企业数量的增多和白酒企业规模的无序扩大，使目前趋于饱和的白酒消费市场存量间的尖锐竞争加剧。

2022年，国家市场监管总局（标准委）发布《白酒工业术语》《饮料酒术语和分类》两项国家标准，新标准明确白酒定义为"以粮谷为主要原料，以大曲、小曲、麸曲、酶制剂及酵母等为糖化发酵剂，经蒸煮、糖化、发酵、蒸馏、陈酿、勾调而成的蒸馏酒"。新标准强调白酒必须以"粮谷"为主要原料，并明确"粮谷"定义为"谷物和豆类的原粮和成品粮，谷物包括稻谷、小麦、玉米、高粱、大麦、青稞等"。与此同时，新标准提出"即便生产工艺中需要添加部分食用酒精，也必须使用粮谷酿造的酒精"，明确不得使用非谷物食用酒精和食品添加剂。新标准的发布意味着一些采用粮谷酿造的酒作为基酒、用薯类生产的食用酒精进行勾兑的企业生产的酒不再认定为白酒，而所有添加食品添加剂的调香白酒归将属为配制酒，与白酒类别明显区分。新国标使消费者更清晰地认清白酒的属性，可以通过酒瓶瓶身标签清楚地识别该酒是否为粮谷酿造、无添加的白酒。新标准的实施落地，使白酒行业发展更加规范化，对正本清源有着积极作用。围绕高质量发展的新目标和新任务，白酒行业在标准建设、标准创新和标准应用上仍有较大的提升空间。

2023年3月，中国酒业协会发布的《酒类电子商务平台销售及配送规范》团体标准正式实施，该标准将对白酒行业发展产生较大影响。该标准从企业社会责任和酒类行业的特征要求等几个方面，为电子商务平台、服务提供商和酒类零售商等有关方面提出指导意见。意见包括合规、未成年人保护、理性饮酒、教育和培训等方面内容。该标准有助于规范电子商务平台的销售和配送业务，保护未成年人的合法权益，增强消费者的饮酒意识和购买能力，并提升整个白酒行业的形象和信誉。新标准对激发白酒行业的活力和创新精神，加速新技术、新品种的研发和应用，提高白酒行业竞争力具有重要意义。

（二）白酒产出规模稳中有降

白酒行业加速推进供给侧结构性改革，随着去产能和调结构的改革措施逐步深化，白酒行业总体呈现产出规模稳中有降、产出效益逐步提升的新特征。据国家统计局及中国酒业协会发布的数据显示，2013—2022年，中国白酒产出规模稳中有降，效益稳步提升。2016年，中国白酒产量为1300万千升左右；2017年，中国白酒行业结束高速增长期，白酒产量开始呈现下滑趋势；2018年，全国白酒产量为871.2万千升；2019年为785.9万千升；2020年为740.73万千升；2021年为715.63万千升。2022年，全国白酒产量创近10年新低，实际产量671.2万吨，相较于2016年产量峰值下降约50.6%。虽依赖产品接近50%的价格涨幅，行业产值仍然略有提升，但是，在消费尚需提振的经济周期，面临着产品提价空间受限、白酒消费群体缩减甚至断档、国家行业调控等多重因素影响，中国白酒行业可持续发展面临严峻挑战。

（三）白酒行业高端化转型

中国白酒历史悠久、源远流长。从古至今，酒文化是中国最具代表性的消费文化之一，拥有历史丰厚的品牌故事，中国白酒文化足以支撑并成就无数高端品牌，在中国传统文化广受世界关注的当下，中国白酒可以借势大力发展高端化和国家化。白酒行业已从依赖渠道的求量阶段换挡至高端化转型的求质阶段。与之对应的是消费者对白酒的消费诉求由量转为质，白酒消费更加注重其精神属性。至2022年，除茅台和五粮液已在高端白酒市场占据领先地位的两家头部酒企外，其余头部酒企都把高端化转型作为企业发展布局的重点。泸州老窖正在全力加码高端布局、推进品牌创新，其战略引领品牌"泸州老窖1952"于2022年8月5日正式进入广东市场；洋河股份也坚定按照"双名酒、多品牌、多品类"的发展战略，稳步推进高端化和全国化。从消费市场看，在热炒茅台酒的当下，茅台品牌已成为白酒行业被冠以"奢侈品"头衔的代表作，正处于高端化转型的酒企从茅台的成功看到了希望，经历第一轮高端化探索后，市面上的千元白酒层出不穷。白酒企业的高端化转型决定了企业在新发展周期中生命力的长短和战斗力的强弱，而在白酒品牌升级、白酒企业高端化转型的愿景驱动下，"价升"成为白酒品质、文化、产品和品牌升级最有效的落脚点。整体而言，白酒行业目前正处在"量平价升利润高"的结构性繁荣时期。中国白酒行业具有夯实的发展基础，作为消费的金字塔，高端消费代表着最好的产品和服务，中国白酒行业几千年发展，使中国白酒产业拥有强大产业链优势，好的白酒产品层出不穷，具有符合酒类市场高端消费特质的产品和服务供应能力。然而在国际酒类消费市场，中国白酒除茅台外，品牌知名度受限，未来市场具有更大发展空间，亟待开发。

（四）白酒行业集中度进一步提升

2012年以来，一系列限制消费政策的出台，使商业消费和政务消费等消费情景受限，导致白酒销量急速下降，使白酒产能过剩的矛盾凸显。2013—2015年，白酒行业处于深度调整阶段。2016年以后，白酒行业进入结构性增长新阶段，具体表现为高端和次高端龙头酒业企业量价齐增，规模以上白酒企业数量减少，效益进一步向优势企业集中，行业集中度进一步提升。2017—2022年，规模以上白酒企业（年产值2000万元以上企业）数量持续减少。2017年，规模以上白酒企业数量为1593家。2018年，规模以上白酒企业数量为1445家。2019年，规模以上白酒企业数量减少至1176家。2020年，规模以上白酒企业数量为1040家。2022年，规模以上白酒企业数量为963家，较2017年减少630家，减少幅度高达39.55%。2018—2022年，白酒产业的效益进一步向优势企业集中。根据年报显示，2018年，茅台酒类产量为7.02万吨，营业收入为736.39亿元，净利润为352.04亿元。五粮液酒类产量为19.20万吨，营业收入为400.30亿元，净利润为133.84亿元。两家龙头白酒企业合计产量26.22万吨，年营业收入1136.69亿元，年利润485.88亿元，分别占2018年全产业规模以上企业的3.01%、21.19%、38.84%。两家企业以约3%的产量，占据超20%的市场份额，获得近40%的产业利润，充分证明龙头企业的强大盈利能力。2019年，销售规模达到100亿元以上的7家白酒企业分别为茅台、五粮液、洋河、泸州老窖、山西汾酒、顺鑫农业和古井贡酒，营业收入共计2016.22亿元，市场占有率35.89%。其中，贵州茅台酒类营业收入853.45亿元，市场占有率最高，达到15.19%；五粮液酒类业务收入463.02亿元，市场占有率8.24%；洋河股份酒类销售收入221.61亿元，市场占有率3.94%。2020年，贵州茅台以979.90亿元的营收规模位居行业龙头地位,其营收规模占白酒行业规模以上企业营收的比重达16.79%;其次是五粮液,市场份额达9.82%。此外,市场份额占比较高的企业还有洋河股份、泸州老窖、顺鑫农业等,其市场份额占比分别为3.62%、2.85%、2.66%。2022年,茅台酒类产量为9.19万吨,营业收入为1241.00亿元,净利润为627.16亿元。五粮液酒类产量为12.93万吨,营业收入为739.69亿元,净利润为352.04亿元。两家龙头白酒企业合计产量22.21万吨,年营业收入1980.69亿元,年利润979.20亿元,分别占2018年全产业规模以上企业的3.30%、29.89%、44.47%,较2017年占比再次增多,说明白酒行业集中度进一步提升。

(五)白酒行业拥抱数智化转型

中国白酒销售渠道包括全国连锁企业、区域性连锁企业、大型商超、电子商务平台、实体商铺等,总体表现出销售渠道多元化的特征。随着社会经济快速发展,消费者需求在不断升级,中国白酒市场竞争日益加剧。随着数字经济和传统产业的深度融合,数智化转型已成为白酒企业高质量发展的重要趋势,数智化转型为白酒产业提供新的增长方式、产业形态、商业模式和经济增长点。电商、O2O、直播、社区团购等数智化渠道渗透率不断提升。白酒智能化生产、i 茅台的推出、直播带货的繁盛、数字营销的布局,均说明了白酒行业未来的发展将以数智化为重要支点,不断面向数智化,拥抱数智化。随着互联网时代的年轻消费者逐渐成为白酒消费的主力军,中国白酒企业开始积极探索新的经营之道。2018年以来,茅台公司在拥抱数智化方面积极布局,从B2C的电子商务业务开始,实现B2B、B2C、O2O、P2P等市场营销模式一体化,构建了茅台物联网云商,将物联网和大数据思维有效利用,促进线上和线下渠道深度融合。近期,茅台公司启动的"智慧茅台"工程充分运用大数据、云计算、移动互联网、智能视频等新兴信息技术,挖掘出海量数据所蕴藏的潜在商业价值,为其市场营销提供决策建议,围绕线上线下构建和谐的新商业生态。2019年,五粮液集团与阿里巴巴集团签署战略合作协议,双方将在阿里云、天猫和服务、零售通、金融、营销数字化流程平台以及物流服务等领域开展全方位合作,加速推动实施五粮液数字化战略,共同创造传统产业与新兴产业创新发展的新典范。2020年,五粮液与新浪采用"云发布"的形式达成战略合作,将在消费者服务、新媒体智慧营销、区块链前沿技术应用等领域为名酒的价值发现提供一个崭新的平台，推出区块链酒证项目。

(六) 白酒产区格局逐渐形成

随着中国白酒消费升级，白酒产区格局逐渐形成。中国白酒产业呈现明显地域分布特征，产业集群发展效应显著，目前已经形成以遵义、宜宾、宿迁、泸州、吕梁、亳州六大产区为主的白酒产业结构，六大产区的白酒产销量占比高于中国白酒产业的50%。中国白酒产业的发展事实和产业格局已证明，产区之路是中国白酒行业发展的未来之路。白酒产区的建设，有利于提高产区内企业的竞争力，更有利于推动行业的高质量发展。从白酒行业发展现状看，白酒产业的竞争格局正逐渐从"孤军奋战"向"抱团取暖"转变，中国白酒产区化趋势越发明显。由于名酒企业是地区财政的主要贡献者之一，越来越多的政府和白酒企业开始关注并重视白酒产区的建设。名酒地区政府正在积极整合行业资源，淘汰落后产能，建立健全白酒地区标准体系，推动白酒产业升级，助力白酒企业抱团发展，促进白酒行业高质量发展。白酒企业也在积极参与产区建设中。中国白酒以流域为纽带形成了大大小小的白酒产区。目前中国白酒重点企业主要集中分布在四川省（如五粮液、泸州老窖、舍得酒业等）、安徽省（如古井贡酒、迎驾贡酒等），其次为甘肃省（如茅台等）、江苏省（如洋河股份、今世缘等）。茅台的生产，坚持使用当地水和当地高粱酿造而成，不断深入挖掘本地资源和文化的理念，深化"茅台地区"概念的传播，有助于打造产区品牌的生态，使贵州产区在国内外市场赢得了广泛赞誉。与此同时，贵州省政府也在强调赤水河流域的产区管控和生态保护问题，通过建设以茅台酒为引领的贵州酱香白酒品牌舰队，推动中小酒企转型升级，推动贵州酱香白酒品牌的国际化和品牌价值的提升。

(七) 白酒行业面临环保限制与成本压力

随着全球环保问题凸显，现代社会对环保问题日益重视。中国白酒行业的高速增长，在对中国经济发展作出贡献的同时，也制造了较大的环境压力。随着中国环保政策的不断加强，白酒行业发展不可避免地面临日益严格的环保限制。环保限制使白酒生产成本越来越高，这是白酒企业面对的重大挑战之一。白酒行业的环境挑战主要集中在高耗能、高排放，白酒生产需要消耗大量能源及其他资源，传统工艺酿造白酒需要耗用大量柴油，同时释放出大量二氧化碳等温室气体和有机废气；水资源的过度消耗，白酒生产过程中会消耗大量水资源并产生废水、废渣等排放物，严重污染周围环境水质，甚至对当地居民健康造成威胁；废物处理难题，白酒生产过程中，产生的固体和液体废弃物需要安全妥善处理，否则将严重污染大气、水体和土壤环境；资源浪费，不合理的生产工艺和设备，会造成大量资源浪费，破坏生态系统的可持续发展。因此，在白酒生产过程中，白酒企业如何处理废水、废气和废渣等环境污染物，制定有效的废弃物处理手段、科学的污染预防和控制措施，以确保无害化处理和资源化利用是白酒企业高质量发展的关键难题。

（八）白酒行业国际化市场拓展提速

在中国白酒产能规模巨大、国内市场竞争激烈的背景下，国际化发展已成为白酒企业增强竞争力的新渠道，成为行业竞争的另一赛道。借助"一带一路"建设的东风，中国白酒企业纷纷加快实施国际化战略步伐，国际化市场拓展明显提速。不少名酒企业开始向周边国家渗透，借助国际会议、活动、赛事进行白酒品牌传播和市场拓展，白酒国际化已成为白酒行业的热门话题。根据海关总署统计，2017年，白酒企业出口金额达到4.69亿美元，比上年增长4.34%。2018年，中国白酒出口量为1721万升，同比增长3.86%；从出口金额来看，2018年，白酒出口金额约为6.55亿美元，同比增长39.36%。2019年白酒出口数量为1638万升，同比增长4.8%，金额为6.65亿美元。2020年，受疫情影响，白酒出口数量下降为1424万升，额度为4.6亿美元。2021年，中国白酒出口数量为1602万升，同比增长12.43%。作为白酒行业的龙头企业，茅台公司通过产品全球化、品牌全球化、市场发展全球化等多层面的努力，远销亚洲、欧洲、美洲、大洋洲、非洲等64个国家和地区，国外营业收入总体呈现增长态势。五粮液集团大力推进企业国际化发展，坚持实施"引进来"和"走出去"战略，制订有针对性的海外市场规划，并于2017年发起"一带一路"国际名酒企业联盟，积极建立亚太、欧洲、美洲三大营销中心。目前五粮液已在126个国家实现落地销售，并频频亮相夏季达沃斯论坛、厦门金砖峰会、阿斯塔纳世博会等重要国际舞台。中国白酒行业虽在国际化市场拓展加速，但是白酒出口量和出口总额仍仅占全部营业收入的很小一部分，可见白酒国际化发展任重而道远。

随着中国名酒势能的走强，中低端品牌受到的压力进一步加大，行业进入品质比拼时代。未来中国白酒行业如何通过行业变革与自我革新破解目前的约束，真正实现高质量发展的良好态势，是白酒行业必须面对并找出答案的关键所在。高质量发展是白酒行业保持可持续健康发展的正确路径。因此，本书通过对20家白酒上市企业（分布于中国11个省区）的深入研究，准确掌握中国白酒行业主要企业发展水平态势和格局，系统探索其高质量发展路径，从而推进中国白酒行业高质量发展。

第二节　研究内容

一　研究意义

（一）理论意义

1. 白酒上市企业高质量发展内涵及核心要素辨析

白酒上市企业高质量发展是多维复合目标。本书着眼于中国经济社会进入高质量发展阶段大背景，探讨白酒上市企业高质量发展内涵。从行业政策调控、供给侧改革、消费市场潜力、品牌价值、文化传播、上市公司价值、对外贸易、企业可持续发展能力等维度梳理出与高质量发展理念具体对应的实体性要素，并对中国白酒上市企业高质量发展的核心要素及影响机理进行了系统的分析。

2. 白酒上市企业高质量发展水平评价指标体系构建

从上市企业管理与治理（管理与治理机制）、企业经营能力（创新驱动发展、企业竞争力、资源配置效率）、企业社会影响力（环境保护、社会责任、产品服务质量）、企业财务质量（企业绩效、财务风险）等维度构建多维复合指标，并采用熵权法计算各指标权重，测定中国白酒上市企业高质量发展水平，分析中国白酒上市企业各个维度的特征。

3. 白酒上市企业高质量发展水平格局动态演进、水平差异及Markov转移概率矩阵分析

采用非参数估计的kernel密度估计分析白酒上市企业高质量发展水平的动态演进趋势，采用变异系数分析中国白酒上市企业高质量发展水平差异，考察企业间和区域内发展差距，通过结果分解深入分析白酒上市企业高质量发展水平差距存在的原因。基于行业发展的协同效应和竞争效应，通过实证研究判断高质量发展收敛、极化趋势。运用四分位分类

法，分别从整体及四个维度对中国白酒产业高质量发展水平进行 Markov 转移概率矩阵分析。拓展并丰富了同类研究的空间维度，为深入研究白酒上市企业间竞合关系引入新视角。

4. 白酒上市企业财务绩效分析

选取净资产收益率、营业利润率、成本费用利润率三个相关指标对白酒上市企业的盈利能力变化进行分析。选取资产负债率、流动比率、现金比率等指标衡量白酒上市企业偿债能力。选取应收账款周转率、存货周转率等指标分析白酒上市企业营运能力。选取营业收入增长率、营业利润增长率、总资产增长率、资本积累率等指标分析白酒上市企业发展能力。从盈利能力、偿债能力、营运能力和企业发展能力深入分析了白酒上市企业财务绩效水平。

（二）实践意义

在中国坚持以推动高质量发展为主题，增强国内国际大循环的背景下，高质量发展成为白酒上市企业在新消费时代的制胜关键。白酒上市企业高质量发展不仅是上市主体公司的价值提升，还应当包括整个酒业集团的综合发展和所在区域的发展环境支持。本书从白酒上市企业主体价值、可持续发展和区域发展环境多维度衡量评价白酒上市企业的高质量发展水平。

二　研究思路

本书以 20 家白酒上市企业为研究对象，从上市企业管理与治理、企业经营能力、企业社会影响力、企业财务质量等多重维度构建白酒上市企业高质量发展评价指标体系并进行测度，通过变异系数考察 20 家白酒上市企业高质量发展收敛特征，为因地制宜制定白酒高质量发展政策提供决策参考。形成"理论分析—指标体系构建—实证研究—政策建议"研究思路。主要如下：①全面深入辨析中国白酒区域发展战略和中国白酒上市公司高质量发展战略；②将多维度凝练的概念内涵与政府、行业和企业的实体性行为或结果匹配，基于此构建白酒上市企业高质量发展水平评价指标体系；③采用非参数估计的 kernel 密度估计分析白酒上市企业高质量发展水平的动态演进趋势，通过变异系数分析中国白酒上市企业高质量发展水平差异，得出各企业高质量发展水平演变趋势和地区差距等信息；通过 Markov 转移概率矩阵分析中国白酒产业高质量发展水平转移特征；④从盈利能力、偿债能力、营运能力和企业发展能力深入分析了白酒上市企业财务绩效水平；⑤针对中国白酒上市企业存在问题提出高质量发展对策建议。

三 技术路线

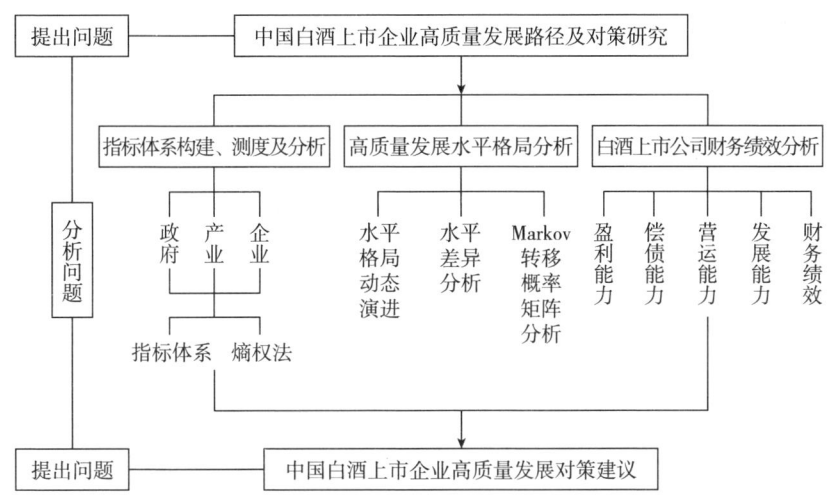

图 1-1 中国白酒上市企业高质量发展路径及对策研究技术路线

第三节 研究方法

本书主要采用的研究方法如下：

（1）理论研究方面，运用文献资料法和逻辑演绎法等方法。通过梳理中国白酒区域发展战略和中国白酒上市公司高质量发展战略，全面辨析白酒行业高质量发展内涵，将多维度凝练的概念内涵与政府、行业和企业的实体性行为或结果匹配，基于此构建白酒上市企业高质量发展水平评价指标体系，深入研究中国白酒上市企业高质量发展的影响因素和机制。

（2）实证研究方面，采用非参数估计的 kernel 密度估计分析白酒上市企业高质量发展水平的动态演进趋势。采用变异系数分析中国白酒上市企业高质量发展水平差异，考察企业间发展差异和区域内发展差距，通过结果分解深入分析白酒上市企业间高质量发展水平差距存在的原因。基于行业发展的协同效应和竞争效应，通过实证研究判断高质量发展收敛、极化趋势。通过 Markov 转移概率矩阵分析中国白酒产业高质量发展水平转移特征。从盈利能力、偿债能力、营运能力和企业发展能力深入分析白酒上市企业财务绩效水平。基于以上研究，分析白酒上市企业发展情况及存在问题，并对白酒上市企业高质量发展提出相关建议。

第二章　中国白酒区域发展战略研究

第一节　西部区域发展战略

一　以四川为代表区域（产区）的发展战略

（一）代表性企业与代表性产品

"中国白酒金三角"是中国最适合酿造白酒的区域，其中四川宜宾和泸州是北纬28度上最适合酿造蒸馏酒的区域，因此四川拥有全国乃至世界知名的白酒品牌。川酒中荣获国家级评酒会认同的"六朵金花"分别为五粮液、泸州老窖特曲、郎酒、水井坊、沱牌舍得酒、剑南春。除此之外，四川还拥有丰谷酒、文君酒、仙潭酒、三溪酒、古川大曲、小角楼、叙府酒、江口醇、金雁酒、玉蝉酒等被称为"十朵小金花"的知名白酒品牌。在众多著名白酒企业的共同努力下，四川获得"川酒甲天下"的美誉。四川著名白酒企业包括宜宾五粮液股份有限公司、泸州老窖股份有限公司、四川郎酒股份有限公司、四川剑南春（集团）有限责任公司、四川沱牌舍得酒业股份有限公司等。

宜宾五粮液股份有限公司主要生产五粮液系列、五粮春系列、五粮醇系列、五粮特曲系列、五粮头曲系列和尖庄系列白酒。公司生产的五粮液是以高粱、大米、糯米、小麦和玉米五种粮食为原料，再经老窖发酵和陈酿勾兑酿出的白酒，该酒以独特的浓香闻名。泸州老窖股份有限公司生产的泸州老窖是中国最早的四大名酒之一，素有"浓香鼻祖，酒中泰斗"之称。泸州老窖具有历史悠久的酿造基地和酿造技艺，拥有白酒行业中的第一个国家重点文物保护单位——国宝窖池群，传统酿制技艺被评为国家级非物质文化遗产。公司主要产品包括国窖1573、泸州老窖1952、泸州老窖特曲、泸州老窖窖龄酒、泸州老窖高光、泸州老窖头曲、泸州老窖二曲、泸州老窖健康养生酒[①]。四川郎酒股份有限公司主要生产青花郎系列、红花郎系列、郎牌特曲、小郎酒、奢香郎酒系列白酒，其生产的郎酒属酱香型白酒，是四川省内相对比较特别的酒类。郎酒酿造基地拥有世界最大的自然储酒溶洞——天宝洞，使泸州老窖酿出的郎酒具有香气醇厚、细腻绵长的风味。四川剑南春（集团）有限责任公司位于川酒发源地之一——酒乡绵竹（唐朝称"剑南道"），公司主要产品包括剑南春（水晶剑）、金剑南、剑南醇、绵竹大曲、东方红。剑南春是古时候有名的"剑南烧春"酒，也是在正史上留下姓名的唐朝御酒。四川沱牌舍得酒业股份有限公司主要产品包括舍得系列、沱牌系列、天子乎系列、吞之乎系列、陶醉系列。沱牌酒在唐代就颇为出名，当时称其为"射洪春酒"；在明朝时，酿酒师谢东山在酿造工艺上做了改进，酿出的酒便以"谢酒"命名；清朝时，酿酒继承人李方明继续在"谢酒"的基础上精制出了"沱酒"；如今的舍得酒是根据传承下来的技艺再结合新兴技术得以升华的"沱酒进阶版"。四川水井坊股份有限公司是中国唯一的被外资（帝亚吉欧）控股的白酒企业。水井坊基地拥有"世界上最古老的酿酒作坊"，水井坊是四川"六朵金花"中较年轻的品牌，未来发展空间巨大。

（二）发展历程与现状

1. 川酒总体发展历程

早在汉代，四川已形成独特的酿酒区域带——长江上游"U"字形名酒区域。成都彭州的竹瓦乡曾经两次出土战国时期的青铜酒器共十余件，著名的酒乡绵竹同样发现了同时期的提梁壶等古物，随后在绵竹再次发现地下窖池，以及一块"永明五年"的纪年砖，在三十千米外的广汉"三星堆"发现了三千年至三千五百年前的陶酒器，包括酿造的器具、贮藏的容器以及饮用的酒器。随后几年，泸州老窖、水井坊、郎酒接连发现了古代的酒窖遗址。历史遗址和文物的出现说明两千多年前四川已出现酿酒业。

"湖广填四川"运动后，在山西和陕西两地商人的投资支持下，川酒开始崛起，以"浓香"扬名万里。

20世纪初期，在清代酒税优势的推动下，川酒在酿造技艺以及酿酒

---

① 熊燕飞：《泸州老窖品牌战略发展研究》，硕士学位论文，电子科技大学，2016年。

业上得到了极大的发展。

20世纪中期,川酒已呈现为村村有酒卖的繁荣景象,"金花"和"银花"纷纷出现。

80年代是川酒发展最为蓬勃的时代,全中国1/8的白酒产自四川,其中五粮液是当时白酒行业中最耀眼的新星,"班禅大师祭酒图""五粮液酒史博物馆"都是五粮液辉煌的见证者,浓香白酒的名号响彻神州。

90年代,四川成都举办了"首届国际酒文化学术讨论会"。

如今,川酒的名声早已响遍全国,川酒独特的浓香也被人们所喜爱。

2. 代表产区(宜宾)发展历程

宜宾地处四川南部名酒带的中心位置,是著名的中国历史文化名城、中国酒文化发祥地之一,名酒五粮液蜚声中外、名扬四海。作为四川有名的酒乡,宜宾有着独家的酿酒技艺和悠久的饮酒文化。

秦汉两代,"僰道"(宜宾)是一个较大的移民聚集地,各个区域的酒文化以及酿酒技艺在这里碰撞,使此地的酿酒业十分发达,酿酒之技艺、饮酒之文化、市酒之风气十分流行。

在宜宾出土的汉代酒文物中,酿酒、盛酒、取酒、温酒、饮酒的铜器五花八门。宜宾山谷祠岩墓出土一个沽酒的陶俑,该陶俑的出现说明当时已开始销售白酒。长宁县飞泉乡七个洞东汉岩墓内壁刻有一幅"夫妻饯行图",说明当时人们已经有了"酒以成礼"的习俗[1]。此外,在距离"僰道"二十里地的公子山出土了东汉时期的石棺,该石棺上雕刻着"迎谒图"和"饮宴图"。这些出土汉代的文物说明宜宾的酿酒业在汉代已拥有较大规模。两汉以后,叙州府的酿酒业和酒文化继续发展,由于整体资料较少,不再探讨。

唐朝时期,"戎州"(宜宾)有一种名酒唤为"重碧春酒",杜甫在《宴戎州杨使君东楼》中写道"重碧拈春酒,轻红擘荔枝"[2]。他把该酒与荔枝相比较,赞美它的味甘清甜堪比荔枝。

宋朝时期,白酒品类繁多,其中名气最响亮的有四个:荔枝绿、玉霖、雪曲和春泉。黄庭坚被贬谪至宜宾时写了大量关于白酒的诗文,有《荔枝绿颂》云"王墙东之美酒,得妙于三物。三危露以为味,荔枝绿以

---

[1] 黄均红:《酒都宜宾和宜宾酒文化史迹》,《中华文化论坛》2001年第1期。
[2] 谢振斌、郭建波:《四川宜宾县喜捷镇槽坊头酿酒遗址价值分析》,《四川文物》2013年年第5期。

为色，哀白头而投裔"。此外，他的《安乐泉颂》赞美了安乐泉酒的清甜可口、香味醇厚，无色透明、品质清厚、甘辛各味谐调是品质极好的大曲酒的酒质特点。

位于宜宾的糟坊头遗址，建造于明代初期，是迄今为止发现最早的酿酒作坊。该遗址是四川省首次发现的使用年代早、文化层包含物纯净、要素齐全的酿酒遗址。早期仅揭露出作坊和作坊相关的建筑如生活区、仓储区等遗迹，目前正在进一步寻觅和核实。有专家认为，糟坊头酿酒作坊遗址位于岷江之畔入川出川的水路要冲，规模大且远离当时的城市中心，足以说明该酒坊生产酒不是为了满足这一带的消费需求，而是为了借助便利的交通向外运输，以获取更大利润。此外，当时最具盛名的两个酿酒作坊名为"温德丰""德盛福"，均建造于内城之中，店铺临街，后方是酿酒工厂，实现了产销一体。"温德丰""德盛福""糟坊头"是明代宜宾地区酿酒工业达到高水平的历史见证。通过保存完整的遗址和文物可以看出酿酒规模宏大，各种酒器、瓷器和酿酒工具数不胜数。

同治二年，在原基础上，增加了"长发升""张万和"两家有名的酿酒作坊。"温德丰""德盛福""长发升""张万和"四大作坊总共购置并保存了明初以来的十二个酒窖，是目前国内最早、最完整且连续使用时间最长的发酵窖池之一。酒窖的发掘说明宜宾酿酒业在清代已达相当大的规模。

近代以来，宜宾白酒的发展更是突飞猛进，五粮液的崛起为宜宾白酒在中国白酒史上增添了最浓墨的一笔。

3. 代表产区（泸州）发展历程

泸州出土的汉代酒文物陶制酒杯、饮酒俑和巫术祈祷图展示了此地在秦汉时期独有的酿造历史和饮酒文化。

宋朝时期，泸州的酿酒原料颇为丰富，酿酒业发展迅速。据《宋史食货志》中记载，白酒有着大小之分。其中"小酒"指的是从春天到秋天制作的米酒，此种米酒每年新酿，一般不作储藏；"大酒"指的是当下饮用的蒸馏酒。《酒史》中提到，大酒在腊月间下料，运用蒸馏技术从高粱酒糟中烤制而出，而后在酒窖中储存半年时间，醇化老熟即酿成。这一时期，朝廷在泸州设置了六个税收机关，酒税的"酒务"就是其一，说明泸州的酒市已呈现出繁荣的姿态。

《阅微堂杂记》曾有记载，元代时期，泸州酿制出第一代泸州老窖大曲酒，此酒标志着泸州大曲酒的正式成型。

明代时期，有名的"舒聚源"作坊（泸州老窖国宝窖池），用万年的酒曲入池，以甘美的"龙泉井"中的井水做引，制作出了曲酒，浓香型酒就此出世。

20世纪50年代，以"温永盛烧坊"为首的三十六家作坊合营成立泸州市曲酒酿造厂，后与四川省第一酿酒厂合并组建了"公私合营泸州市曲酒厂"，这就是泸州老窖的前身，它们合营推出的特曲酒便成为今天的经典产品。

目前，泸州已经形成全世界有名的白酒产业集群，主要的企业包括泸州老窖股份有限公司、四川郎酒股份有限公司以及由上百家中小型酒企组成的川酒集团。

4. 发展现状

越来越多的川酒企业通过出口进入海外市场，但未真正实现国际化发展。川酒在国际市场的影响力不足，对国外消费者缺乏一定吸引力，使川酒的出口总量及总额度一直处于波动状态，且在全国占比不断下降。为加速出口进程，众多川酒企业合作共赢，推选出最具特色的白酒，积极参加国际酒会评选，将四川酒文化传播于各个国家，通过酒商宣传活动的不断革新，品牌影响力逐步提升。营销策略上，川酒与国外餐饮合作，借助川菜的名气打造中国特色餐饮文化——吃川菜喝川酒。总体来看，川酒的出口量近期不会有太大的变化，要大量进军国际市场需要更多的时间与精力去研究国际消费者的消费倾向。

川酒企业众多，但在中国白酒总排名上稍逊茅台一分，且还有其他省份的各种白酒品牌紧追其后。想摆脱困局，川酒不仅要学习茅台的策略，找准属于自己的酒文化并赋予经典品牌新的思想和理念，还要勇于创新，打造新型白酒品牌。

（三）政府支持性产业发展政策与战略

1. 四川省支持性发展政策与战略

2003年，《"7+3"规划和八个产业调整》中多次提到，要依托四川省丰富的农产品资源，重点发展优质白酒，着力打造中国白酒"金三角"，为后来的中国白酒金三角协会成立打下基础。

2009年，《四川省产业园区产业发展规划指导意见》指出园区发展的重要性。白酒产业园作为其中重要的组成部分，要时刻紧跟领导，按照"一园一主业，园区有特色"的要求，推进全省经济协调发展。努力把白酒产业园建设成为具有特色的、环保的、协调的产业基地。

2012年，中国白酒金三角酒业协会及其发展研究院成立，这是四川省为进一步提高川酒在国际上的名气和竞争力而做出的一项重要决定。同年，《四川省十二五白酒产业发展规划》指出：①根据自然资源、质量、技术、品牌和影响力等因素，将川酒产业的区域布局划分为核心区域、延伸区域和协作区域三个部分，推动产业的分工、协作和整合，形成有龙头带领、各中小酒企协作发展的"中国白酒金三角"集群。②坚持全行业共同发展，优先支持川酒中的"六朵金花"的市场快速扩张，继续鼓励"十朵小金花"的特色化发展。③推动原酒品牌化、优质化发展，合理规划原酒产能布局，引导原酒市场销售。④强力推进品牌建设，加强品牌保护，加大对"中国白酒金三角"地理标志的保护立法工作，规范标志的申报和使用。⑤继续巩固白酒行业在省内的重要地位，积极出台、执行有关政策，在水、电、气上制订具体优惠方案，以及优先保障重点白酒产业园区和企业的酿酒技术改造提升。⑥加大财政金融的支持力度，在涉及白酒生产、研究以及品牌推广方面加大资金投入，通过设立专项资金、贷款资金以及担保基金的方式，为川酒的发展提供充足的资金。此外，各级地方税务部门要积极研究可用于优质白酒企业的特殊税收政策，降低企业税收负担，对于企业的科研创新活动支出、品鉴费用、培训费用、宣传广告费用等，各级地方税务部门应制定具体规定，加大抵扣和摊销幅度。⑦重视白酒人才的培养工作，积极与高校、协会等组织开展有关白酒的专项活动。不仅要培养出优秀的酿酒人才，还要培养出优秀的酒业管理人才。⑧不断探寻与白酒有关的标准体系，具体包括白酒香型、白酒酿造工艺质量以及对原酒质量评估的标准。⑨加强科技研究和转化平台建设，完善与优化现代市场服务体系，加强展览展示平台建设，搭建川酒文化宣传展示平台，建立现代物流市场辅助平台。⑩全面发挥行业协会的作用，按照市场化原则，大力促进以"四川中国白酒金三角酒业协会"为主的酒类协会蓬勃发展，以此在最大程度上发挥协会的纽带作用。

2015年，《关于促进白酒产业转型升级健康发展的指导意见》中指出，要继续建设白酒行业的"万亿集群"。其重点任务包括：①对白酒产业的结构进行进一步改造升级,形成强大的白酒联盟——名优白酒企业+原酒企业。②强化建设白酒质量检查以及追溯体系,为食品安全保驾护航。③在营销方式上要不断地革新,充分利用四川旅游业的优势,将特色化的地方川酒顺利地推销出去,进一步支持酒企采用跨区域、跨品牌合作的营销方式,支持采用兼并重组、异地建厂的方式占有省外市场。④强化品牌的建设,积极开展"宜宾酒""泸州酒""邛酒"地理标志保护,鼓励企业打造"中国驰名商标""中华老字号"等国家称号。第二梯队品牌要谨记特色发展的重要性,不断强化品牌的知名度。此外,要注重伪劣产品的查处力度,为白酒行业的健康发展扫清障碍。⑤持续关注人才培养。⑥深化简政放权,减少与白酒有关的项目审批程序,减少不必要的费用缴纳项目,做到真正减轻白酒行业的负担。⑦强化要素保障,切实降低要素价格水平。⑧鼓励各金融机构给予白酒企业以贷款支持,鼓励各个金融机构设立基金、投融资以及交易平台,让白酒企业无后顾之忧的快速发展。⑨最大程度发挥互联网的传播优势,播放川酒的宣传片,展现川酒的特色文化。

2016年,省委省政府相继提出川酒产业"四个转变""进酒吧,看川酒"等发展意见,意在刺激白酒产业的转型升级。为此,经信委提出了"川酒新生代"的战略,举办了白酒新生代酒品暨调酒技术培训班,学员们通过和国内外知名调酒师进行现场传授与理论知识交流,熟练掌握了鸡尾酒新酒体设计创作,此次培训呼应了白酒产业发展新趋势、新变化。

2018年,川黔由"竞争"走向"竞合",白酒金三角形成合力。双方携手共同谋发展、共同深化"中国白酒金三角"建设。双方宣布"携手共创酒业新时代""共建行业新秩序"。同时,川酒"五朵金花"齐上阵,讨论并制定了浓香白酒的新标准。四川省建立"国家酒类品质安全国际联合研究中心(白酒分中心)",推动中国白酒酿造技艺与国际标准接轨。资本助力打造多艘产业航母,加速四川白酒产业的整合。优势产区锁定千亿规模,各地明星产区在发展的同时,也带动着白酒产业整体的进步。通过产业整合,构建大型投资平台,四川白酒产业布局持续优化。中小酒企串珠成链,最大程度上激发、释放"十朵小金花"的竞争力与活力。

2019年,中国白酒金三角协会携手新媒体助推川酒品牌宣传推广。①借助《今日头条》等新媒体产品,启动"大国浓香"川酒品牌推广计划,传播和树立"喝好酒,选川酒"的消费理念,加强对"六朵金花"名优产品和中小企业品牌宣传推广。②启动川酒品牌短视频推广计划。借助新媒体短视频平台、网络红人等优势,开展川酒产品市场营销和品牌推广。③启动川酒品牌大数据推广合作。借助互联网公司的大数据以及其平台的优势,为川酒品牌宣传的效果提供数据分析报告。利用四川今日头条公司自身和关联公司产品的用户资源以及人工智能、大数据、精准推送等传播,优化制订川酒产品营销推广方案。④阿里巴巴、京东、苏宁纷纷入"酒局","白酒+互联网"也擦出了火花。借助互联网,实现供给侧结构性改革与创新转型发展成为白酒行业发展的内生动力。

2020年,白酒行业注重机械化、信息化、智能化改造。在不断巩固传统酿酒技艺的基础上,对酿酒技术与工艺进行革新,对酿造设备做进一步的研发升级。准确地找到能够进行革新与创造的点,继续走高质量发展的道路。

2021年,重点围绕"五大行动",着重提升川酒的市场竞争力。具体包括:①在项目建设上,以"清单制+责任制"对重点项目实行一对一联系帮扶。②在产业链发展上,坚持珠串式联合发展,继续建设和优化产业、产区集群,继续打造白酒主产区——宜宾、泸州、成都、德阳,支持泸州、宜宾培育世界级优质白酒产业集群,支持泸州打造世界级赤水河酱香酒谷。③在企业培育上,坚持分梯度发展白酒企业,结合"一企一策"的战略计划,打造世界白酒名品。④在市场拓展上,坚持发展多元化产业。⑤在安全监管上,坚持加强质量检查程序,继续建设食品追溯体系。同时,《推动四川白酒产业高质量发展的若干措施》指出,深入实施白酒产业供给侧结构性改革,做强做大四川省白酒产业,打造全国白酒全产业链示范区,构筑世界级优质白酒产业集群新优势。

2. 代表产区(宜宾)支持性发展政策与战略

为充分发挥长江沿岸酿酒生态区的优越性,在不断提升五粮液等高质量白酒世界知名度的同时,着力推动中小微白酒企业的共同发展,打造白酒世界级产业集群,政府推行《宜宾白酒产业发展规划》(以下简称《规划》)。根据《规划》,宜宾政府将"1388"部署作为基本方向,构建"一核多点,强链成圈"新格局。以五粮液为龙头,在建设、人才、信息等方面带动周边白酒产业园协同发展。

为传承白酒的传统酿造工艺，进一步提升浓香型白酒在国内的地位，对列入省级重点的项目要极力支持，对使用的老窖池的老产区给予奖励与保护。

为降低新生物技术对中小微企业的威胁，要不断加快技术改造升级，在保持传统白酒酿造的同时，支持个性化定制酒、果酒、调味酒等多种特色差异化发展。加强白酒酿造技术的革新，支持高校、协会、研究所以及企业共同建设川酒的创新平台，开展一系列技术、设备以及营销方法的创新研讨会。

为促进白酒行业的蓬勃发展，政府决定加大财政支持，给予白酒行业最坚固的后盾。建立川酒产业高质量发展基金，建立重点融资对接服务白酒企业名单，鼓励各种金融机构为大型白酒企业供应链、中小型白酒产业集群提供多元化的融资支持。利用四川省独特的"园保贷"模式，加强企业融资能力，为企业上市添砖加瓦。

3. 代表产区（泸州）支持性发展政策与战略

为明确白酒行业知识产权的重要性，泸州市于 2021 年 4 月 26 日正式成立了中国第一个白酒产业园区人民法庭——四川泸州白酒产业园区人民法庭，此法庭是为泸州白酒产区量身定做的司法保护模式，给予了白酒行业最严谨的法律保护。

为规范白酒生产秩序，政府规定：①严禁未取得许可证（或备案）的作坊产销白酒。②严格按照标准进行白酒产销，小作坊只能酿造纯粮、固态的白酒，禁止对酿造工艺进行变动。③严禁对白酒添加非法物质。④严禁虚假宣传。⑤严禁侵犯知识产权——商标、专利、地理专用标志。⑥严禁混淆知名商品——名字、包装、装潢。

为推进白酒产业高质量突破发展，政府提出若干政策，包括 5 个"支持"：支持龙头企业和酒业园区突破发展，支持业外资本兼并重组，支持名优酒企投资发展，支持扩大优质产能，支持生态绿色发展；2 个"鼓励"：鼓励企业上档升级、鼓励企业做强品牌开拓市场；2 个"强化"：强化要素保障、强化组织保障。

二 以贵州为代表区域（产区）的发展战略

（一）代表性企业与代表性产品

酱香型白酒是贵州白酒的特色招牌，与其他香型白酒相比，酱酒具有品牌稀缺、产能稀缺、基酒稀缺三大优势。独特的优势造就了贵州酱酒不可替代的地位，也注定了贵州酱酒的高成本、高售价、高收藏价值。仁怀、习水和金沙是贵州省酱酒组合式产区，生产出贵州最具代表性的优质酱酒。

茅台酒、董酒、国台酒、百年糊涂酒、平坝窖酒、安酒、习水大曲酒、鸭溪窖酒、湄窖酒和金沙回沙酒被评为贵州十大名酒。这些酒分别归属于中国贵州茅台酒厂（集团）有限责任公司、贵州董酒股份有限公司、贵州国台酒业股份有限公司、糊涂酒业有限公司、平坝酒厂有限责任公司、贵州安酒集团有限公司、国营习水酒厂、贵州中心酿酒集团有限公司、贵州湄窖集团、贵州金沙回沙酒业有限公司。目前，贵州有10家白酒企业荣登贵州100强品牌榜，分别为中国贵州茅台酒厂（集团）有限责任公司、贵州茅台酒厂（集团）习酒有限责任公司、贵州金沙窖酒有限责任公司、贵州黔酒股份有限公司、贵州金沙安底斗酒酒业有限公司、贵州醇酒业有限公司、贵州鸭溪酒业有限公司、贵州岩博酒业有限公司、贵州省都匀市酒厂有限责任公司、贵州九镜台酱香酒文化传播有限公司。

（二）发展历程与现状

1. 黔酒总体发展历程

贵州的酿酒文化最早可追溯到战国时期，成熟于唐宋时期，精进于明清年代，繁盛于当今社会。贵州酿酒始终包含着浓郁的民族风格和乡土特色。

战国时期，贵州出现了一种名叫枸酱酒的美酒，这是夜郎国王族所饮用的酒，在西南地区非常有名。

汉朝时期，史册记载，汉武帝曾对此地产的酒大加赞赏，赞美此地所酿出的酒香气醇厚、味甘绵柔。

南北朝时期，此地已产出高浓度白酒。

唐宋朝时期，一种独特的饮酒方式在贵州出现，名唤"咂酒"。杂记中有记载，鄂、湘、川、黔四地的交界之处有一种名叫"钩藤"的酒，由于酒液与酒糟没有分离开来，饮用时只能通过加水才能将酒吸出来，喝到香甜的酒液。"咂酒"这种饮酒方式在此地盛行了很长一段时间，在当地少数民族聚集区尤盛。

明朝时期，贵州酒类丰富，包括咂酒、女酒、窖酒、刺梨酒、烧酒、黄酒、葡萄酒以及配制酒，但最为盛行的还属黄酒，当时也唤"春酒"。

清朝时期，贵州酒酿名气颇大，独特的酿造之法也颇为有名。李汝珍在《镜花缘》中写到的"苗酒"和"夹酒"二品便产自此地。苗族、布依族按照传承技艺，取黑糯米所酿造的酒——"苗酒"，该酒呈红色，晶莹剔透，味醇厚且度数偏低。此种酿造技术颇为神秘，近十年秘方才开始有所显露。"夹酒"是用黄酒加烧酒勾兑而成，同样呈红色，但加上烧酒的厚实，味道更为爽口。此时期，此地的"女酒"也颇为盛行，该酒主要的特点就是"陈"。在当时人们的心目中，偏远的贵州女酒深藏不露，求索难得，似乎比绍兴的女儿酒和广东的女酒更有魅力。

近代以来，贵州白酒以茅台为首，目前已经逐步形成了多种香型兼顾、中高端白酒并举的格局。

2. 代表产区（遵义市仁化市）发展历程

遵义自古就以酿酒闻名，有名的白酒品牌众多，大大小小的酒厂数不胜数。同样，拥有许多与酒文化相关的名胜古迹，如茅台酒瓶、"美酒河"型崖刻、国酒文化城以及春阳岗糟房。

二十多万年前，"桐梓人"发现了水果、蜂蜜通过微生物发酵生成的原始酒。随着时间的推移，谷物被逐渐用来酿酒。在新石器时代，曲蘖酿酒出现。

商周时期，古书有云"周王伐鬼方与濮人恤酒为盟"，而遵义出土的酒文物也说明濮人已摸索出酿酒的方法。

明末清初时期，黔人采用独特的回沙工艺酿造出蒸馏酒。这是一种在烤过的酒糟里加入高粱，再进行发酵的工艺。康熙时期，这种酿造方法已颇为完善，此酒也声名鹊起。

民国时期，茅台酒"两次投料，八次发酵，七次取酒"的特别"回沙"酿造技艺基本形成。

20世纪50年代，遵义各地开始大量修建酒厂，酿酒业浩浩荡荡地进入工业时代。随后，董酒重新建厂，开启了独特的董香型白酒之路。20世纪50—80年代，茅台酒香型的最终定型是贵州酒业最大的突破。

发展至今，遵义仁怀已拥有三大名酒，即茅台酒、董酒、鸭溪窖酒。

3. 发展现状

从《史记》记载的贵州酿酒的史实，到茅台酒获得巴拿马万国博览会金质奖章，从外交礼节中的无酒不茅台，到贵州白酒产业雁群式发展，贵州酱酒有着不可替代的地位。

2012年,贵州提出以酱香型白酒为主,同时兼顾浓香型白酒和其他香型白酒共同发展的战略目标。目前,贵州已形成多种香型兼顾、中高端白酒并举、各色品牌齐驱的良好格局。

贵州白酒品牌文化建设取得巨大进展,最具有特色的是以侗族刺绣图案设计的白酒品牌形象。这种设计使贵州白酒从视觉和文化底蕴上与其他省份的白酒品牌产生差异,独具差异性的酒文化能在消费者心中留下更深的品牌印象。饮酒之道以及饮酒之德,酒歌、酒舞、酒礼、酒品等都是历代先辈传承下来的独特酒文化,是助力贵州白酒品牌发展之路更为顺利的文化优势。

虽然贵州白酒出口额为中国之首,但相对于国外蒸馏酒的进口额来看,还相差甚远。政府与企业正在为此不断努力,遵义白酒成功申报为国家级外贸转型升级专业型示范基地,仁怀成为国家外贸转型升级基地,这都为贵州白酒走向世界搭建了有利平台。

(三) 政府支持性产业发展政策与战略

1. 贵州省支持性发展政策与战略

2007年,为解决产业整体发展不平衡,以及多数企业营销观念和水平落后、规模小和竞争力不强、技术支撑和人才储备不足、酒类生产流通环节制假贩假、侵犯知识产权的各种情况,贵州政府推出以下工作重点:①促进茅台集团又好又快发展,以"国酒茅台"的超级品牌优势占领更多的国内以及国际市场份额。②树立"贵州白酒"这个整体的品牌形象,让更多的人熟悉黔酒,晓知黔酒的魅力。③加强资源综合利用和环境的保护。④继续规模化建设优质的白酒原料基地。⑤积极带动相关行业的发展,为白酒行业保驾护航。⑥继续深化改革,推进白酒行业资产优化整合重组。⑦重视人才队伍的建设问题,并出台相应的培育体系和鉴定体系。⑧加强行业指导,建设白酒行业公共服务平台,为贵州白酒走出去加把火。⑨要规范行业的秩序,首先要严惩侵权行为,其次是确保卫生与安全,最重要的是各部门要履行好监督、管理、检查的职责。⑩财税、金融的支持力度要尽量扩大[①]。

---

① 《省人民政府关于促进贵州白酒产业又好又快发展的指导意见》,《贵州省人民政府公报》2008年第2期。

2009年,《贵州省白酒产业振兴计划》出台,该计划重点指出:①继续巩固茅台龙头的地位。②重视白酒的技改,将酱香酒的优势发挥到极致。③加大扶持的范围和力度,为众多白酒企业的持续发展做后盾。④持续做好技术创新和人才培养的工作。⑤继续全方位地打造"贵州白酒"这个整体性品牌。⑥重视环境保护以及资源的有效利用。⑦带动配套的包装业发展。计划中有在建项目24项,拟建项目1项,如青酒系列包装生产线技改、新增2000千升茅台酒技改工程、鸭溪酒基酒生产及辅助配套技改工程建设等。

2011年,省科技厅为白酒产业发展提供全方位科技支撑,全省科技工作将继续以"两加一推"和"三化"同步发展战略为指导。在原料基地上,解决优质原料规模化培育的问题。在风味上,在不断改进酿造技术不足的同时,采用生物、基因工程等技术为酿酒业增添新风采。在推动配套产业的发展上,支持新材料、新技术、新产品及新装备的研发。在创新平台上,建立包括技术开发、成分分析、质检以及人才培养的大型研发平台。在产、学、研联合创新上,给研究院、高校搭建足够大的创新以及实施创新成果的平台。在技术研究上,秉承合作开放的原则,利用全国的科技资源,为技术研发进步添砖加瓦。

2013年,省白酒产业工作重点主要是持续规范白酒市场秩序、维护名优品牌,净化市场、擦亮贵州白酒招牌。

2014年,酱香型白酒标准体系逐步建立。立足于贵州酱香白酒产业的发展现状、标准状况等方面开展调研,制定和完善贵州酱香型白酒技术标准体系,并组织全省白酒生产企业对该标准体系宣贯、培训和应用。同年,贵州省白酒企业商会成立大会在贵阳举行,使"未来十年中国白酒看贵州"的战略目标跨出了重要一步。

2015年,出台规范小作坊生产准则,只允许产销用固态酿酒法生产的白酒,不可以外购原酒或者酒精生产加工白酒[①]。生产的酒要标明作坊的详细信息以及白酒制作的有关信息。同时,主要生产者每年至少要接受一次培训,生产的酒要经过检查才能销售。此外,贵州、四川签署白酒产业合作协议,联手打造"白酒金三角",两地秉承协同行动、互相支

---

① 李付丽等:《电子舌和测色仪在酱香型白酒质量检测方面的应用》,《酿酒科技》2015年第3期。

持的准则共谋发展。最后,"互联网+"助推贵州白酒产业转型发展。携手"滴滴"跨界融合走新路,联姻"互联网+"遵义白酒乘云而上。

2017年,为促进白酒产业的健康发展,提出:①强化品牌打造和市场开拓。依照规定对各种称号、示范区进行相对应的大额奖励,并在财政资金扶持、用地优先保障、政府收费减免或挂账、人才免费培训、融资担保、市场开拓、品牌打造等方面给予支持。②强化财政扶持和融资服务。进一步加大财政扶持力度、拓宽白酒企业融资渠道。③鼓励和引导酒类企业自主创新。实行首购首用风险补偿政策,对申请发明专利的白酒企业,给予申请费、代理费、实质审查费补贴。④进一步推进转型升级。⑤强化招商引资和兼并重组。积极邀请国内国际企业来贵州开启"醉美之旅"或协助开拓市场,对取得实际成效的中介机构给予奖励。对新引进的各类资本、投资机构、基金公司、融资租赁公司等投资白酒生产企业的和对已注册的当地企业通过入股、收购、联营等方式新组建年销售收入亿元以上企业集团的,按规定获得税收留存部分全部返还等奖励。对当地企业因为引进而亏损部分,按相应比例进行补贴。⑥强化要素保障和各项服务。进一步加大土地保障服务力度、落实税费优惠政策、加强高粱基地建设、落实行政事业性收费优惠政策等。⑦强化组织保障和环境打造。进一步加强对白酒产业发展工作的组织领导;通过酒文化的传播加大对黔酒的宣传力度;发挥商会协会纽带作用,引导企业整合资源,拓展产品,加快产品结构调整,重构商品销售终端,整合销售渠道资源,打造线上线下同步运营实体。⑧充分尊重企业,尊重企业家。

2020年,政府高度重视《关于大力发展高粱产业夯实贵州白酒原料基地的建议》,对此做出一系列规划:①通过招商引资在高粱产区引进龙头企业,建设高粱产业种植基地。②各地大力推广"龙头企业+合作社+农户"组织方式,通过规模化,提升产业综合能力。③通过项目示范,推广绿色增产增效技术。④强化种植技术的指导。⑤重视高粱产业的发展。同年,继续打造白酒企业集群,将金沙也纳入赤水河流域世界酱香型白酒核心产区打造范畴,通过"金沙回沙酒"地理标志保护产品带动作用,鼓励和支持金沙企业强化品牌打造,引领斗酒、春秋、毕节大曲、碧春等加速发展。

2021年,白酒包装作为白酒行业的有力支撑,成为工作重点。相关协会多次举办白酒与包装企业交流会，为两个行业创建合作平台，力争供给与需求的完美对接。首先给白酒生产企业扩能增效、释放产能，再给包装企业提供市场空间，为白酒新增产能配套工作提速加码。

2. 代表产区（遵义市）支持性发展政策与战略

为解决白酒产业链问题，市政府推出产业集群发展的总规划，意在打造完整的产业带、产业区。为巩固茅台的龙头地位，鼓励后梯队企业进一步发展，市政府实施骨干企业计划，首先着力支持茅台扩张，再利用兼并重组、招商引资等方法，提升后梯队酒企的竞争力，打造一批规模化、品牌化的遵义酒企。为提升白酒竞争力，提出要重视品牌影响力的提升，充分发挥"国酒茅台"品牌的带动作用。极力打响"中国酱香赤水河谷"品牌示范区的名气，进一步发展"遵义白酒"品牌，着力培育名优品牌。为乘坐"互联网+"顺风车，提出要快速建设好遵义白酒交易中心、遵义名酒展销及电子商务中心这两大平台。

三 以内蒙古为代表区域（产区）的发展战略

（一）代表企业与代表产品

内蒙古地区的著名白酒品牌主要有河套老窖、宁城老窖、蒙古王酒、赤峰陈曲等。河套老窖属低度浓香型白酒，其幽雅爽净、绵甜醇厚、尾净余长的独特风格深受消费者喜爱。宁城老窖的口感更具"绵柔爽净，醇香回味"，品质更具"国酒风范"，"宁城老窖，国酒品质"也由此得名。蒙古王酒前身是"东泰隆西烧锅"，属浓香型白酒，采用传统酿造工艺，结合现代科学技术精酿而成，具有窖香浓郁、入口绵甜、诸味协调、余味悠长的特点，是草原百年佳酿质的升华。陈曲酒具有色清、香浓、醇甜、余香的特点，被专家评为"清亮透明、窖香浓郁、绵甜纯厚、尾净余长"。

（二）发展历程及现状

1. 总体发展历程

内蒙古自治区是蒙古族（也是中国北方古老游牧民族）的聚居区，由于地域和生活习惯的原因，早在游牧时代，这里的人们就开始酿制牛奶酒、马奶酒。据史书记载：蒙古民族有出则食牛羊肉、入则饮马奶酒的风俗习惯。可见，酒与蒙古民族的生活有很密切的关系。新中国成立后，内蒙古地区的酿酒工业尤其是白酒的酿造有了很大的发展，使这一地区不仅仅是中国白酒的消费大区，也成为重要的生产区域。

从区域划分,内蒙古白酒市场可以分为蒙东和蒙西两大市场。其中,蒙西以"呼、包、鄂"金三角为中心,区域消费能力较强,占全区白酒消费的60%以上[①]。呼和浩特市是内蒙古白酒消费的主要市场,呼和浩特白酒市场主要集中在中低端品牌,代表产品有金呼白、银呼白。河套王在中高端市场占据主导地位。

2. 代表产区发展历程

内蒙古白酒品牌中最具竞争力的是河套酒业,其品牌价值在内蒙古自治区名列前茅。河套酒业品牌涵盖低、中、高各类档次,主导品牌为河套老窖和河套王,前者针对大众消费者,后者针对高端商务宴请。其他白酒有宁城老窖、金骆驼和蒙古王等均为中低端产品,销量较少,不具有品牌优势。近几年,受名优白酒和其他地区品牌酒的挤压,内蒙古自治区白酒行业出现萎缩态势,河套酒业业绩不景气,销售收入不断下滑。尽管积极调整产业结构,促进产业转型升级,向中高端市场发力,但收效甚微。

3. 发展现状

内蒙古河套酒业集团股份有限公司始建于 1952 年,1997 年转制为股份公司,历经六十多年的发展,企业成长为内蒙古酿酒行业的龙头企业、中国轻工业酿酒行业十强企业、国家 4A 级标准化良好行为企业和全国文明单位[②]。河套酒业是全区酒类行业唯一一家拥有两个"中国驰名商标"的企业,被认定为首批"中华老字号"企业,被中国轻工业联合会和中国酒业协会联合授予"中国北方浓香型白酒生产基地"荣誉称号,被国家标准评审委员会审定为"奶酒国家标准起草制定单位",河套品牌连续七年被世界品牌实验室评为"中国 500 家最具价值品牌",河套王原酒生产基地被中国酒业协会认定为"中国北方第一窖",并获得首届自治区主席质量奖。河套酒业作为地方财政支柱企业和农牧业产业龙头企业,在县域经济中发挥着举足轻重的作用,创造着最大的经济效益和社会效益。

(三)政策支持性产业发展政策与战略

1. 省支持性发展政策与战略

为加强酒类生产和流通管理,维护酒类市场秩序,保护生产者、经

---

① 李海凤:《内蒙古白酒市场营销策略研究——以河套酒业高端酒为例》,《中国管理信息化》2013 年第 6 期。

② 张奔等:《内蒙古河套酒业品牌延伸发展的分析与思考》,《中国商贸》2014 年第 14 期。

营者和消费者的合法权益，内蒙古于2013年发布《内蒙古自治区酒类管理办法》。

2. 代表产区支持性发展政策与战略

近年来，河套酒业通过一系列战略调整确定了未来发展目标和方向。2018年，河套酒业将"河套王"的品牌诉求调整为"王者无疆"，以更高的战略层面演绎"河套王"的品牌意境。基于战略的转变，河套酒业在未来的发展中必须坚定"六个坚持"和"六个转变"。

四 以陕西为代表区域（产区）的发展战略

（一）代表企业与代表产品

陕西省代表性白酒品牌有西凤酒、太白酒和白水杜康等。西凤酒产于凤酒之乡陕西省宝鸡市凤翔区柳林镇，始于殷商，盛于唐宋，古称秦酒、柳林酒，已有三千多年的历史，是中国四大名酒之一。西凤酒无色清亮透明，醇香芬芳，清而不淡，浓而不艳，集清香、浓香之优点于一体，以"醇香典雅、甘润挺爽、诸味协调、尾净悠长""不上头、不干喉、回味愉快"的独特风格闻名，拥有苏轼咏酒等诸多典故。太白酒始于商周，盛于唐宋，成名于太白山，闻名于唐李白，太白酒选用优质高粱为原料，大麦、豌豆制曲做糖化发酵剂，配以土暗窖固态续渣分层发酵，混蒸混烧传统老六甑工艺精心酿制，酒海贮存、自然老熟，科学勾兑而成，其品质清亮透明，醇香秀雅，醇厚丰满，甘润挺爽，诸味谐调，尾净悠长。

（二）发展历程及现状

1. 总体发展历程

陕西省是香型白酒的主要生产地，但陕西白酒行业规模较小，其白酒产量占全国的比重维持在1%左右。陕西地产酒呈现"一强多弱"格局，陕西白酒中仅西凤酒具备全省号召力，其他白酒规模极小，品牌影响力弱。西凤酒聚焦中高端白酒市场，主要布局100—300元价格带。陕西省第二大白酒企业为陕西杜康酒业，其规模为7亿—8亿元，与西凤酒差距较大，其余企业均较弱。低端市场主要品牌为太白，但其销售业绩欠佳。陕西是凤香型白酒的发源地，具有较好的品牌优势和产品差异化特色，陕西省正在借此打造凤香型白酒产业园区、产业集聚区和产业集聚带。

2. 代表产区发展历程

西凤酒产于陕西省宝鸡市凤翔县柳林镇，始于殷商，盛于唐宋，至今已有三千年左右的历史。相传殷商晚期，周武王伐纣获得成功后，以家乡出产的"秦酒"（即今西凤酒前身，因产于秦地雍城而得名）犒赏三军。汉代，秦酒更名为柳林酒。近代，柳林酒再次更名为西凤酒。1956年10月，陕西省西凤酒厂成立。在第一届、第二届、第四届、第五届全国评酒会上，西凤酒先后四次被评为国家四大名酒。1999年，陕西西凤酒股份有限公司成立，2008年，以陕西西凤酒股份有限公司为母公司组建成立陕西西凤集团。企业主导产品西凤酒，是中国最著名的四大老牌名白酒之一，是凤香型白酒的鼻祖和典型代表。然而近年来，西凤酒品质和口碑一路下滑，沦为区域品牌。

3. 发展现状

目前陕西省凤香型白酒产业基地主要依托西凤酒集团的"西凤"品牌进行产品战略整合，采用"一核一辅"推进宝鸡区域白酒集中发展，其中核心区域为西凤酒城，辅助区域为太白酒文化区。2021年7月，陕西省召开第二届"秦酒"质量提升发展大会。会议中提到，到"十四五"末期，宝鸡市将建成以西凤酒、太白酒为龙头的凤香型白酒产业基地，白酒产业产值达到500亿元，综合收入达到1000亿元。

（三）政策支持性产业发展政策与战略

1. 省支持性发展政策与战略

2019年，宝鸡市政府印发了支持酒产业高质量发展实施意见，主要任务包括：①坚持集群化发展。以西凤酒为龙头，以太白酒公司和柳林酒公司为骨干，加大上下游产业培育力度，壮大产业链条，推动全市酒产业做大做强。②推进酒类产业向智能化、信息化转型。③建设白酒优势产区。④强化品牌市场。打造中高端产品，淘汰小散乱品牌。⑤推进重点项目建设。加快实施西凤3万吨/年制酒、3万吨/年制曲和万吨酒海储存技改项目。支持太白酒技改项目、陕西柳林酒业提质技改项目等重大酒类产业项目建设。⑥加快"中国西凤酒城"的建成。⑦促进酒旅融合发展。⑧建设优质原料基地。

2. 代表产区支持性政策与战略

2021年，凤翔县委、县政府制定出台《凤翔县促进白酒产业高质量发展实施意见》，为凤香型白酒产业集群发展作出规划，指出2025年完成投资 100 亿元，白酒主业收入达到 150 亿元以上，配套产业收入达到 20 亿元。

2021 年，西凤集团以"高端化全国化品牌战略""回归一流名酒序列奋斗目标"为行动指南，高质量完成工作目标任务。通过加强高端、次高端白酒品牌布局，西凤酒品牌形象获得认可；通过建立"4+6+16"全国化运营模式，推动全国化发展布局；通过加大基础投入，新建"333"工程提升基酒酿造、制曲能力；扩宽西凤酒原粮种植面积，从品牌、产能、管理多方面实现优化升级。

第二节　中部区域发展战略

一　以湖南为代表区域（产区）的发展战略

（一）代表性企业与代表性产品

湖南位于长江中游，拥有优质的粮食和水资源，中国大多浓香型白酒产自这里。湖南常德地处白酒兼香带和浓香带的交汇点，拥有水土气候、微生物条件等地理优势，中国优质兼香型白酒出产于此。此外，湖南特殊的馥郁香型白酒丰富了中国白酒香型品类，是中国白酒发展史上浓墨重彩的一笔。湖南比较有名的白酒企业包括酒鬼酒股份有限公司、湖南武陵酒有限公司、湖南湘窖酒业有限公司、长沙白沙酒业有限责任公司和浏阳河酒业有限公司。

湖南的六大名酒分别为酒鬼酒、邵阳酒、湘泉酒、武陵酒、白沙液、浏阳河，这六朵金花涵盖了酱香、浓香、馥郁香和兼香四种香型。其中，馥郁香为酒鬼酒独创，所谓二者为兼，三者为复，馥郁香指酒鬼酒兼有浓、清、酱三大白酒基本香型的特征，一口三香，前浓、中清、后酱。湘泉酒纳大小曲酒工艺于一体，融各香型为一体，继承湘西民间历史酿酒精华，结合现代先进酿酒技术，精心酿制而成。酒液无色透明，芳香馥郁，味绵甘冽，醇厚柔美，后味爽净，回味悠长。邵阳酒以当地优质糯米、高粱、小麦为原料，采用传统工艺精心酿制而成，具有窖香浓郁、绵甜爽净、余味悠长的独特风格。武陵酒为酱香型大曲法白酒，酒液色泽微黄，酱香突出，幽雅细腻，口味醇厚而爽冽。

(二) 发展历程与现状

1. 总体发展历程

"贾湖"原本是中原文明的高地,是传统中国的象征。随着部分贾湖人迁到湘鄂边界衡山(现湖南),使用大米、蜂蜜、葡萄和山楂等进行发酵的酿酒工艺开始传播。湖南的酿造历史悠久。

先秦时代,有摆"春台席"置酒"与之合饮"的风俗。屈原在《楚辞》中提到过衡阳古酒——餠酒,在《招魂》中讲述了楚国宴席间美酒飘香的场景。此外,武陵文化中所讲的"酉水"和酿酒也有着超乎寻常的关系,没有此水便没有美酒飘香的武陵县。

汉朝时期,此地还有"元月元日饮春酒,五月五日切菖蒲萡和雄黄泛酒饮之,九月九日饮菊花酒"习俗。汉魏时期,湖南北边的南县酿酒业十分繁荣,此地得益于洞庭湖的湖水甘冽,酿出的酒芳香四溢、圆润悠长。

五代十国时期,此地最出名的酒是姓氏为"崔"的老太太所酿造的酒,崔老太太是有名的酿酒师傅,她取水酿酒的水井后来被叫作"崔婆井",现已成为酿酒古遗。

宋朝时期,湖南的酿酒业格外兴旺,酒的名声也格外响亮。其中"鼎州白玉泉"的品质最佳,被推崇为全国名酒。熙宁年间,鼎州的酒税已经达到五万两白银,成为湖南产酒的主要州县。

清朝时期,整个地区的酿酒都颇为繁荣,制酒已是普遍现象,品质优良的湖南白酒让许多文人墨客为此留下了赞美的诗句名言,如史大成曾有诗云"客思浮云外,人情浊酒中"。此外,武陵春在清末也较为出名,溥杰曾有诗赞云"千秋澄碧湘江水,巧酿香醪号武陵"。清代在南县还酿有"米酒、烧酒",颇为出名。

近代,拥有传统酿造技艺的白酒纷纷涌现,除武陵春外,湖南还有毛泽东亲自命名的白沙液,继承了湘西民间历史酿酒精华的湘泉酒,与湘泉酒同酒厂的酒鬼酒等。

2. 代表产区(邵阳)发展历程

邵阳作为湘酒的发源地,自古便拥有得天独厚的酿酒地理环境及气候。地处北纬 26.2 度、东经 111.4 度,临水依山,玉带环腰,空气温润,气候温和,鬼斧神工的大自然孕育出冠绝天下的丹霞地貌,成就了邵阳独一无二的天赋酿酒优势。得益于邵阳天然的资源,聪明的邵阳人早在三千多年前，便懂得用资、邵二水为原料，在状元沙洲这一人杰地灵之地，酿制甘洌醇厚的美酒，酝酿出了芳华绝代的湖湘酒之精髓，其中，黑酒素负盛名。

南宋时期，理宗在邵阳做防御使期间，为此地产的美酒所倾倒，对邵酒情有独钟。此后他还推崇邵酒为皇室贡品，使得许多人闻名而来品尝此地的美酒。

1952年，政府为推动白酒规模发展，便带头将城中八家酒坊合并成立了邵阳市酒厂。在烧酒酿造技艺上加上"汾酒"的制作特色，酿造出了崭新的"邵汾"。此后，邵阳酒厂又在邵汾的基础上汲取五粮液的制作特色，酿造出新酒"邵阳大曲"。

至今，邵阳有名的酒企有多家，其中湖南湘窖酒业有限公司是全市龙头，旗下有湘窖、开口笑和邵阳大曲，都是本地有名的白酒品牌。

3. 发展现状

湖南是中国酒文化资源相对丰富的地方，这里有最古老的酒器、最早的酿造工艺、最早的皇室贡酒。湘酒曾在全国占有重要地位，产业规模也一度处于全国前列，享有较高声誉。但在20世纪90年代白酒行业发展的繁荣时期，湘酒错过了机遇，逐渐与其他省份拉大了差距。现在能在全国占据一方的似乎只有酒鬼酒一枝独秀。湘酒的发展是不平衡的，产业规模存有差距，缺少真正龙头企业的引领。其原因可以总结为以下几点：

第一，白酒是中国的传统特色酒类，市场上酒类众多，竞争非常激烈。湘酒相比酿酒大省而言，其定位不够准确，整体竞争力较弱，产销规模也极不相称。

第二，政策支持力度不够。一个好的品牌建设需投入较大成本，需要政府大力支持。前几年，湖南省政府对白酒的支持政策较少，导致湘酒发展滞后。近年，政府正逐渐重视白酒产业发展，推动湘酒酒企快速走上品牌复兴之路。

第三，中国白酒市场竞争激烈，名优企业的影响力远超于一般企业，导致强者越强，低端品牌逐渐被剔除。此外，整个行业呈现挤压式增长，各省白酒在政府的指导下抱团共谋发展。在此方面，湘酒正在积极学习其他优秀白酒雁群的战略，积极苦练内功，最大程度上放大龙头企业示范引领作用。

(三) 政府支持性产业发展政策与战略

1. 湖南省支持性发展政策与战略

2006年，湖南与四川达成合作、共谋发展，以"泛珠三角"为主要区域，开展技术项目合作与经济项目合作，极大地促进了两地资源配置。

2010年，湖南省酒业协会第三次会员代表大会召开，会议指出湘酒要走低度发展之路，适当改变消费者的购买习惯，顺应了国家提出的白酒要做出"四个转变"的要求。

2012年，相关领导提出明确酒鬼酒先进入第二梯队的目标。为此，政府做出部署，一是要抓产品质量，二是要抓企业文化，三是要抓内部管理，四是要抓扩建进度，势必要把酒鬼酒树立成国内知名品牌。

2014年，政府提出白酒不仅要加快转型，积极拓展省内外市场，还要加强生产监管，注重质量品牌。从营销方法、渠道上做出改变，以达到拓展市场的目的，例如建设网上平台、渠道下沉。

2015年，工作重点倾向于专利权的保护与质量安全的监督。对盗用商标、模仿包装、假冒名酒等行为做出严重惩罚；对流通环节的白酒抽样检测，查处标签标识不符合标准要求的违法行为；严格查处非固态法酿造白酒的小型作坊；严查应当取得而未取得《食品流通许可证》《酒类产品批发许可证》《酒类产品备案登记证》的厂家。

2017年，《湖南省加快推进重要产品追溯体系建设实施方案》指出，要利用信息技术建设追溯体系，监督酒类质量安全。

2018年，振兴湘酒，助力产业扶贫是主要目标。湘酒在税收、就业等方面贡献较大，做大做强湘酒，将对地方经济发展、社会就业、产业扶贫产生积极深远的影响。但目前，湘酒整体上一直处于小规模、小发展、缺乏龙头品牌带动的局面。由此提出：①扶持湘酒品牌，从振兴湘酒战略层面展开战略布局，做大做强湘酒企业，助力地方产业扶贫。②打造湘酒生态文化园，规划建立湘酒龙头企业生态环境保护区或地理生态保护圈，实现湘酒龙头企业与城市建设、旅游、周边村镇、生态环境融合发展。

2019年，相关领导在调研中强调，要贯彻落实新发展理念，推动白酒产业供给侧结构性改革和高质量发展。最大程度上发挥政府督导以及支持的作用，加强市场管理，规范市场秩序，着力优化行业生态，形成公平有序、充满活力的发展环境。要大力培育龙头企业，加强营销策划，挖掘文化内涵，打造全国白酒行业具有较强市场影响力的知名品牌。

2020年，《邵阳市人民政府关于加快白酒产业高质量发展的意见》提出：①支持企业稳定快速发展，大力支持企业提质扩量、人才培养和技术创新。②支持企业开拓市场，鼓励开拓销售市场、支持邵酒品牌推介、鼓励做强网上营销。③支持企业品牌宣传造势，鼓励媒体宣传造势、加大户外广告宣传力度、支持酒旅融合宣传。④加大市场监管力度，加强质量安全体系建设、大力开展市场整顿。⑤加大政策扶持力度，强化企业帮扶、加强组织领导。

2. 代表产区（邵阳）支持性发展政策与战略

为开拓湖南白酒市场，政府领导各阶层营造一种爱家乡酒、喝家乡酒的好氛围，并指导设立相应的营销点、网点，把白酒作为重点产品进行推荐。此外，政府设置了一系列奖赏制度，鼓励更多的经销商推销邵阳酒。鼓励企业参加中国国际食品餐饮博览会、邵商大会、沪洽周、港洽周、交易会、农博会等重大商务活动推介产品。

为给湘酒品牌宣传造势，各级媒体为湘酒定制宣传方案。充分利用各种媒体宣传酒文化和城市记忆等故事，推广湘酒文化、产业与品牌。创建技能大师工作室，推广工匠精神，打响白酒品牌。同时支持酒旅兼并宣传，将"湘窖生态文化酿酒城4A景区"纳入休闲旅游线，并作为市重点景点向外宣传。

为规范白酒市场，政府加大了市场监管力度。从质量监管出发，监管部门加强了安全体系建设，尽量完善各种检验方法，提升检测能力。同时，要求白酒企业健全其质量检测机制，确保酒类食品安全。在法律上，加大对冒牌白酒产品和侵权行为的惩罚力度，出现问题的酒不得进入市场，并设立监督、举报电话。

二 以湖北为代表区域（产区）的发展战略

（一）代表性企业与代表性产品

湖北是白酒大省，因处在长江和汉江两江汇融之地，土地肥沃、水资源丰富，自古就是酿酒的好地方。湖北和湖南一样地处长江中游，一南一北，这条线上生产出了中国最好的兼香型白酒。

湖北白酒香型丰富，种类众多，其中"四朵金花"尤为出彩，它们都是湖北好喝不贵的名酒，分别是清香型白酒黄鹤楼、浓酱兼香型白酒白云边、浓香型白酒稻花香、米香型白酒枝江大曲。黄鹤楼白酒积黄鹤之灵以酿其味，循楚地之法以铸其魂；黄鹤归来酒"色香味格"极为考究：黄鹤归来之"色"，晶莹、剔透，如春之朝露；黄鹤归来之"香"，陈香、飘逸，窖香浓郁；黄鹤归来之"味"，醇厚、绵甜，回味悠长；黄鹤归来之"格"，甘润、幽雅，堪称传世佳品。白云边酒创制于1974年，嗣后经数百次单项试验，上千次理化分析，在选料、制曲、发酵、蒸馏、调度、勾兑等数道工序上，掌握了科学的酿造工艺流程，研制出一种独特的白酒，这种酒需经长年窖贮，窖贮时间越久，酒质越感醇厚香美。稻花香白酒采用酱香型酒典型生产工艺。"重阳下沙、端阳扔糟"，一年一个生产周期，两次投料，九次蒸煮，八轮发酵，七次取酒，恒温洞藏贮存。饱经岁月洗礼，酒体醇和细腻，回味悠长，空杯留香持久。

以上四种酒分别来自黄鹤楼酒业有限公司、湖北白云边股份有限公司、湖北稻花香集团、湖北枝江酒业股份有限公司。

（二）发展历程与现状

1. 总体发展历程

湖北地处古时的楚国境内，白酒文化源远流长，至少可追溯至三千年前。

《楚辞》中有记载，喝酒的方法有两种，其一为混着渣滓同饮，其二为滤掉酒渣只饮酒液，此种酒液称为"醮"。《招魂》也有对此种酒液有所描述，将其称为"挫糟冷饮"，此文中除了描述酒液甘美外，还描绘了酒宴的盛况，能想象此时酒业有多么繁荣。

宋朝时代，中国科学技术相较发达，有酒经记载其造酒之术已开始讲求科学技艺。湖北地处酿酒带的中心地方，有极优质的水资源与丰富的粮食储备，众多文人墨客赞美鄂酒的甘美。最具代表性的是李白也为这里酿出的酒所倾倒，在安陆停留十年之久，留下"涢水浓于酒""买酒白云边"的名句。

元朝时期，老湖北人李时珍在著名古书《本草纲目》中讲到，中国白酒真正开始得到发展是从元朝开始的，他在书中所讲的白酒是指药酒一类，在今日的湖北，此种酒为本地农民所喜爱。

20世纪50年代，由于小曲酒发酵时间较短，产出速度较快，而酒香淡雅勾人，所以小曲酒产量占湖北总体产量的九成以上。湖北现存较优秀的小曲酒要数劲酒，该酒选用传承下来的优质小曲作为基酒。

如今，湖北的酒厂众多，也出了闻名全国的好酒，像白云边、枝江大曲、演义酒、黄鹤楼、稻花香、劲酒、石花等都是在本地销量较好的酒。

2. 代表产区（宜昌）发展历程

宜昌地处西陵峡口，有一个古称叫夷陵。

唐朝时期，当地有歌云"绿樽翠杓，为君斟酌"。李白为此地名酒挥墨"将船买酒白云边"，可见宜昌酒市的繁荣。

宋朝时期，宜昌的酒税只有一万两白银，比起其他名酒域，是个极小的产区。但也有酒录记载了这里的酒，称至喜泉，说明宜昌有出名酒。

明朝时期，宜昌酿有"白糁酒"，有诗曰"白糁红醅两岸风"，该酒此时最为有名。同一时期，民间有腊月酿米酒一说，酿出的酒供自家节日饮用，此后将此酒称为"腊酒"。

清朝时期，宜昌人用玉米制酒，酿出来的酒用当地的话叫"包谷酒"。有诗人曾评价此酒曰"祭祀及燕饮，一味包谷酒"。但由于当时出酒质量不高，并未广泛流传。此外，枝江造酒之术此时已颇为发达，集市上卖酒者云集，其中江口的烧春最为有名，常常供不应求。后来，有张秀才借助江口的名气，在此处开起了糟坊酿高粱酒，并挂牌取"谦泰吉"之名。随后，江口到处开起了酒坊，枝江烧酒的名气逐渐扩张，最后在荆楚大地上留下浓墨重彩的一笔。

20 世纪 50 年代，政府整合酒坊建成了"七一酒厂"。因为出产的酒品质不高，并不是很有名气。70 年代，优质白酒西陵特曲开始产出，没多久就销量极好，该酒厂改名为"宜昌酒厂"。

如今，宜昌不仅酒厂多，优质白酒也多，楚园春、关公坊、枝江大曲以及稻花香等品牌都是宜昌的门面担当。

3. 发展现状

1994 年，中国的市场体制发生改变，湖北市场的进入壁垒偏低，大量的省外品牌匆匆占领鄂酒市场，导致本地白酒市场低迷。政府为促进鄂酒发展，制定了一系列规划。首先整顿了众多小作坊，将它们合并重组成大酒厂。随后，各家酒企逐渐发展起来，拥有了自己的特色产品、特色文化，在具有竞争优势后纷纷开始抢占市场，或者与外来品牌竞争市场。近几年，不少酒企与产区都遇到了相当大的经营困难，而鄂酒总体上却保持着基本稳定的发展态势，有的酒企还实现了逆势增长。

鄂酒的名牌酒企占领了湖北的主要根据地，这使得一般的外来品牌很难到省内抢占市场份额。在湖北的几个主场，如在宜昌，稻花香与枝江地位颇高，难以替代。鄂酒大多走中低端定位，一定程度上，"腰部"产品拥有其独特优势，能削弱行业环境的不利影响。但也有劣势，鄂酒没有特别强势的品牌，不能够在全国占得一席之地，也缺乏能引起行业轰动或为行业效仿的代表性人物和代表性事迹。所以，鄂酒酒企的话语权比较少，想要成功突围较困难。

此外，没有竞争力强的龙头企业是鄂酒的致命缺点，虽然酿造历史长、技艺高，但错过了最佳发展时期，难以跟上现今白酒行业的爬升速度，众酒企基本不具备傲视群雄的规模和品牌。为解决此难题，鄂酒正在逐渐走上规模化、多元化、集团化之路。近几年，虽然鄂酒产量大幅提升，但与第一阵营的差距仍较大。要想追赶第一阵营，鄂酒要继续注重产品升级，更重要的是充分利用鄂酒的历史文化底蕴，深入挖掘湖北白酒特色，走上鄂酒自己的特色品牌之路。

（三）政府支持性产业发展政策与战略

1. 湖北省支持性发展政策与战略

2014年，《做大做实做强湖北白酒产业行动计划》提出，现今已有多个高端酒企开始推出中低端品牌，在这种情况下，鄂酒不仅面临没有超高端名品的引领问题，中低端品牌还受此类品牌明目张胆地挤压。想要跳出此种窘境，唯有实施品牌升级、技术转型以及资源整合之路。首先，不再追求量，要以提升白酒的品质为先。其次，明确品牌建设的重要性，通过选出几个骨干酒企作为重点培养对象以及建设白酒产区示范基地的方法，来培育龙头企业。最后，通过兼并重组等方法重新分配资源，优化配置。

2015年，省重点成长型产业集群发展情况报告提出，酒业产业集群是以湖北白云边股份有限公司等为龙头，以粮食基地采购、造纸、印刷、饲料加工、玻璃制品、瓶盖生产、物流配送等上下游协作配套形成产业集群。坚持做真做实、做大做强的发展理念，主动调整升级，提升发展质效。拉长产业链条，壮大集群规模，对外招引项目，上下游延伸产业链条，使集群规模迅速得以扩大。一是加快建设生态产业园，进一步做大龙头企业；二是延伸产业链，提升配套能力；三是突出质量品牌，提升集群竞争力，设置高标准的质量检测中心，保证白酒的整体质量；四是打造服务平台，助推集群发展，推进技术创新，增强集群科研实力。

如白云边在全国首创了浓酱兼香型白酒,为保证技术优势,白云边公司采取了一系列措施持续推进技术创新。

2017年,根据国家指出的经济新常态指导思想,政府为适应经济发展,提出要重视传统技术的改造升级,落实万亿技改的战略。

2018年,在技术创新改革的路程下,政府支持奋进公司研发上甑机器人。上甑机器人被应用于白酒行业,使酿造技术得到自动化改造,实现新旧动能转换,目前已经在劲酒、习酒、洋河、六尺巷、口子窖、劲牌茅台、老村长、十里香、青青稞等酒厂上线应用。此外,省经信委召开全省酒业发展座谈会,会议指出省委、省政府高度重视湖北酒业发展,全省白酒重点骨干企业要练好内功,走出产品同质化、营销同质化的误区,进一步增强发展后劲和信心,创新工作思路和方法,不断加强人才技术引进,不断提升产品产量和质量,强化人才科技支撑,优化产品结构,努力为"楚酒振兴"和经济社会高质量发展做出更大贡献。

2020年,省科技处通过对白酒行业的典型质量标杆黄鹤楼酒业有限公司和湖北稻花香酒业股份有限公司发展战略的分析激励白酒行业高质量发展。两家企业分别实施"一核五化"质量管理与"1+1+N"标准化管理模式。"一核五化"创新质量管理模式"以卓越绩效管理模式为核心,实施管理标准化、生产智能化、服务共赢化、风控常态化、知识传承化的五化"质量管理模式,将质量和食品安全管理推向纵深。"1+1+N"标准化管理模式是基于1个综合管理体系,执行1个卓越绩效标准,结合标准化的管理活动,最终实现覆盖产前、产中、产后的标准化管理模式。

2. 代表产区(宜昌)支持性发展政策与战略

为提升鄂酒生产企业竞争力,政府支持白酒生产企业提升创新能力。鼓励企业加大研发投入,形成一批拥有自主知识产权的产品、标准和酿造技艺;给予领头开发建立新平台的创新者丰厚的奖励。邀请名优酒企、高校与政府一同挂牌设立各种相关的研究院,从新技术、新思想上为白酒的发展添砖加瓦;将智能化技术、数字化工厂的建设提上日程,加快行业的产能、质量发展;支持白酒领域专业人才培养,将酒企负责人纳入精英计划培育工程。在领军人才(项目)、优秀专家、省级以上专家评选中,优先推荐白酒人才。

为加强鄂酒的品牌影响力,政府支持酒企发展特色精品品牌,引导酒企积极参评国家级称号、专业级奖项；引导标准体系建设、行规制定，对参与制定高质量标准体系的企业给予资金奖励；引导企业根据当地本土文化给自身品牌增值，通过文化传播打响白酒品牌；引导开展一系列与白酒相关的比赛、讨论会，对全国、全省大赛上获奖的酒品给予相应的奖励。支持发展以酒文化为主的工业精品旅游线，酒旅共发展。

为跟紧行业发展，增加市场占有率，政府引导酒企与电商合作，两方相互成就发展；政府指出不仅要注重省内市场，还要涉足于省外市场，甚至是逐渐进入国际市场；在资金方面给予帮助，设立专门的发展基金，引导金融机构对行业进行支持，以及出台优惠政策以吸引更多的外商投资。

三 以河南为代表区域（产区）的发展战略

（一）代表企业与代表产品

河南省知名白酒主要有宋河粮液、杜康酒、宝丰酒以及张弓酒等。宋河粮液以优质高粱、小麦为原料，精湛绝伦的传统酿造工艺与现代科技的完美结合，固态泥池，纯粮发酵，具有"窖香浓郁，绵甜爽净，回味悠长"的特色，被赞誉为"香得庄重，甜得大方；绵得亲切，净得脱俗"。杜康酒属浓香型，以优质小麦采制高中温混合使用，又精选糯高粱为酿酒原料，并采取"香泥封窖、低温入池、长期发酵、混蒸续槽、量质摘酒、分级贮存、陈酿酯化、精心勾兑"等先进工艺酿制而成。宝丰酒有着"清香纯正、绵甜柔和、甘润爽口、回味悠长"的特点，是中国清香型白酒的典型代表。张弓酒在酿造时低温入窖、双轮底发酵，再加上回沙工艺二次发酵，勾兑的酒基要求是存放三年以上的双轮底中段酒，这样的酒窖香突出，酒体醇厚丰满，最后经冷冻和活性炭吸附过滤，最终达到"低而不淡""低而不解""低而不浊"的效果。

（二）河南发展历程及现状

1. 总体发展历程

河南位于黄河中下游地区，地处中原，物产丰富，气候适宜，悠久的历史文化和沉淀千百年的酿酒技术，使河南成为一个传统的白酒酿造大省和消费大省[①]。河南的酒文化源远流长，"杜康造酒说"、仰韶文化遗址等使河南酒文化形成了深厚的积淀。特殊的地理优势和气候环境的构

---

① 金孟泽、郭慧：《河南白酒市场浅析》，《中国酒》2000年第2期。

成,使河南的白酒香型呈多元化发展,主要有浓香、清香两种香型。

20世纪80年代到90年代中期,河南酒业进入高速发展时期,走向全国;1998年以后陷入低谷,2002年以后经过改革,豫酒开始从低谷艰难发展;2017年,河南省发布白酒业转型发展行动计划,正式开启振兴豫酒新篇章。目前,河南省的白酒生产厂家有数百家之多,著名白酒品牌有杜康、仰韶、赊店、张弓、宋河、林河、宝丰、卧龙、睢酒等,这些品牌都有着深厚的文化内涵[1]。

2. 代表产区发展历程

中国著名大型酿酒企业之一的宋河酒业股份有限公司,地处河南省鹿邑县枣集镇(中国传统酒乡),先后被评为河南工业企业50强和国家工业企业500强、国家重点企业,连续多年位居周口市场工业企业第一名。公司主要生产中国名酒、河南名牌"宋河粮液"和河南名牌"鹿邑大曲"及其系列产品。

3. 发展现状

目前,河南省的白酒生产厂家有数百家之多,著名白酒品牌有杜康、仰韶、赊店、张弓、宋河、林河、宝丰、卧龙、睢酒等。从地域分布看,河南的白酒产地可划分为四个区域,即豫东、豫西、豫南、豫北。豫东地区的白酒品牌主要有宋河酒、林河酒、张弓酒、四五老酒、睢酒、皇沟御酒等;豫西地区有杜康酒、仰韶酒等;豫南地区有宝丰酒、赊店酒、卧龙酒、天冠纯净酒等;豫北地区有新兴的红旗渠酒、梨园春酒和百泉春酒等[2]。

(三)政府支持性产业发展政策与战略

1. 河南省支持性发展政策与战略

2017年,河南省政府提出《河南省酒业转型发展行动计划(2017—2020)》的决定。内容包括:①打造知名品牌。着力培育1—2个豫酒领军品牌,打造豫酒核心品牌和超级单品。②提高产品品质,发扬豫酒柔和绵长的风格,大力推广纯粮固态发酵。③推进企业重组。推动重点酒企进行兼并、收购和重组,提升产业集中度。④优化产品结构。重点扩大中档产品市场份额。⑤丰富销售渠道。在各流媒体网站进行集中大量

---

[1] 李代广:《复兴豫酒企业有样板可参照》,《经理日报》2006年1月14日第3版。
[2] 刘朴兵:《略论改革开放后河南酒文化的传承和发展》,《农业考古》2012年第1期。

推广宣传。积极推进下沉市场，开发县级和农村市场，凭借供应链物流等方式推广豫酒。⑥开拓酒类新市场。将酒品牌、酒文化、旅游业统一宣传，加快开发以豫酒文化为主体的旅游商品、纪念品。⑦发展原酒基地和原料基地。⑧注重酒类人才培养。⑨建设白酒工业园区。⑩推动酒企绿色发展。

2. 代表产区支持性发展政策与战略

2019年，宋河酒业对产品线进行了调整，并以做好"销"和"消"为发展目标，前者解决酒类流通渠道问题，后者提高客户的忠诚度，让消费者认知、认可宋河酒。宋河酒业在产品品质方面做到缺陷零容忍，为产品品质打下良好基础。在市场方面，务实鹿邑、周口、郑州、北京四城联运战略，通过重布市场局，重划战区，稳周边市场，抓省内重点市场。

四 以安徽为代表区域（产区）的发展战略

（一）代表性企业与代表性产品

安徽拥有三千年的酿造史，是著名的酿酒之地，八大传统名酒之一的"古井贡酒"即产自安徽亳州。除此之外，安徽还拥有口子窖酒、迎驾贡酒、宣酒、金种子酒等名酒。古井贡酒是亳州最有名的白酒，距今已经有近两千年历史，此酒有"酒中牡丹"之美誉。口子窖酒是兼香型酒的代表，其香味较浓，入口回甘。迎驾贡酒产自霍山，同五粮液一样都是采用五种原料酿造，不同之处在于其使用的是大别山上的五谷。宣酒有国家地理标志，前身是唐代春酒，它是新香型白酒的开创者，独特的芝麻香型吸引了无数爱酒之人。金种子酒是浓香型白酒。除这几大名酒外，高炉家酒、文王贡酒、皖酒、明光酒、沙河王酒也是安徽排名靠前的名酒。这些酒分别隶属于安徽古井集团有限责任公司、安徽口子酒业股份有限公司、安徽迎驾贡酒股份有限公司、安徽宣酒集团股份有限公司、安徽金种子酒业股份有限公司、安徽双轮酒业有限责任公司、安徽文王酿酒股份有限公司、安徽皖酒制造集团有限公司、安徽明光酒业有限公司、安徽沙河酒业有限公司。

（二）发展历程与现状

1. 总体发展历程

安徽是白酒的发源地之一，历史悠久，从酒的命名得以佐证。文王贡酒得名于三千年前的西周姜尚；高炉家酒因春秋时期道教鼻祖老子开坊烧酒而取名；迎驾贡酒是汉武帝"南巡"所赐；古井贡酒始于曹操家乡亳州产的"九酝春酒"；淮北口子酒的酿造历史，则可以追溯到春秋时期；运酒可追溯到东汉末年，漕河开通之后；老明光酒的历史可追溯到唐朝起。

东汉时期，曹操最爱喝家乡亳州所酿的酒，称此酒比蜜糖还要甘甜，还特意将"九酿春酒"以及做法推荐给汉皇室。

晋代时期，酿酒业出现。醉三秋是当时较有名的浓香型酒，此酒依照传统混蒸续糟法制成。此酒的酒名还有一个传说，竹林七贤的刘伶爱酒，曾一醉三年才酒醒，醉三秋便由此得来。

宋朝时期，滁州已有酿酒业，此地因美酒众多被誉为醉乡和酒国。欧阳修的《醉翁亭记》中也曾赞美曰"酿泉为酒，泉香而酒洌"。此外，熙宁年间亳州酒税早已达到十万两，此地是当时主要产酒地区之一。

明朝时期，据传有古井建造于南北朝，此井水酿出的酒色清、香醇、味美，而此酒又曾做过贡品，所以取名为古井贡酒。从现今的遗址来看，当时的酒业颇为繁荣。

清代酿有烧酒、黄酒。

近代时期，众多古酒开始重新崛起，醉翁牌、漆园春、魏王酒等依次建厂，酿造名酒，开始了辉煌的徽酒时代。

2. 代表产区（亳州）发展历程

亳州是徽酒的重要产区，产有名酒古井贡酒。古井镇地理位置极好，有着优渥的酿造资源。此地水源充足且优良，盛产小麦、玉米、高粱、大豆和各种薯类，极其适合于酿酒业的推进与发展。从出土的各种酒器以及发酵物件来看，此地的酿酒业至少有三千多年的历史。

东汉时期，曹操著有《九酝酒法》，这是亳州"九酝春酒"作为汉皇室贡酒最早的文字记录。此外，"减酒"色亮、味香，负有十里飘香的美誉，特别是"公兴糟坊"酿的减酒最为出名。

明朝时期，亳州有作坊四十多个。

宋朝时期，亳州税收早已达至十万两白银，如此大的课税说明当时此地的白酒产业已极具规模。

1959年，在减酒酒厂的基础上建造了古井酒厂，此后，酿酒师在减酒的酿造方法上添加新型技术，从而酿出了风味独特的"古井贡酒"。

3. 发展现状

安徽白酒历史悠久，白酒行业一直有"东不入皖"的说法，但从近几年徽酒的销售数据来看，其影响力正在逐渐下降。省外名牌正在逐渐吞噬徽酒原有市场，徽酒不仅需要与本土品牌相互打擂，还要抵挡省外品牌的威胁。徽酒虽然一直有意开拓省外市场，但由于缺乏名酒品牌的建设，只有极少的白酒能在全国享有一席之地，大多数企业还是只能固守本省及周边市场。因此，徽酒正面临着内忧与外患，重振昔日威望是徽酒企业最迫切实现的目标。

在安徽白酒市场，众多白酒品牌竞相争夺市场份额。其中名气最高的自然是茅台、五粮液，其次是颇为有名的古井贡酒、口子窖。安徽品牌在当地销量较好，主要源于当地白酒受众偏向中低端客户，经营战略上采用渠道下沉的策略，与高端名品形成市场错位。此外，安徽当地人对安徽白酒的热爱比其他省份更明显，导致外来品牌进入安徽市场的壁垒较高。且酒企是税收大户，是地方政府的重点保护对象，徽酒品牌在省内渠道下沉至各个乡镇，对终端的控制力很强。

目前，安徽白酒产业的特点表现为：第一，竞争格局转变。前期，安徽白酒对市场的竞争占领体现在资源渠道上，如今作为龙头的古井贡酒和口子窖已占有一定资源，基于国民消费力的提升，消费者对品牌的敏感度也越来越高，名品白酒的消费额随之增加，因此，安徽白酒现将发展目标转为打响品牌名气。第二，低端白酒品牌鱼龙混杂，竞争将会进一步激化。受省内龙头品牌的影响，加上外来名优品牌的挤压，省内低端白酒品牌将会越来越少，以致白酒行业竞争将会越来越激烈。第三，基于本产地的价格优势，中端本地白酒品牌相较于高端品牌，预计会更迅速地占领原有的低端市场。第四，由于安徽白酒的高端名优品牌较少，考虑价格的影响，一般白酒的终端市场将会聚集在乡镇。

（三）政府支持性产业发展政策与战略

1. 安徽省支持性发展政策与战略

2020年，《关于促进安徽白酒产业高质量发展的若干意见》指出，到2025年安徽省酒产业的目标要实现营业收入500亿元，产量达标500吨；打造营业收入超200亿元的企业一家、超100亿元的企业两家；培养闻名全国的名优企业以及增强徽酒的品牌效力；从原材料到新型技术研发，再到研发包装出厂，建设好链条式白酒发展体系。为此提出：①围绕

"产区+基地",建设特色化白酒示范展区,明确产业集中型产区的优势,从原料到产出全方位建设产区基地集群。②围绕"扶优+扶强",明确龙头企业的重要地位,通过兼并重组将多数中小型企业打造为大型白酒企业。对此出台相对应的扶持政策,鼓励各企业不断革新。③围绕"数字+智能",建设智能化生产线、数字化产业链。提升白酒生产效率。④围绕"低碳+循环",建设绿色产区。⑤围绕"质量+安全",规范白酒行业标准,保证白酒质量与安全。⑥围绕"精品+名品",着重发展名优品牌,打造精致徽酒。⑦围绕"创新+创意",发展多样化产销模式,发展新型技术。⑧围绕"领军+工匠",着重发展匠人以及白酒行业高质量管理人才。

2021年,安徽白酒产业发展重要工作指出,继续注意白酒行业的监督管理,加大对违规者的惩罚力度,鼓励行业中各企业形成不成文的规定,墨守自律的准则;检查各政策与战略有没有落在实处,检查对所有企业有没有同等对待;增加重要组织或者协会,加强白酒行业的对外交流发展。

2. 代表产区(亳州)支持性发展政策与战略

为提升规模竞争力,企业要充分利用黄淮、长江名酒带的地理优势,打造名牌产业。引导资源向重点产区靠拢,打造产业基地集群,打造有核心竞争力的白酒产业。在古井、高炉两个酿酒小镇中打造产业集群,明确古井贡酒、双轮酒业龙头的位置,明确井中、金不换骨干企业的位置,带领余下上百家小型企业共谋进步。此外,积极制定优惠政策,吸引更多省外投资商来投资酒产业,进一步促进配套产业的发展。

为重新打响徽酒品牌,政府出台鼓励政策以支持酒企争创国家级、省级称号。鼓励酒企往中高端走,最大程度上发挥古井的优势,引领后方品牌跳出本地市场。此外,在品牌宣传上要下苦功夫,通过宣扬亳州历史酒文化来打响徽酒品牌;建设白酒示范产区、示范小镇,打造特殊旅行路线。总体来说,不仅做到深耕省内市场,还要加快开拓省外市场,推进营销网络全国化,推进徽酒品牌进一步向国际进军。

为加强人才队伍的培养,对现有的匠人及领军者要给予丰富的资源和优惠的政策,不断提升他们的影响力与社会地位。同时,注重新一代人才的培养,通过与研究所、高校合作,培育专业对口的技术型人才、管理人才以及销售人才。对于在职的人员,也要不断学习进步,提高白酒行业人员整体素质。

为形成安全的酒业市场，不仅政府要推出一系列的监管措施，企业也应该形成一套独特的监督流程。支持企业加大技术改造和智能设备投入，建设数字化车间。从原料供应、生产加工到终端销售，全流程智能化管控。对产品生产、仓储、分销、物流运输、市场监察等环节数字跟踪溯源。

为给白酒业以坚固的后盾支持，政府要确认白酒行业相关研发费用、固定资产、进口装备的优惠等政策是否完全落实，相关优惠政策要根据不同地区情况来制定。此外，在资金支持上，鼓励银行等金融机构设定可执行的方案为酒企提供资金，如窖池抵押。最重要的是，要对一般企业同等对待，真正落实相关政策，确实给行业减负。

五 以山西为代表区域（产区）的发展战略

（一）代表企业与代表产品

山西省白酒代表品牌主要有汾酒集团的汾酒、汾阳王、竹叶青，梨花春酿酒集团的梨花春酒，祁县六曲香酒厂的六曲香酒。汾酒作为清香型白酒的典型代表，因产于山西省汾阳市杏花村，又称"杏花村酒"，其工艺精湛，源远流长，素以入口绵、落口甜、饮后余香、回味悠长特色而著称，在国内外消费市场享有较高的知名度、美誉度和忠诚度。竹叶青以汾酒基酒为基础，另搭当归、陈皮、砂仁、零香、广木香、紫檀等十多种名贵药材，并加入冰糖、白糖或蛋清等配料调味，配以独特酿造工艺调酿而成，竹叶青的酒液不仅带有相当养眼的淡竹叶青色，更具有一定的保健功效，酒液入口绵甜微苦，酒气中带有淡淡药材芬芳，温和不刺激。六曲香酒无色，清亮透明，清香纯正，醇和爽口，绵软回甜，饮后余香有诗云"酿造风格独一枝，清香蝉联状元榜"。

（二）发展历程及现状

1. 总体发展历程

山西省酿酒历史悠久，汾酒为清香白酒代表。山西汾酒以其久远的酒文化，誉为"中国白酒产业的奠基者"。

从北齐发展到唐代，汾酒成为中国最早的蒸馏白酒。

明清时代，清香汾酒被传播于全国各地，随后便产生了浓香、酱香类白酒。

1707年，汾酒载入《四库全书》，成为其中唯一的白酒品牌。

1915年，山西高粱汾酒在巴拿马万国博览会上获得最高奖——甲等大奖章，成为唯一获得甲等大奖章的白酒品牌①。

2. 代表产区发展历程

吕梁是全国最大的清香型白酒生产基地，汾阳是吕梁产区的核心，杏花村又是汾阳产区核心。"借问酒家何处有，牧童遥指杏花村"使杏花村在晚唐时期就闻名于世。

2012年，山西杏花村汾酒集团酒业发展区有限公司成立，是集清香白酒原粮种植、生产、销售、储藏、仓储、物流和文化传播于一体的大型企业。

2018年，第二届山西（汾阳·杏花村）世界博览会在中国汾酒城成功举办②。

3. 发展现状

山西吕梁酿酒历史悠久。目前，全市共有酿酒企业72户，有汾酒、竹叶青、杏花村、汾阳王4个全国驰名商标，老白汾、玫瑰汾、金家、晋善晋美、老传统等20个山西省著名商标③。

2016年，山西省政府批准设立了唯一以白酒为主导产业的杏花村经济技术开发区，随后入选为第一批中国特色小镇。

2017年，吕梁市被中国酒业协会授予"世界十大烈酒产区·吕梁产区"。汾阳市打造了杏花古镇、汾酒古作坊、汾酒博物馆等旅游景区，一为闻名，二为吸引更多游客，三为更好地传播汾酒文化。

(三) 政策支持性产业发展政策与战略

1. 省支持性发展政策与战略

2010年，山西省提出培养白酒集群发展，提高山西清香白酒产量，以维护并稳固中国最大清香白酒生产基地的地位。

2013年，山西省提出整合省内白酒资源，集中推进杏花村酒业集中发展，确保清香白酒在市场上的品牌地位，发挥品牌作用，带动酒业可持续发展。

2016年，山西省吕梁市白酒行业协会成立，为酒类行业交流信息、

---

① 化春光：《破解茅台巴拿马获奖谜团：一个无中生有的金奖》，《旅游时代》2015年第4期。
② 江源：《中国最大清香型白酒生产基地在汾阳揭牌》，《酿酒科技》2018年第10期。
③ 刘小宇：《大转型：跑出加速度 彰显高质量》，《吕梁日报》2019年1月20日第1版。

共享资源、集群发展、弘扬文化提供新的交流平台。

2017年,山西省再次提出白酒行业要注重发挥杏花村酒业集中发展区的示范效应和汾酒集团的带动作用,提升酒业知名品牌地位。

2. 代表产区支持性发展政策与战略

2021年,山西省吕梁市政府工作报告提出,要打造清香型白酒生产基地和酒文化旅游胜地,吕梁市支持汾酒集团抢占高中端白酒市场。目前正全力打造杏花村经济技术开发区;支持做强做大以汾酒为龙头的白酒产业,加强技术研发和人才培养;支持汾阳王酒业、中汾酒城等一批白酒企业发展壮大,形成多层次酒品牌竞相发展、错位互补新格局。

第三节　东部区域发展战略

一　以山东为代表区域(产区)的发展战略

(一)代表企业与代表产品

山东省白酒代表产品主要有景芝酒厂的景芝白干、曲阜孔府家酒业的孔府家酒、云门春酒业集团的云门陈酿、扳倒井股份有限公司的扳倒井酒等。景芝白干作为中国酒水史上最早的高粱大曲酒,已有上千年历史,早在1915年代表中国白酒入展巴拿马万国博览会,该酒酒香幽雅,丰满醇厚,纯净回甜。孔府家酒素以三香(闻香、入口香、回味香)、三正(香正、味正、酒体正)而著称,加之古朴典雅的包装及厚重的儒家文化内涵,1988年,荣获国家质量银质奖章。云门陈酿酒具有酱香突出、酒体醇厚丰满、幽雅细腻、香味协调、回味悠长、空杯留香持久等特点,深受广大消费者的喜爱,被誉为"鲁酒之峰,江北茅台"。

(二)发展历程与现状

1. 总体发展历程

山东省是白酒生产大省,2007年以前其产量一直居全国第一,之后被四川省超越。20世纪90年代,鲁酒荣获第一届"央视标王",享誉一时,后因"秦池"事件而渐渐衰退。山东白酒企业约有700家,企业分散度高,各县基本都有地产品牌。其中较有规模的有兰陵、孔府家、泰山、景阳"四大家族"以及泰山、兰陵王、景芝、孔府家、趵突泉、古贝春、扳倒井、琅琊台"八大金刚"。这些名酒构成山东地产白酒品牌第一梯队,但多为二线品牌,只具有地方优势,相比全国知名品牌缺少品牌竞争力。其他白酒企业多是中小白酒企业。整体来讲山东地产白酒企业多且偏小,集中在中低端品牌,没有领军品牌,不具有品牌优势,地产白酒竞争格局高度分散,近几年的发展一直处于被动地位。

2. 代表产区(景芝镇)发展历程

景芝镇作为齐鲁三大古镇之一,以酿酒闻名于世,是中国高粱烧酒的发源地之一,也是中国芝麻香型白酒发明创造和生产基地。芝麻香型白酒是新中国成立后自主创新的白酒香型,是景芝酒业历经50多年自主创新的成果,填补了国内芝麻香型白酒的空白,结束了鲁酒多年来没有自主白酒香型的历史。芝麻香型白酒的问世,使中国白酒香型从10种增加到11种。在芝麻香型白酒问世之前,中国10种传统白酒香型都是历史传承而来的。

芝麻香型白酒的出现,打破了"酱香、浓香、清香"三分市场的现状,使鲁酒走向全国白酒高端化市场,成为最具发展前景的白酒品种。在景芝酒业的带动下,山东、河南、河北、黑龙江、内蒙古、江苏等省份200余家白酒企业开始进行芝麻香型白酒的研发,芝麻香型白酒总产量占全国白酒产量比重由2006年的0.5%上升到2016年的1%以上,其中山东芝麻香型白酒产量占全国总产量的90%以上。

1995年,景芝酒厂联名中国食品发酵工业研究所等单位起草了芝麻香行业标准,该标准的发布,意味着一个新的白酒香型——芝麻香型正式确立。

2006年,芝麻香型白酒在原行业标准的基础上,制定了国家标准GB/T20824-2007,并于2007年发布实施[1]。该行为推动芝麻香型白酒发展。

2008年,"芝麻香型白酒的研制"获中国轻工业科技进步一等奖和山东省科技进步三等奖。"芝麻香型白酒生产工艺"荣获中国专利优秀奖、山东省专利一等奖[2]。中国酒业协会认定"一品景芝"为中国白酒芝麻香型代表,被国家质检总局认定为国家地理标志保护产品[3]。

---

[1] 曹广勇等:《再议芝麻香型白酒》,《酿酒科技》2013年第11期。
[2] 松子、金秀:《景芝镇被授予中国芝麻香白酒第一镇 景芝酒业获中国芝麻香白酒生态酿造区》,《中国酒》2012年第12期。
[3] 刘守刚:《做酒就是做文化》,《中国酒》2013年第9期。

2012—2016 年,在山东景芝酒业股份有限公司的带领下,景芝镇芝麻香型白酒产业得到快速发展,取得丰硕成果。芝麻香型白酒研究取得科技成果 6 项,获省(部)级奖励 6 项,专利 80 件,其中发明专利 8 件;一品景芝等荣获省级以上荣誉 25 项。芝麻香型白酒成为中国白酒最具发展潜力和发展速度最快的酒种。

3. 代表产区(鲁西)发展历程

山东西部地区白酒酒厂众多,其中"孔孟之乡"济宁市的知名品牌有孔府家、孔府宴、金贵特曲、心酒等。菏泽白酒市场容量很大,有花冠、曹州老窖、四君子、水浒等品牌。聊城有景阳冈、东阿王等品牌[1]。

4. 代表产区(鲁中)发展历程

济南的白酒品牌主要是趵突泉、百脉泉、阁老贡酒。淄博、潍坊具有一定规模的白酒厂家,扳倒井、黄河龙等品牌均具有较大的影响力,尤其是扳倒井酒,在全国范围内也有着较高的知名度。潍坊有历史悠久的景芝白乾,是中国芝麻香型白酒的典型代表。另外潍坊地区还有曾经名噪一时的秦池、齐民思以及坊子酒等地方品牌。

5. 代表产区(高青县)发展历程

高青县具有浓厚的酒文化气息,是酿酒文化的起源地,也是酒祖仪狄故里。高青县内陈庄西周城遗址出土大量酒器酒具,反映了西周时期当地酿酒业的繁荣盛况。

近年来,高青县白酒产业发展实现大幅增长,国井和扳倒井作为骨干企业,在品牌提升、科技创新、技术改造、品质提升和市场开拓等方面都取得重大突破。建成中国最大的纯粮固态酿酒车间、中国白酒第一酒庄——国井 1915 酒庄国井和三大国家级白酒科研平台,高青成为工信部"全国产业集群区域品牌建设(白酒产业)试点地区"。

目前,高青县正在全面推进"中国白酒名城""中国白酒原酒基地""国井特色小镇"等项目的建设,不断加快高青白酒产业发展,按照规划建设方案积极推进落实,支持国井集团做大做强,推动高青白酒产业结构调整和品质提升,为中国白酒的繁荣发展做出新的贡献。

6. 发展现状

山东景芝酒业股份有限公司是中国重点酿酒骨干企业与芝麻香型白

---

[1] 段宁:《基于客户感知的酒文化旅游开发市场特征与定位研究》,硕士学位论文,山东师范大学,2016 年。

酒的创领者，主要经济指标连续多年位列山东省白酒行业第一位。公司拥有景芝、景阳春两个"中国驰名商标"，并形成多系列酒系，包括以"一品景芝"为代表的芝麻香型，以"景阳春"为代表的浓香型，以"景芝白乾"为代表的传统酒系，以"阳春滋补"为代表的营养保健型，系列酒各具特色。2008年，一品景芝被定为"国家地理标志保护产品"和"中国名特白酒国家标准样品"；景阳春为山东第一个浓香型粮食酒，第一个出口创汇白酒，为全国浓香型白酒质量优质产品，被认定为中国历史文化名酒；景芝白乾，中国最早的高粱大曲酒，中国八大大众名白酒，首批"中华老字号"，其传统酿造技艺成为山东非物质文化遗产。

（三）政府支持性产业发展政策与战略

1. 山东省支持性发展政策与战略

近年来山东响应国家号召，积极进行产业转型升级。2018年，山东省贯彻落实《关于加快培育白酒骨干企业和知名品牌的指导意见》提出，①增加创新产品的研发，依靠低度浓香、芝麻香型白酒技术优势，组建低度浓香型白酒、芝麻香型白酒创新中心，制定联盟规章和团体标准。产品方面，集中优势资源打造大单品，探索白酒与葡萄酒、黄酒、药酒等酒类的结合[①]；②支持企业技术改造，升级提品质；③重视人才培养；④鼓励酒企收购或改制上市。支持并购省内外白酒企业，积极引进省外知名企业；⑤打造整体品牌形象；⑥加强网络营销宣传。

2. 代表产区（景芝镇）支持性发展政策与战略

白酒产业是景芝镇国民经济的重要组成部分和关系景芝镇经济社会发展的一号支柱产业。白酒产业的发展可以推动工业和农业发展。根据市委市政府《关于进一步做强做大景芝镇白酒产业的意见》，制定《景芝镇白酒产业2016—2020年发展规划》。规划指出，①战略定位应立足自身优势和区域内酒业发展态势，将景芝镇酒业总体战略定位为中国芝麻香型白酒生产基地、山东酒类物流交易中心。②根据产业基础和发展实施，以山东景芝酒业股份有限公司为镇区白酒产业重点布局区域，做大做强景芝白酒产业。切实做好下列"两、三、四"的建设和发展。两大园区指"生态酿酒产业园"和"齐鲁酒地文化创意产业园"，提高景芝的

[①] 《山东省人民政府办公厅转发省经济和信息化委关于加快培育白酒骨干企业和知名品牌的指导意见的通知》，《山东省人民政府公报》2018年第18期。

品牌、市场及文化的能力;三大工程指"五十百经销商工程""文化挖掘工程""'中国北方生态酿酒第一镇'工程",通过三大工程建设,将生产规模延展为效益和市场规模;四个平台指"人力资源平台、营销平台、科技平台、信息平台",提高资源调配和增强保障[①]。③积极开展申报"中国芝麻香型白酒第一镇"工作,加大弘扬酒文化,实施品牌战略,整合景芝酒资源,带动酒类相关产业发展,打造生态白酒酿造基地。重点发展景芝、景阳春品牌系列白酒,壮大市场竞争优势,形成稳定的经济增长点。包括调结构转方式,促进行业转型升级;走新型工业化可持续发展之路,发展循环经济;创品牌、树名牌,提高产品竞争力,开拓国内外市场;形成"1+4"品牌架构,"1"是企业品牌"景芝","4"是一品景芝、景阳春、年份景芝、景芝白干四大单品,打造高中低档大单品;强化区域内企业技术创新能力,提高产业核心竞争力;创新生产经营体制,建立绿色生产链,提高食品质量安全保障水平;通过强化信息化工作,提高产业效益和市场竞争力。

3. 代表产区(高青县)支持性发展政策与战略

多年来,高青县积极谋划,全面推进高青白酒产业的全面发展,加快建设"中国白酒原酒基地"。将高青中国白酒原酒基地建设列为中国白酒名城全面发展的核心内容,积极推进白酒原酒基地、芝麻香生产基地、浓香生产基地、其他香型生产基地的建设;加快白酒产业园区建设,扩大白酒产业规模;强窖池群建设,扩大原酒酿造基地规模,夯实产能基础;加强地下酒窖、储酒库等储酒设施建设,增强原酒基地的储酒能力,提升原酒品质。

二 以北京为代表区域(产区)的发展战略

(一)代表企业与代表产品

北京市的代表白酒品牌主要有北京红星股份的红星二锅头、顺鑫农业的牛栏山二锅头、仁和酒业的"菊花白"等。红星企业成立于1949年,是作为新中国献礼而指定建设的项目之一。红星二锅头由于甘烈醇厚,价位低廉,深受消费者青睐,"红星二锅头"成为"大众的好酒"的代名词。牛栏山酒甘洌异常,为平北特产,销售邻县或平市,脍炙人口。菊花白酒是真正的御用养生酒,酒体高贵、口味独特,充分体现了"气

---

① 孟凡德:《铸就高端品牌引领鲁酒振兴》,《中华商标》2012年第7期。

阴双补、平衡阴阳、延年益寿"等皇家养生的奇特效用。

（二）发展历程及现状

1. 总体发展历程

北京地产白酒中最具竞争力的是北京二锅头。自新中国成立至2008年，二锅头独霸北京市白酒市场，特别是红星二锅头，闻名全国，奠定了北京二锅头1.0时代。

2000年，牛栏山二锅头在口味上进行改革和创新，克服了二锅头入口难的劣势，实现了全国风靡，开启二锅头2.0时代。

近年来，在国家"一带一路"的国际化背景下，永丰二锅头成功崛起，开启二锅头3.0时代。

2. 代表产区发展历程

牛栏山酒厂隶属北京顺鑫农业股份有限公司，位于北京市顺义区北部牛栏山镇，其历史可上溯至三千年前周初时期。康熙《顺义县志》记载："造酒工：做是工者百余人，所酿之酒甘洌异常，为北平特产，销售临县或平市，颇脍炙人口，而尤以牛栏山酒为最著。"新中国成立后，顺义县以牛栏山地区"公利""富顺城""义信""魁盛"四家著名的老烧锅为基础，筹备合营生产[1]。牛栏山酒厂历经三朝，由最初"潮白河"牌二锅头，经"华灯"牌北京醇，到"牛栏山"牌系列白酒。

3. 发展现状

目前牛栏山二锅头、红星二锅头、永丰牌二锅头形成了三足鼎立的竞争局面，牛栏山二锅头跻身百亿俱乐部，红星将自己标榜为"二锅头的宗师"，而永丰牌二锅头不仅有悠久的历史，更有"御酒"名头。2015—2020年，北京市白酒行业高端白酒的营业收入较为可观，呈增长态势。北京消费水平居全国前列，但北京地产白酒缺乏高端品牌，导致高端白酒市场被其他省份的名优产品占据。

（三）代表性企业发展战略

2016年，牛栏山酒厂在新形势下，全面制定了"四·五战略"发展规划，提出了"1235"核心战略思想。一个方针指营销为龙头，科技为核心，管理为基础，文化为底蕴；两个原则，一是坚持一元化发展的原则，二是坚持民酒定位原则；三个目标，一是实现顺鑫牛栏山酒业百亿

---

[1] 梁淑佳：《北京牛栏山创意包装设计》，硕士学位论文，长沙理工大学，2019年。

销售收入目标,二是实现"牛栏山"的全国化市场营销目标,三是实现职工收入持续增长目标;五大跨越,一是通过内部机制改革和创新实现向现代管理的跨越,二是实现"牛栏山"品牌从"民酒"到"民酒"中的"名酒"的跨越,三是实现北京生产基地向北京总部基地的跨越,四是实现文化体系到文化落地的跨越,五是实现从内生发展到并购扩张的跨越①。"四五战略"的制定,为牛栏山酒厂在酒业转型期明确了新的方向,奠定了企业持续、快速发展的基础。

为实现"百年名企"目标,牛栏山酒厂提出三步走战略。第一步,到2020年,确保实现牛栏山酒厂"四五"战略目标,力争提前完成百亿营销目标②。第二步,从2020年开始,再利用两个"五年"规划,将其发展成为中国极具影响力的现代化酒业集团。将"牛栏山"打造为"中国名酒"品牌,企业综合实力排名,稳居行业前列,生产、管理、科技现代化,保证企业的核心竞争优势,以不断满足广大人民群众追求美好生活为使命的企业定位,将为企业顺势发展,增添无限活力。第三步,从2030年开始,再用20年左右的时间,力争在牛酒国营100周年之际,实现牛栏山酒业集团国际化的梦想。

三 以河北为代表区域(产区)的发展战略

(一)代表企业与代表产品

河北省知名白酒主要有衡水老白干酿酒集团有限公司的衡水老白干、十八酒坊,承德乾隆醉酒业有限责任公司的板城烧锅、紫塞明珠,河北刘伶醉酿酒有限公司生产的刘伶醉,邯郸丛台酒业股份有限公司生产的丛台酒,以及迎春酒、蒸潮酩、五合窖、避暑山庄酒、小刀酒、张家口老窖、大名府酒、泥坑酒等。

衡水老白干自古享有盛名。明代,衡水酒有"飞芳千家醉,开坛十里香"之誉。据传,明嘉靖年间建造衡水木桥时,城内有家"德源涌"酒店,很有名望,建桥工匠常到此聚饮,饮后赞曰"真洁,好干",后取名"老白干"。板城烧锅酒以其独特的淡浓香型,饮后不上头的特点畅销燕赵大地,成为北方浓香型白酒的代表。刘伶醉以独特古老的老五甑酿造工艺,于千年国保窖池发酵,地下百年酒海长期陈储,使刘伶醉具有"清澈透明,窖

---

① 纪磊:《牛栏山"三五"圆满收官》,《中国酒》2016年第3期。
② 杨沐春:《且看宋克伟引领下的二锅头"牛速"》,《中国酒》2018年第12期。

香浓郁，绵甜醇和，酒体浓厚，尾净香长"的典型白酒风格。

(二) 发展历程及现状

1. 总体发展历程

河北省是华北板块重要的白酒产地，2018 年，河北白酒产量为 16.10 万吨，占华北板块总产量的 19.05%，占全国总产量的 1.85%。河北白酒行业的省内地产白酒品牌集中在中低端，且产业集中度较高。河北白酒可以分成四大阵营，第一阵营的衡水老白干一枝独秀，实现全省布局；第二阵营的山庄老酒、丛台双雄割据本土市场；第三阵营的泥坑酒、十里香、保定府三足鼎立，已经在其地级市场率先脱颖而出，远远领先其他地产酒企业，并且在石家庄地区实现经销商基本布局；第四阵营企业的发展依然依靠酒厂所在区域。总体来讲，相较于全国一线品牌、河北白酒领军企业衡水老白干，河北其他白酒品牌的竞争力相对较弱。

2. 代表产区发展历程

衡水老白干酒厂主导产品衡水老白干有着千年的历史文化底蕴。据记载，它始于汉、盛于唐、名于宋，明朝即被列为国安用酒，享有"隔壁千家醉，开坛十里香"的美誉。至清末民初声名日隆，远播海外。

宣统一年（公元 1910 年）远销新加坡，1915 年，荣获巴拿马万国博览会金奖[①]。

新中国成立后，衡水老白干酒获得平稳发展。

1952 年，衡水老白干作为抗美援朝慰问品，随祖国慰问团赴朝鲜慰问中国人民志愿军和朝鲜人民军[②]。

1999 年，河北衡水老白干以 1.4 亿元资本成立了酒业股份有限公司，并于 2002 年 10 月在上海证交所正式挂牌上市交易。

3. 发展现状

河北地产白酒集中度较高，代表有衡水老白干、板城烧锅和山庄老酒。其中，衡水老白干最为出众，板城烧锅和山庄老酒是冀北地区的主导品牌，二者在冀中的势力受衡水老白干和外来品牌的冲击，有所下降，其他地方区域性品牌还包括刘伶醉、丛台酒、古遂醉等。整体来看，河北地产酒规模偏小。

---

① 张一：《衡水老白干酒新品牌营销战略研究》，硕士学位论文，天津大学，2006 年。
② 陈东方：《客户价值研究与差异化营销》，硕士学位论文，华北电力大学，2006 年。

从市场占有情况来看，河北省销售市场仍是中低端占据主导，主要市场被河北本地酒业衡水老白干占据；中高端白酒主要是河北省外的酒企产品——茅台、五粮液、剑南春、泸州老窖等。

(三) 政府支持性产业发展政策与战略

1. 省支持性发展政策与战略

2019年，河北省出台白酒产业转型发展行动计划，计划包括：①支持白酒企业实施"一体两翼"转型发展计划。②加强技术革新。推广纯粮固态发酵，积极支持白酒企业申报国家、省各类技术改造项目资金。③加强产地建设。促进原料标准化种植，建设优质专用小麦、高粱原料种植基地。④推进绿色发展。建立和完善重点白酒产区水源地生态环境保护和生态建设补偿机制，切实保障酿造白酒所需的水质和生态要求。推行清洁生产，降低能耗。⑤注重人才培养。⑥推动营销升级。针对市场需求开展圈层营销、企业和婚喜宴定制，加强网商合作，推行精准营销。⑦打造知名品牌。融合白酒品牌、产品、文化等因素，落实品牌推广战略。⑧对白酒企业加大财税扶持力度。

2. 代表产区支持性发展政策与战略

衡水老白干酒业股份公司坚持以品牌建设为核心，大力实施品牌发展战略，深度挖掘衡水老白干酒文化，丰富衡水老白干的历史内涵，精心打造企业形象和品牌形象，强化品牌运作[1]。同时，坚持走技术创新、产品创新的道路，通过加强品牌建设，不断研发中高档产品，优化产品质量，提高产品内涵，抓住营销与研发两个关键环节，加大产品宣传力度，积极开拓全国市场[2]。

2021年，衡水老白干酒业股份公司贯彻"330"计划，即销售保持30%以上的增速，河北市场要实现30%的市场占有率，公司净利润要达到30%的增速。衡水老白干"一香为主，多香兼顾"的发展战略，使其在河北省的白酒市场的地位更加稳固。除此之外，C端战略使衡水老白干酒业对终端市场的消费者愈加重视，在营销上以消费者为核心，通过市场洞察，发现和制造消费需求，与消费者紧密联系，广泛传播衡水老白干的品质、品牌、品类。

---

[1] 李亚男：《基于老白干酒业的企业风险管理分析》，《企业导报》2011年第7期。
[2] 董娜：《中国中小企业提升核心竞争力的研究》，硕士学位论文，河北师范大学，2011年。

四 以江苏为代表区域（产区）的发展战略

（一）代表性企业与代表性产品

江苏是白酒的产销大省，酿酒技术历史悠久，有着非常深厚的酒文化底蕴。苏酒曾经是皇室贡酒，不仅在中国有着名酒的称号，在国际上也获得众多奖项。江苏的好酒都产自江淮一带，其中最为出名是"三沟一河"，具体名为汤沟酒、双沟酒、高沟酒、洋河酒，其口味甘洌、窖香浓郁、回味绵长。除四大名酒外，江苏还有分金亭、沛公酒、苏酒、秦淮酒、汤府酒、五醍浆大曲等家喻户晓的白酒。分金亭酒香气醇香自然，复合优雅，协调怡人，醇厚丰满，尾净清爽。沛公酒，适量饮之有润肺、生津、驱寒和血、健脾、强胃、增食之功。苏酒味香、棉柔，全面体现了当今中国浓香型大曲酒的最高水平。

江苏主要的白酒企业包括江苏汤沟两相和酒业有限公司、江苏双沟酒业股份有限公司、江苏今世缘酒业有限公司、江苏洋河酒厂股份有限公司、江苏分金亭酒业有限公司、江苏沛公酒业有限责任公司、江苏秦淮酒业有限公司、江苏汤府酒业有限公司、江苏省滨海县五醍浆酒厂。

（二）发展历程与现状

1. 总体发展历程

江苏酿酒史首看宿迁，此地的遗址表明其酿酒史可追溯到约四千万年前的"下草湾猿人"时期。

春秋时期，古书中就有吴王与民共饮的故事，故事中吴王在横山之趾（今横泾镇一带）修建酒城（亦称苦酒城），把全国有名的酿酒师召集到此城，酿出的酒名扬在外。

汉朝时期，洋河镇已是酿酒名镇。

唐朝时期，此地到处可见酒馆、酒肆，依稀能想象出苏酒的繁荣景象。当时最为出名的饮酒之地叫"大酒巷"，其遗址至今仍在，"大"字意在说明此处酒价的贵以及酒液的美。

宋朝时期，酒产业开始规模式扩张，各地美酒的名声依次打响，苏州"横泾"得以声名远播。

明末清初，洋河酒的美誉远近闻名。当时许多外省商人在此地聚集，还专门设立了会馆，一起切磋酿造美酒，一起品尝美酒，这些商人的到来使洋河镇的酿酒业格外繁荣。连乾隆皇帝都被此酒征服，挥墨赞扬洋河酒的香醇。

民国时期，横泾有近一半的农户都在酿酒，横泾烧酒名声在外。

当代，中国举办的五届全国评酒会评选的"八大名酒"和"十七大国家名酒"均有江苏白酒的一席之地。来自宿迁的"洋河"与"双沟"连续多次荣获国家名酒称号，永远记入中国白酒的发展史册。

2. 代表产区（宿迁）发展历程

宿迁地理位置优越，不仅有多条河流流经此处，还有著名的洪泽湖相伴，优渥的地理环境给予双沟和洋河绵柔、独特的口感。在洋河附近的宗墩遗址，出土了黄陶鬶、罍、黑陶碗等酒具，经研究确定这些文物来自四千多年前。

春秋战国时期，洋河便是专门酿酒的地方。所酿之酒，不仅作为贡酒朝贡，还在各诸侯国间流通，泗水国也因为洋河镇美酒的存在被称为"天然粮仓，大汉酒国"。

宋朝时期，双沟酿造的酒名扬四海。苏东坡曾写出"使君半夜分酥酒，惊起妻孥一笑哗"的美言，北宋唐介留下"斜阳幸无事，沽酒听渔歌"的名句，均在赞美双沟酒的清澈透明、芳香扑鼻、风味纯正、入口甜美、回香悠长。

清朝时期，洋河酒同样美名在外，被列为贡酒。康熙皇帝曾在此地的酒坊停留过两次，对洋河酒赞不绝口。此后，洋河镇的酒坊有近三十家，四地的商人、酿酒师在此地集聚，他们酿酒、品酒、卖酒，此时洋河的酒业格外繁荣。

2012 年，中国轻工业联合会和中国酒业协会正式授予宿迁"中国白酒之都"称号[①]。

目前，宿迁酿酒业以白酒为主，啤酒、调味酒为补充。

3. 发展现状

江苏位于长江三角洲地区，气候、地理环境适宜，水资源丰富，为酿造白酒提供了优越的自然条件。作为四大酒都之一，江苏宿迁有兴于唐宋的酿酒历史，洋河镇在汉唐时已是知名酒乡。洋河酒以优质高粱作为原料，配以秘法酿造，酒色澄澈、口感细腻悠扬，是绵柔型白酒的代表。洋河酒不仅是全国知名白酒，目前已经走出国门，成为远销海内外的白酒。

---

① 姚婷：《作业成本法在 A 公司酿酒环节的应用研究》，硕士学位论文，大连海事大学，2018 年。

近几年，苏酒销量稳居前三。江苏经济强省的地位奠定了江苏酒类消费市场的繁荣，使其成为中国白酒的产销大省，未来发展空间极广。洋河与今世缘是次高端价格带市场份额最高的两家企业，现阶段，该价位段竞争集中在江苏内部。作为江苏龙头的洋河在公司资源配置基本优先满足省外市场，在江苏省内还要与身后的白酒企业对抗，同时还要进军国际市场，这对洋河来说是一个不小挑战。

（三）政府支持性产业发展政策与战略

1. 省支持性发展政策与战略

2011 年，《省政府办公厅关于进一步加强酒类质量安全工作的意见》针对江苏白酒产销规范性不高、假冒产品频繁出现等问题，提出要严格落实酒类产品各环节监管制度；严厉打击酒类产品违法行为；建立酒类质量安全工作统筹推进机制；强化企业责任，强化监管职责，强化政策措施，强化社会监督，强化宣传教育。

2016 年，《江苏省重要产品追溯体系建设工作实施方案》提到，企业要重视质量安全追溯体系的建设问题，从原材料到产成品都记录在册，积极承担产品安全的责任。

2017 年，《"十三五"现代产业体系发展规划》提到，①不仅要传承传统酿造技术，还要积极发展新技术；②明确龙头的地位，发挥龙头作用，带领整个地区协调发展；③注重相关人才的培养；④最大程度上利用江苏文化信息打造独特的江苏名酒品牌。

2. 代表产区支持性发展政策与战略

2020 年，宿迁市提出减少对新上白酒项目的限制，促进"中国酒都"规划建设，做大做强白酒产业。为全面实行中国酒都建设规划，政府战略部署。其一，建设省级特色小镇。结合农业、旅游、体育等创建特色小镇，组织洋河镇围绕产业定位、项目建设等做好白酒特色小镇创建工作。其二，支持申报省级物流重点园区和企业。加大对酒类产业研发的支持力度，给予政策资金补助。积极创建示范物流园、重点物流企业，为白酒产业的销售运输添砖加瓦。其三，设立白酒专业委员会。从各种专业角度为苏酒酿造、销售等提供意见，鼓励各个酒企积极参与、相互学习、共同进步。其四，建设国家地方联合工程研究中心。2019 年，洋河股份"江苏省生物酿酒工程研究中心"已获批省级工程研究中心，下一步将围绕国家地方联合工程中心开展创建。其五，积极举办品博会，吸引更多城市以及知名企业和品牌参展，展示长三角世界级城市群的品牌魅力。组织邀请洋河股份、文旅集团、电商产业园等优势品牌产品参展，通过实物、视频等多种形式，演绎宿迁的风土人情和人文景观，展示宿迁白酒之都、新兴产业、旅游名城的独特魅力。

为更好地监管白酒市场，促进苏酒全面发展，政府明确指出小作坊要达到一定的标准才有资格进行产销，且只能用固态法酿酒。同时尽快确定与白酒有关"七项"制度，明确自查方法，细化自查步骤，确保各经营小作坊自身过硬。对企业也不可放松，要进行全方位的监管监察，对违法原料进行特别检查，严厉处罚使用非法添加剂的行为。在装瓶、包装上要采用合格的材料，禁止使用有污染风险的材料。

第四节　东北区域发展战略

一　以黑龙江为代表区域（产区）的发展战略

（一）代表企业与代表产品

黑龙江代表性白酒品牌包括齐齐哈尔市北大仓酒厂的老村长酒和北大仓酒、富裕老窖酒业的富裕老窖、牡丹江酒厂的牡丹江大曲和双城花园酒业的花园酒。老村长酒，传承传统工艺，融合现代科技，纯粮酿造，绵甜顺柔，饮后不口干、不上头。北大仓酒酒质清亮透明，呈微黄色，酱香突出，幽香纯正，入口醇正，柔和绵甜，余香不息，属酱香型白酒。富裕老窖属浓香型白酒，其质地清澈透明、窖香浓郁、圆润绵甜、头醇尾净、后味余长。花园酒具有生产工艺独特、窖香浓郁、酒质醇厚、绵甜爽净、回味悠长的特点。

（二）发展历程及现状

1. 总体发展历程

黑龙江省是东北区域中产量仅次于吉林省的白酒生产大省，2012—2017年，其产量排名全国前十。黑龙江白酒产业主要集中在哈尔滨、齐齐哈尔和牡丹江地区，产量和销量总和均在全省总量的80%以上[1]。黑龙

---

[1] 李宇珩：《黑龙江省白酒生产企业现状及相关税收政策效应分析》，《黑龙江科技信息》2011年第34期。

江省的白酒生产厂商大多是小型酒厂，规模以上白酒企业较少，导致黑龙江白酒行业缺少知名品牌、缺乏市场竞争力。此外，拥有悠久历史的黑龙江白酒，一直未形成独特的香型，与四川的浓香、贵州的酱香、山西的清香、陕西的凤香、山东的芝麻香型白酒相比，缺少差异化、特色化的市场竞争力①。

2. 代表产区发展历程

北大仓酒产区拥有丰厚的物资资源和独特的地理环境。

1914年，"聚源永"烧锅，酱香白酒传统工艺技术创建黑龙江第一家酒坊。

1951年，转为地方国营齐齐哈尔制酒厂。

1981年，更名为"齐齐哈尔北大仓酒厂"。

2007年，被国家冬运会组委会认定为"中华人民共和国第十一届冬季运动会指定用酒"。随后，北大仓被认定为"中国驰名商标"。

2009年，酿造工艺列入"黑龙江非物质文化遗产名录"。

2010年，北大仓酒授予"中华老字号"称号。

2016年，北大仓酒业的酿酒原粮——小麦，搭载"神十一"完成太空之旅。

2021年，北大仓酒曲搭乘"神舟十二号"直上云天，实现世人瞩目的太空科研之旅。

3. 发展现状

黑龙江白酒产业主要集中在哈尔滨、齐齐哈尔和牡丹江地区，其产量和销量总和均为全省总量的80%以上。纵观全国市场，黑龙江白酒产业并不发达，缺少差异化、特色化的市场竞争力。

(三) 政策支持性产业发展政策与战略

1. 省支持性发展政策与战略

为振兴黑龙江白酒产业，黑龙江政府提出：①与旅游、健康产业发展相结合，将北五味子、人参、鹿茸、熊胆等北药与酒产品开发相结合；②把东北大米作为主要的酿酒原料，借助东北大米的声誉提高东北白酒的品质和声誉；③深挖东北酒文化内涵，将东北大地的文化与酒品牌融合，实现东北酒从通俗文化向高雅文化转型；④对东北三省的资源进行

---

① 吕建铖：《打破香型束缚，东北酒逆势前行》，《酿酒》2015年第6期。

整合，使东北白酒品牌有代表性，走向全国市场；⑤发展高档酒市场，打造本省知名品牌。

2. 代表产区支持性发展政策与战略

北大仓集团公司实施名牌战略，研制开发新产品，以适应不断变化的市场需求。集团目前积极整合现有资源，采用现代技术，建设信息平台，提高管理水平，接轨国际市场，以"创造满足客户需求，创新谋求企业发展，创业实现产业升级"，树立"北大仓物流"形象，打造"北大仓物流"品牌。

二 以吉林为代表区域（产区）的发展战略

（一）代表企业与代表产品

吉林省代表白酒品牌有龙泉酒业的龙泉春、榆树钱酒业的榆树大曲、德惠大曲酒厂的德惠大曲。龙泉春酒不仅具有东北"甘冽"高度酒高而不暴的共性，也有低度酒低而不淡、醇厚丰满的特点，其以无色清亮、窖香浓郁、香味协调、绵甜甘冽、尾净余长、回味怡畅的特色著称于世。榆树大曲作为浓兼复合型白酒，与其他浓香型白酒相比更具有醇厚、幽雅、净爽、怡畅的北方独特风格，且在风格上衍生出很多具有地方特色的香型。德惠大曲酒曾为宫廷御酒，在20世纪60年代就誉满关东，1963年，第一次被评为吉林省名酒，1988年，在首届中国食品博览会上荣获三块金牌，38度德惠大曲被评为中国优质酒，获国家银牌奖。

（二）发展历程及现状

1. 总体发展历程

吉林省自然资源优势突出，盛产优质的酿酒原料，是中国重要的白酒原料生产基地，水资源优质且丰富，具有发展白酒行业的先天资源。其酒文化具有浓郁的东北地方特色和悠久的历史内涵，榆树钱酒和大泉源酒拥有几百年的历史。吉林省白酒行业总体产量较大，但受区域内企业规模小、品牌影响力不足、利润率低、市场占有率低等因素的限制，没有形成区域特色。榆树市和德惠市是吉林省的白酒传统产区，产业基础较好，两市正在打造以榆树市为中心，榆树市、德惠市两地协同的松花江流域中部白酒产业集群。

2. 代表产区发展历程

吉林省榆树钱酒业坐落在素有"天下第一粮仓"美誉的吉林省榆树市。酒业拥有始建于1812年（清嘉庆年间）的"聚成发烧锅"，至今已有 200 年的酿酒历史，拥有"七代传承"的二百年传统工艺，是东北地区酒史之源、酒文化之根。

2009 年，华泽集团（金六福企业）整合榆树钱酒业，使古老的酿酒企业跨入了一个崭新的起点。榆树钱荣获"中华老字号""国家地理标志保护产品""吉林省非物质文化遗产""中国北方酒业基地龙头企业"等一系列荣誉称号。

2012 年，榆树钱酒业累计投资 10 亿元打造中国北方首家体验式白酒庄园——榆树钱酒文化庄园，获布鲁塞尔国际烈酒大赛金奖，成为东北首个获得酱香金奖的白酒企业[①]。

3. 发展现状

吉林规模以上白酒企业较少，大多是小型酒厂，当地白酒缺乏知名品牌，市场竞争力较弱，难以向全国发展。占据本省大部分消费市场的是地产低端酒。中端市场上，外来酒和地产酒竞争激烈，主要有本地的榆树钱，外来的泸州老窖、洋河、古井贡酒等。在高端市场上，五粮液、茅台、国窖 1573 等属于热销产品。白酒消费以地产酒和光瓶酒为主，档次普遍不高。白酒企业缺少有代表性的高端品牌，加上生产技术有限、品牌形象不深刻、营销能力弱等原因，吉林地产酒很难打开全国市场。

（三）政策支持性产业发展政策与战略

1. 省支持性发展政策与战略

目前吉林省还没有系统的白酒产业长期发展规划，导致白酒发展前景模糊，整个行业发展缓慢。

2. 代表产区支持性发展政策与战略

2005 年，吉林省榆树钱酒业以"转变观念，营销战略转移"为指针，对营销方式与销售渠道进行了较大的变革。打破传统的销售模式与思维，采取因地制宜的差异化营销。对重点市场、客户、产品做出重点的倾斜、扶持、投入。对市场精耕细作，注重实际工作成效，将"4P"销售理论运用于现实环境，并进行有机结合。

2021 年，"金东集团贵州酱酒产业园东北基酒分储中心""金东集团酒海酱香研发中心""中国北方酒业基地酒海浓香研发中心"在榆树钱酒

---

① 毕馨月:《探访"榆树钱"不老的"加减法"》，2021 年 8 月 16 日，https：//baijiahao.baidu.com/s? id=1708217805246202185&wfr=spider&for=pc，2021 年 10 月 5 日。

文化庄园正式成立,让榆树钱站在巨人的肩膀上,有机会重新洗牌东北白酒市场,让东北人们喝到来自贵州赤水河畔的佳酿。

三 以辽宁为代表区域(产区)的发展战略

(一)代表企业与代表产品

辽宁省代表白酒品牌有道光廿五、老龙口酒、凤城老窖。白酒道光廿五,酒色微黄,陈香突出、典雅,绵柔醇厚,香味谐调,后味悠长,具有独特的满族酒陈香风格;老龙口酿酒的窖池经过几百年的驯化富集了霉菌、酵母菌等种类繁多的微生物,为酿酒提供了呈香呈味的前驱体,形成了"浓头酱尾,绵甜醇厚"的独特风格。老龙口品牌被授予"中华老字号"的称号;凤城老窖是中华十大文化名酒之一,辽东第一名酒,以麸曲酱香、口感纯正著称。

(二)发展历程及现状

1. 总体发展历程

辽宁省是传统的白酒产量大省,2016 年前其白酒产量全国排名前十,其中,2005 年和 2007—2011 年全国排名第四位。虽然辽宁是中国产粮重要区域,但优质的酿酒原料大多被茅台、五粮液等知名厂家以高价收购。而本省酒厂规模小,无法支付高价原料,只能选用二三等粮食。这解释了东北作为优秀粮食产地,产出的白酒品质却十分一般。辽宁省未对白酒产业发展做出明确可执行的规划,导致白酒发展前景模糊,整个行业发展缓慢。

2. 代表产区发展历程

辽宁道光廿五集团满族酿酒公司(道光廿五)起源于清朝嘉庆六年(公元 1801 年),距今已有 221 年的历史,道光廿五经历了同盛金、凌川、道光廿五三个重要的历史时期,是全国唯一满族传统工艺酿酒企业,产品被认定为"中华人民共和国原产地域保护产品"和"中国十大文化名酒",被誉为东北白酒的领军品牌[①]。

2006 年,"道光廿五白酒传统酿制技艺"通过了专家论证,名列首批辽宁省非物质文化遗产保护名录。

2010 年,中国酒类流通协会、中华品牌战略研究院共同主办的"华

---

① 吴珊红:《品牌万里行胜利回师北京》,《公共商务信息导报》2006 年 10 月 13 日第 9 版。

樽杯"中国酒类品牌价值评议活动中，道光廿五白酒被评定为辽宁酒类品牌排行第一。

3. 发展现状

辽宁省白酒产业面临与黑龙江和吉林相同的困境。辽宁省的酒厂大多为中小企业，其知名品牌主要有道光廿五、老龙口、三沟等，但这些知名品牌很难与全国性品牌抗衡。

（三）政策支持性产业发展政策与战略

1. 省支持性发展政策与战略

目前辽宁省未出台白酒产业长期发展规划，导致辽宁白酒产业发展前景模糊，整个行业发展缓慢。

2. 代表产区支持性发展政策与战略

道光廿五集团秉承"以人为本，科学管理，开拓创新"的理念，强调制度建设、方针政策等具体的治理之'器'的层面[①]，通过提升企业产品品牌与品质，传播大国工匠精神力量，为产学研提供平台，以此助推科技兴国、科技强国。

2021年，道光廿五集团与锦州小东农工商有限责任公司签署战略合作协议，为进一步提高道光廿五白酒酿酒原粮品质，新建酿酒专用高粱基地，并研发种植精品大蛇眼高粱，促进高粱产量提升。集团通过加强与科研院所的互动交流，加大对科技研发的投入，为科学技术成果的落地转化提供强有力的支撑。

---

① 刘星：《中华优秀传统文化传承发展研究》，中国社会科学出版社2024年版，第29页。

第三章 中国白酒上市公司高质量发展战略

第一节 中国白酒上市公司发展战略

一 贵州茅台集团有限公司

贵州茅台集团有限公司发展战略分为三个阶段。

第一阶段，2005—2011年。该时期随着居民收入水平的不断提高，高端白酒市场的份额呈增长趋势，公司加强生产设备投入以及科技研发，预计通过五到十年完成茅台酒产量第二个万吨的目标。此阶段公司营业收入由 2005 年的 39.31 亿元增长到 2011 年的 184.02 亿元，同比增长 368.13%；净利润由原来的 11.19 亿元增长到 87.63 亿元，同比增长 683.11%。

第二阶段，2012—2016年。该时期受限制三公消费政策的影响，高端白酒的消费者发生转变。公司预计在未来 5—10 年，坚持把控质量，深化环境保护，聚焦发展酱香型白酒，将其作为主导产品，继续提升茅台酒中高端系列产品的发展，以此保证茅台酒高品质、高品位、高品牌的路线，保持白酒中的优势地位。此外，茅台开始转向发展中端产品，通过整合下属子品牌，打造中高端品牌。此阶段公司营业收入由 2012 年的 264.55 亿元增长到 388.62 亿元，同比增长 46.90%；净利润由原来的 133.08 亿元增长到 167.18 亿元，同比增长 25.62%。

第三阶段，2017 年至今。此阶段白酒市场逐渐恢复发展。而公司坚持打造世界蒸馏酒第一品牌的目标，保持现有高端白酒的优势地位，确保产品生产质量以及坚持以聚主业、调结构、强配套、够生态为发展思路。此阶段营业收入由 2017 年的 582.18 亿元增加到 2021 年的 1061.90 亿元，同比增长 82.40%；净利润由原来的 270.79 亿元增长到 524.60 亿元，同比增长 93.73%。

二 五粮液集团有限公司

五粮液集团有限公司发展战略大致分为两个阶段。

第一阶段，2010—2015 年。该时期随着城乡一体化以及消费升级，中高端白酒市场发展加速。对此，五粮液集团积极拓展全价位、全产品线系列品牌市场，做强龙头产品、做大腰部产品、做实低价位产品。此阶段集团营业收入由 2010 年的 155.41 亿元增长到 2015 年的 216.59 亿元，同比增长了 39.37%；净利润由原来的 43.95 亿元增长到 61.64 亿元，同比增长 40.25%。

第二阶段，2016 年至今。在宏观大环境下，消费仍占据推动经济发展的大头，而白酒的消费群体较为稳定，因此白酒需求仍具有增长潜力。同时，随着中国人均 GDP 的提高，人们对高质量的产品产生诉求。对此，五粮液集团积极推进核心品牌"五粮液"的高端定位和产品美誉度，扩大高端白酒市场份额。提升品牌价值，提高品牌向销售收入和市值的转化率。在此阶段公司营业收入由 2016 年的 245.44 亿元增长到 2021 年的 662.09 亿元，同比增长 169.76%；净利润由 2016 年的 67.85 亿元增长到 2021 年的 233.77 亿元，同比增长 244.54%。

三 洋河酒厂股份有限公司

洋河酒厂股份有限公司发展战略分为两个阶段。

第一阶段，2009—2012 年。面对城乡一体化和消费升级，公司强化推进营销模式转型，实施精细化管理、精准化营销，通过整合实现自上而下的业务模式，降低了成本开支。同时，积极推进品类平台化。该阶段公司营业收入由 2009 年的 40.02 亿元增长到 2012 年的 172.70 亿元，同比增长 331.53%；净利润由原来的 12.54 亿元增长到 61.54 亿元，同比增长 390.75%。

第二阶段，2013 年至今。该阶段公司提出以消费者为中心、双名酒为主体、多品牌为支柱，以品质为本、品牌为魂、文化为基、营销为王、创新为要的"12345"战略体系。此阶段公司营业收入由 2013 年的 150.24 亿元增长到 2021 年的 253.50 亿元，同比增长 68.73%；净利润由原来的 50.02 亿元增长到 75.08 亿元，同比增长 50.10%。

四 安徽古井贡酒股份有限公司

安徽古井贡酒股份有限公司发展战略大致分为两个阶段。

第一阶段，2011—2016 年。此时白酒行业区域整合已现端倪、白酒企业的个体竞争已逐步进入系统性竞合阶段，渠道、品牌和资本运作三个维度的组合竞争将继续改写行业竞争格局。对此，公司坚决实施"控价"模式，确保价格体系稳定；加大品牌建设的力度，创新与媒体的合作形式；坚持"一刻不放松，一刻不懈怠"，深耕核心市场，撬动两翼，加速全国化进程，寻求海外市场突破。在此阶段公司营业收入由 2011 年的 33.08 亿元增长到 2016 年的 60.17 亿元，同比增长 81.89%；净利润由原来的 5.66 亿元增长到 8.30 亿元，同比增长 46.64%。

第二阶段，2017 年至今。此阶段酒行业复苏与回暖成为大势，名酒复兴进程加快，各大名酒企业和区域龙头企业经营业绩呈现大幅增长。对此公司坚定不移推进党管一体化战略，深入推进营销创新、技术创新和机制创新，催生企业内生动力。在该阶段公司的营业收入由 2017 年的 69.68 亿元增长到 2021 年的 132.70 亿元，同比增长 90.44%；净利润由原来的 11.49 亿元增长到 22.98 亿元，同比增长 100.00%。

五　泸州老窖股份有限公司

泸州老窖股份有限公司发展战略大致分为两个阶段。

第一阶段，2010—2014 年。此时白酒行业因生产的高度离散、低门槛导致业内企业数量庞大，伴随着行业分化的进一步加剧，品牌差距持续扩大。对此，公司坚持"双品牌塑造，多品牌运作"，保障国窖 1573 实现品质高度、文化高度、品牌高度、价格高度的稳步提升。然而，在此期间公司营业收入由 2010 年的 53.71 亿元降到 2014 年的 53.53 亿元，同比降低 0.03%；净利润由原来的 22.05 亿元降到 8.80 亿元，同比降低 60.09%。

第二阶段，2015 年至今。随着"国内大循环""国内国际双循环"大势的开启，中国经济进一步释放市场潜力，城市圈加速形成，新兴消费群体的消费需求不断升级，为中国白酒行业带来发展空间和发展机遇。在此背景下，公司深入贯彻双品牌战略和大单品战略，加强品牌管理，规范条码的使用，继续巩固和塑造清晰聚焦的"双品牌、三品系、五大单品"品牌体系，坚持培育和扩大海外消费圈层，以高质量产品和服务，"让世界品味中国"。此阶段内，公司的营业收入由 2015 年的 36.96 亿元增长到 2021 年的 206.42 亿元，同比增长 458.50%；净利润由原来的 10.21 亿元增长到 79.56 亿元，同比增长 679.24%。

六 山西杏花村汾酒厂股份有限公司

山西杏花村汾酒厂股份有限公司发展战略大致分为两个阶段。

第一阶段，2010—2015 年。此时国际形势复杂化、政务消费阳光化、酒驾入刑等因素对白酒企业提出新的挑战，随着白酒行业竞争日趋激烈，白酒企业营销模式逐渐多元化、差异化。公司在此阶段发挥稳定优势，完善保障促增长，创新变革求发展，强化财务预算管理，加大监管力度，加强财务分析，拓宽融资筹资渠道，确保为企业发展提供资金支持，以实现经济指标的大幅增长。在此阶段公司营业收入由 2010 年的 30.17 亿元增长到 2015 年的 41.29 亿元，同比增长 36.86%；净利润由原来的 4.94 亿元增长到 5.21 亿元，同比增长 5.47%。

第二阶段，2016 年至今。近年来，随着中国居民可支配收入的提升，消费升级提质扩容，商务和大众消费已经成为中高端名酒消费主体，"健康饮酒"的理念进一步加深，消费升级趋势使市场份额进一步向高端名优酒企集中。在此阶段公司营业收入由 2016 年的 44.05 亿元增长到 2020 年的 199.71 亿元，同比增长 353.37%；净利润由原来的 6.05 亿元增长到 53.14 亿元，同比增长 778.35%。

七 今世缘酒业股份有限公司

今世缘酒业股份有限公司发展战略大致分为三个阶段。

第一阶段，2014—2016 年。"十三五"时期，白酒行业在品牌、品质等方面存在同质化趋势，对销售渠道和宣传等资源争夺激烈，白酒企业开启价格之战。根据市场的发展趋势，白酒行业优化结构、转型发展成为当务之急。对此，公司创建以"缘文化"为主的多元化公司，突出转型发展，开展财务投资和产业投资，提高资产收益率。同时，推行供给侧结构性改革，坚持创新、协调、绿色、开放、共享五大发展理念，弘扬追求卓越、缘结天下的企业精神。省内全面实施对标工程，省外加快推动重点突破。在该阶段公司的营业收入由 2014 年的 24.00 亿元增加到 2016 年的 25.54 亿元，同比增长 6.42%；净利润由 2014 年的 6.46 亿元增加到 2016 年的 7.54 亿元，同比增长 16.72%。

第二阶段，2017—2020 年。白酒行业的转型进入热潮，白酒传承着中华优秀传统文化，白酒国际化成为趋势。消费者购买力不断增强，商务宴请不断增多，各白酒行业纷纷提高产品质量，提升品牌名声，扩大销售渠道，以更好地服务迎合消费者需求，"马太效应"越发明显。高端名酒稀缺,让供需矛盾加大,白酒景气周期由高端向次高端发展。公司以追求高质量发展为方向,强化供给侧结构性改革,全面发展"品牌+渠道"双驱动。坚持营销创新不动摇,加强品牌打造的营销体系。将环保纳入企业的发展战略中,对污染处理措施进行升级改造,提高公司的环保水平。吸纳人才,用人才强企为新动力,切实促进从优秀到卓越跨越。围绕"酒+缘"两条线,打造更具竞争力的白酒品牌。在此期间,公司的营业收入由2017年的29.52亿元增加到2020年的51.19亿元,同比增长73.41%;净利润由2017年的8.96亿元增加到2020年的15.67亿元,同比增长74.89%

第三阶段,2021年至今。随着经济的发展,人们生活水平提高,消费者需求升级,中等偏上收入的人群增多,对生活质量有更高的追求,人们对白酒的需求持续升高。白酒品牌集中的特点越发明显,规模以上酒企数量逐年减少,市场份额逐步转向优势品牌和优势产区。对此,公司高举新时代中国特色社会主义思想伟大旗帜,自觉遵守发展新理念。根据"十四五"规划方针,围绕促进经济发展,防范风险,化解风险,增强市场活力。进一步确定使命、找到正确途径,创新改革,提高产品质量,以实现公司电商业务高质量发展。确立由"白酒"+"缘文化"两大业务战略,以"发展高质量,酒缘新跨越"为主题,以改革创新为根本动力,完善产品质量,加强公司的管理,大力弘扬"追求卓越,缘结天下"的企业精神,践行"酿美酒,结善缘"的企业使命,把公益事业纳入发展战略。按照"市场引领工厂,工厂保障市场"的思路,统筹推进市场开拓和工厂改革工作。根据公司的营销策略,实行分区域、分品牌、分产品管理,目前的销售是以经销制为主,向"经销+直销+线上销售"渠道转变。2021年,公司营业收入为64.06亿元,净利润为20.29亿元。

八 金徽酒股份有限公司

金徽酒股份有限公司发展战略大致分为三个阶段。

第一阶段,2016年。公司大力弘扬"金徽酒正能量"品牌精神,使公司形象更具识别性和独特性。通过讲品牌故事,多形式、多渠道将品牌理念传递给消费者,并以"建成西北大型生态酿酒基地,打造中国知名白酒品牌,跻身中国白酒十强企业"为总体战略发展目标,制定合理市场营销策略,拓展省外消费市场。该阶段公司的营业收入达到12.77亿元，净利润达 2.22 亿元。

第二阶段，2017—2018 年。由于公司是甘肃白酒行业的龙头企业，目前公司白酒产品主要销售市场在甘肃省，销售市场相对单一。企业要在宁夏、新疆、西藏、陕西等地设立更多销售机构，努力开拓西北市场。但新市场的建立、消费者认可、品牌知名度的增长都需要一定的时间。同时，自 2017 年开始，企业生产白酒所需的高粱、大米、小麦等原材料的价格呈明显上升趋势。对此，公司以优化白酒品质为基础，提高品牌知名度，扩大网络营销渠道。依靠合理营销战略，在巩固甘肃市场的同时，稳步开拓西北地区的其他市场。以节能为重点，坚持研发创新，巩固公司稳步发展的良好态势。公司设立专职电子商务管理部门，建成了金徽酒积分商城，在多个网络销售平台开通了"金徽酒旗舰店"，主要为线上消费者提供服务和品牌宣传。未来，公司要抓住电子商务发展机会，持续在线上销售和推广产品，实现线上和线下销售渠道有机结合，形成优势互补，为消费者提供更高效、更优质的服务。在该阶段公司的营业收入由 2017 年的 13.33 亿元增加到 2018 年的 14.62 亿元，同比增长 9.68%；净利润由 2017 年的 2.53 亿元增加到 2018 年的 2.59 亿元，同比增长 2.37%。

第三阶段，2019 年至今。面对宏观经济发展局势，白酒行业的竞争进入新阶段，公司积极应对市场经济的变化，制定了长期发展的战略规划，提出"二次创业"内部改革，推进"量质两手抓，加快公司高质量发展"的总体经营思路。2020 年，面对复杂严峻国际形势，公司精心研究行业状况，用发展的眼光规划布局，保持生产经营稳步提升。加强了生态酿造的基础设施建设，提高团队的自主研发能力和开发技术，提倡健康消费的核心品牌价值。进一步完善股权结构，奋力开启二次创业高质量起点。建立与营业收入和净利润目标直接挂钩、奖罚分明的核心管理团队薪酬结构，使管理团队与公司业绩更进一步相关联。公司不断改进生产模式，放宽酿酒车间对生产的自主权，激发原酒生产内生动力。以客户为核心，以品质为基础，打造金徽酒正能量品牌形象。依靠优良酿酒历史、地理位置优势、独特的技术不断开拓市场，销售网络已辐射到甘肃及环甘肃的西北市场，正逐步向江浙沪等华东市场发展。面对当前行业发展形势和市场竞争环境，结合公司长远发展规划，公司围绕"量质并举，挖潜降耗，以服务促管理，加快公司高质量发展"的总体工作思路做好各项工作。在此阶段公司的营业收入由2019年的16.34亿元增加到2021年的17.88亿元,同比增长9.42%,净利润由2019年的2.71亿元增加到2021年的3.25亿元,同比增长19.93%。

九 安徽口子酒业股份有限公司

安徽口子酒业股份有限公司发展战略大致分为三个阶段。

第一阶段,2015—2016年。公司面对错综复杂的经济形势和白酒行业激烈的竞争态势,勇于求变、发现机遇、把握机会。2015年,白酒行业在周期性底部调整后出现回暖趋势,部分一二线白酒品牌销售呈现量价齐升态势,三四线以下白酒品牌竞争力加大,市场向优势品牌集中[①]。对此,公司专注于白酒生产经营领域,采取差异化竞争策略,以兼香型口子窖系列白酒为核心,建设高端白酒品牌,提高公司核心竞争力,引领兼香型白酒行业,成为国内白酒行业第一集团成员。公司紧紧围绕企业发展战略,进一步调整、整合现有管理机构,以"专业化""精细化"为目标,持续优化部门和岗位设置,进一步压缩管理层级,精简机构人员,有效配置人力资源,逐步打造精干、高效的员工队伍。在该阶段公司的营业收入由2015年的25.84亿元增加到2016年的28.30亿元,同比增长9.52%;净利润由2015年的6.05亿元增加到2016年的7.83亿元,同比增长29.42%。

第二阶段,2017—2018年。此时白酒行业属于完全竞争性行业,行业的市场化程度高,市场竞争激烈。白酒消费呈现出向主流品牌和主力产品集中的趋势,白酒产业也向品牌、原产地和文化集中,产业竞争加剧对弱小白酒企业的挤出效应,整体上看,一线白酒企业延续增长态势,二三线白酒企业分化较为明显。2018年,口子产业园制曲车间投产使用,部分酿酒车间也进入生产阶段。同时,信源坊包装项目在改造原有厂房的基础上,筹建注塑车间,引进自动化注塑机等设备设施,为完善新产品包装材料生产提供了条件。对此,公司继续坚持一地一策的市场运作思路,深耕省内市场,全面实施渠道下沉,强化重点市场渠道管控能力,在稳固年份口子窖系列稳步提升的同时,大力运作高档年份口子窖系列酒,同时追求产品的均衡化发展,全面巩固提升安徽整体市场的运作能力。针对省外市场,进一步规范市场行为,遵循"三个宁缺毋滥"原则,

---

① 参见《安徽口子酒业股份有限公司2015年年度报告》。

对不规范、不作为的经销商进行清理，对优质经销商加大扶持力度。在京东、天猫等平台运营官方旗舰店，并进一步丰富电商渠道，增加个性定制类产品，拓展线上业务，更好地直接服务消费者。薪酬制度同时结合员工职业前景，为公司的长期战略发展规划服务。在该阶段内公司的营业收入由 2017 年的 36.03 亿元增加到 2018 年的 42.69 亿元，同比增长 18.48%；净利润由 2017 年的 11.14 亿元增加到 2018 年的 15.33 亿元，同比增长 37.61%。

第三阶段，2019 年至今。2020 年，既是公司"管理提升年"，更是口子酒业发展意义重大的一年。受新冠疫情影响，行业发展格局发生较大变化。2021 年，是"十四五"开局之年，"高质量"是主基调，"双循环"是主旋律，内需将不断扩大，消费将持续升级。对此，公司抢抓新一轮发展机遇，拿出"二次创业"精气神，坚持稳健发展的总基调，苦练内功，深化改革，重点实施"六大提升"计划，加快实现"百亿口子"战略目标。实行分区域、产品销售，将国内划分成若干个区域，若干个区域下面按市场发展程度和行政区域进一步划分，选择优秀的代理商，代理该产品销售业务。推进"一企三园"的战略，加快口子产业园一期、二期项目建设，提高产能规模。加速市场公司化管理，全面巩固省内整体市场份额，省外市场寻求战略伙伴，扩大省外市场，坚持优胜劣汰的方式，保障市场良性发展。在此阶段由 2019 年的 46.72 亿元增加到 2021 年的 50.29 亿元，同比增长 7.64%；净利润由 2019 年的 17.20 亿元增加到 2021 年的 17.27 亿元，同比增长 0.41%。

十　四川水井坊股份有限公司

四川水井坊股份有限公司发展战略大致分为三个阶段。

第一阶段，2015—2017 年。此时国家出台了"禁酒令"，高端白酒销售遭到严重打击，白酒行业多年来非理性的发展态势得到遏制。白酒企业投放市场费用增多，以提高品牌的独特形象。对此，公司以目标消费者为中心，在稳定发展的基础上，实施重点突出全面战略优化，人力资源优先发展，打造一支精干、高效、富有战斗力、中外文化高度融合的管理团队和员工队伍。公司整体盈利能力、资源控制力和抗风险能力明显提高，成为具有一定品牌影响力的中国白酒企业。"聚焦"将成为酒企的核心战略思想。聚焦品牌和价格带、聚焦核心战略单品、聚焦核心市场、聚焦有限资源实现最大收益。在该阶段公司的营业收入由 2015

年的 8.55 亿元增加到 2017 年的 20.48 亿元，同比增长 139.53%；净利润由 2015 年的 8797.36 万元增加到 2017 年的 3.35 亿元，同比增长 280.80%。

第二阶段，2018—2019 年。2019 年，国内经济下行压力加大，国内外风险和挑战明显增多。受外部宏观经济环境的影响，白酒行业增速放缓。"强者恒强，弱者恒弱"的态势仍在加剧。行业整体增速下降，但局部增长加快。受国内宏观经济环境的影响，白酒行业整体增速放缓，但在消费升级驱动下，次高端及以上板块仍旧保持两位数增长，是值得精耕细作的潜力地带，该板块也成为各大酒企短兵相接的必争之地。对此，公司的愿景是成为中国最可信赖、成长最快的白酒品牌。以目标消费者为中心，在稳定发展的基础上，实施重点突出全面战略优化，辅以提升生产力、人才配置和数字化管理。公司整体盈利能力、资源控制力和抗风险能力明显提高，成为具有一定品牌影响力的中国白酒企业。公司紧紧围绕年初既定经营方针和经营目标，以"简单化、精细化、数字化、区域化"为战略抓手，以"第一时间做正确的事"为合规指引，精准定位细分市场，有序做好产品升级，持续贯彻"蘑菇战术"，着力区域拓展。坚持高端化布局，深度挖掘高端消费场景。升级渠道管理模式，加大渠道管控力度。在此阶段公司营业收入由 2018 年的 28.19 亿元增加到 2019 年的 35.39 亿元，同比增长 25.54%；净利润由 2018 年的 5.79 亿元增加到 2019 年的 8.26 亿元，同比增长 42.66%。

第三阶段，2020 年至今。2020 年上半年，聚会和宴席的管控，给高度依赖聚集型社交消费的白酒行业带来较大影响，使白酒消费需求减少。2021 年以来，聚集型社交消费逐渐复苏，白酒行业回暖趋势明显。由此公司推进高端化战略，加大了对高端化项目的费用投入，短期利润受到一定影响。公司以坚持"成为高端浓香头部品牌之一，持续健康成长，成为备受尊敬与信赖的白酒公司"的愿景为指引，进一步明确清晰未来目标实施路径。持续深耕核心市场，实施整体营销策略；强化会员系统运营，寻求电商业务突破；持续贯彻数字化战略，推动企业数字化转型。打造更强品牌价值和性价比更高的消费体验；优化经销系统，积极与优质合作伙伴多维度拓展市场，分享更多成长红利。在该阶段公司营业收入由 2020 年的 30.06 亿元增加到 2021 年的 46.32 亿元，同比增长 54.09%；净利润由 2020 年的 7.31 亿元增加到 2021 年的 11.99 亿元，同比增长 64.02%。

十一 酒鬼酒股份有限公司

酒鬼酒股份有限公司发展战略大致分为三个阶段。

第一阶段，2016—2017 年。此时中国白酒产量占世界烈性酒产量的 38%左右，但国际市场份额不到 1%，国家经济国际化战略全面推进为白酒出口创造较大发展机会。随着城镇化和农村消费群体崛起，消费不断升级，消费者对中、高档品牌白酒产品需求增大。对此，公司大量减少买断产品，停止新开发贴牌产品，加强自营主导产品，培育核心战略大单品；升级车间基础设施，调整员工薪酬结构；加强与各大媒体的合作，利用媒体资源，加大产品的宣传，依托中粮集团资源优势，提高品牌形象，让酒鬼酒成为中国文化的引领者、湖湘文化名片。在该阶段公司的营业收入由 2016 年的 6.55 亿元增加到 2017 年的 8.78 亿元，同比增长 34.05%；净利润由 2016 年的 1.09 亿元增加到 2017 年的 1.76 亿元，同比增长 61.47%。

第二阶段，2018—2019 年。中国经济仍处于结构调整及转型升级的关键时期，政务消费、行业标准、行业准入、食品安全、环境保护等政策对白酒行业的要求越来越高，公司及品牌的综合竞争力需进一步提升。对此，公司确定以"中国馥郁香型白酒"为战略定位，以"文化酒鬼"为核心、以"生态酒鬼"和"馥郁酒鬼"为支撑的品牌价值链，强化酒鬼酒"文化品位、生态品质、馥郁品类"三大核心品牌资本；确立推进了内参酒"稳价增量"、酒鬼酒"量价齐升"、湘泉酒"增品增量"三大品系核心战略；推进"品牌形象、产地形象、团队形象"三大形象提升工程。依托中粮集团有限公司的整体优势和平台资源，获得更多渠道、网络及人才支持，实现全产业链协同共享，进一步做大做强酒鬼酒。在该阶段内公司营业收入由 2018 年的 11.87 亿元增加到 2019 年的 15.12 亿元，同比增长 27.38%；净利润由 2018 年的 2.23 亿元增加到 2019 年的 2.99 亿元，同比增长 34.08%。

第三阶段，2020 年至今。2020 年，是酒鬼酒"十三五"规划的决胜之年，也是谋划"十四五"规划顺利起航的奠基之年。在传承优良传统、不断创新、继往开来的新历史时点，酒鬼酒坚持以习近平新时代中国特色社会主义思想为指导，坚持以"中国文化酒的引领者"为战略使命，以"中国文化白酒第一品牌"为战略愿景紧紧抓住白酒高端、次高端发展的机遇稳步推进公司高质量全面发展。由此，公司完善产品结构，扩大营销渠道，实行产品升级，研发上市文创产品。主流产品全部赋码，使产品得到更好监督，营销活动更有针对性；在中国地理标志保护产品标准的基础上，打造中国馥郁香型白酒核心产区；同时推进生产三区项目建设，增加曲酒产能，保障产品供应，生产三区建成投产后将新增曲酒产能 1.08 万吨。在该阶段公司营业收入由 2020 年的 18.26 亿元增加到 2021 年的 34.14 亿元，同比增长 86.97%；净利润由 2020 年的 4.92 亿元增加到 2021 年的 8.93 亿元，同比增长 81.50%。

十二 河北衡水老白干酒业股份有限公司

河北衡水老白干酒业股份有限公司发展战略大致分为三个阶段。

第一阶段，2010—2015 年。此时中国白酒行业热度依然高涨，内部存在明显的供给过剩和库存较高的现象。同时，受外部资本进入白酒行业影响，整个白酒产业不断进行整合与并购，企业间的竞争十分激烈。对此，公司实施品牌发展战略，树立口碑和美誉。坚持以品牌建设为核心，立足营销与研发两个重要基点，强化品牌运作，加大企业宣传力度，提高企业知名度和美誉度。优化产品结构，重点发展优势业务，加强对白酒研究的科研投入，以市场需求为导向，不断调整产品结构，稳步提升公司中高档白酒的市场占有率。这一时期随着公司白酒技术水平、生产规模、知名度的全面提高，公司在白酒行业的地位更加稳固。营业收入由 2010 年的 11.66 亿元增长到 2015 年的 23.36 亿元，增长率为 100.34%；净利润由 2010 年的 4164.63 万元增长至 2015 年的 7504.19 万元，增长率为 80.19%。

第二阶段，2016 年。在经历近三年的深度调整后，白酒行业出现回暖迹象。公司以市场为导向，开拓创新。在酿酒工艺方面，公司采用产学研相结合的方式，积极与科研院校合作，参加国家重点研发计划项目——传统酿造食品制造关键技术研究与装备开发，通过对该项目的研究及研究成果的应用，公司的酿造技术取得重大进步。与此同时，公司充分发挥企业自身的比较优势，如品牌优势、产品优势、管理团队优势、技术人员与研发优势，继续壮大企业、优化产品、做特品类、做精市场、做久产业，最终把"衡水老白干酒"打造成为具有全国影响力和竞争力的白酒品牌，不断提升公司的经营效益。在该阶段企业按照既定的发展战略稳步发展，营业收入持续增长达到 24.38 亿元，净利润达到 1.11

亿元。

第三阶段，2017 至今。中国经济已由高速增长转向高质量发展，随着生活水平的提高，白酒消费呈现出回归品质、回归理性的趋势。"马太效应"凸显，市场消费集中于名优酒、核心产品。对此，公司创新营销策略，将白酒与国漫结合，与现代媒体技术相结合。当老白干遇见济公，既是老白干助力白酒打破"次元壁"的重磅之举，也是其借助国漫走入家庭场景的情感品牌领先战略，二者优势互补是战略合作的双赢之举。2018 年，经中国证监会核准，公司成功并购丰联酒业。通过战略整合，公司拥有了更强大的技术力量，实现了老白干"一树三香"和"五花齐放"的局面，开创了中国白酒上市公司多香型、多品牌、多渠道的先河。这一时期受疫情的影响，企业的营业收入有所起伏。营业收入由 2017 年的 25.35 亿元增长至 2021 年的 40.27 亿元，增长率为 58.86%；净利润由 2017 的 1.64 亿元增长至 2021 年的 3.89 亿元，增长率为 137.20%。

十三　安徽迎驾贡酒股份有限公司

安徽迎驾贡酒股份有限公司发展战略大致分为三个阶段。

第一阶段，2015—2016 年。此时国内经济增速放缓、整体消费疲软，消费水平、消费倾向以及消费行为发生深刻变化，呈现出消费结构不断升级的趋势。对此，公司以"做大白酒核心主业，进一步拓展全国市场，以技术改造、产品升级、资本运营、信息技术为手段，打造中国最美酒厂，力争进入行业第一方阵"为主导思想。坚持"品牌引领、全国布局、小区域高占有"的营销战略。通过技术改造项目以及募集资金投资项目的实施，提高白酒产品的品质，持续研发出符合消费者需求的白酒产品，不断完善白酒质量风格；实施新型人才战略，培养壮大企业管理团队和专业技术队伍，推动员工职业通道建设，建立和谐劳动关系；稳步加强营销网络建设，增强市场的覆盖范围，扩大公司在全国市场的影响力和占有率；建设财务共享服务中心，实现企业资金共享和银企互联，促进财务由核算型向战略决策支持、运营过程管理转型升级。在此时期公司营业收入由 2015 年的 29.27 亿元增加到 2016 年的 30.38 亿元，同比增长 3.79%；净利润由 2015 年的 5.30 亿元增加到 2016 年的 6.83 亿元，同比增长 28.87%。

第二阶段，2017—2018 年。此时中国经济发展进入新时代，基本特征就是中国经济已由高速增长阶段转向高质量发展阶段，从量的扩张转向质的提升，从"有没有"转向"好不好"。白酒作为中国传统文化的重要组成部分，是社会交往活动和居民日常生活不可或缺的重要饮品之一。随着人民生活水平的提高，消费升级、品质升级趋势的不断凸显。一线品牌、区域强势品牌以及符合生态健康消费趋势的差异化产品持续增长。由此，公司坚持新发展理念，落实高质量发展，坚持"三大战略"，全面提升品牌力和渠道力，全面提升管理标准化水平；以白酒为主业，全力打造百亿迎驾、百年品牌，努力建成智能迎驾、效率迎驾、美丽迎驾、快乐迎驾，以"进入白酒行业第一方阵，成为生态白酒第一品牌、全国知名品牌"为目标；实施多元化战略，即重点发展白酒主业，积极发展印刷、制罐、玻璃制品等白酒相关产业，相关产业以为白酒主业服务为主，适度拓展外销，提升配套产品竞争力，以提高技术水平和效益为主要目标；实行产品升级战略，主推生态洞藏系列白酒，实现产品换档升级，以满足消费者对健康白酒消费的需求。在该阶段公司营业收入由 2017 年的 31.38 亿元增加到 2018 年的 34.89 亿元，同比增长 11.19%；净利润由 2017 年的 6.67 亿元增加到 2018 年的 7.79 亿元，同比增长 16.79%。

第三阶段，2019 年至今。当前白酒酿造正在向生态化、智能化发展。2020 年，面对突如其来的疫情和严峻复杂的经济形势，公司坚持一手抓疫情防控，一手抓复工复产。2021 年，国内疫情得到有效控制，宏观环境持续向好，行业回暖趋势明显。对此，公司围绕"223"营销战略，持续稳步推进团队打造、产品管理、渠道建设等方面工作；增加环保投入，实行区域聚焦战略，聚焦安徽、江苏、上海等核心市场，重点突出城市公司建设，精准锁定洞藏样板市场，推进精耕细作，做到运营精细化、标准化，提高市场占有率，实现重点市场的突破。根据公司发展战略，2021 年，公司通过持续打造中国生态白酒领军品牌，加强生态洞藏系列产品销售，快速推进市场布局，优化经销商结构和队伍，稳步推进人才梯队建设，全面提升信息化、智能化水平，谱写高质量发展的新篇章。在该阶段公司营业收入由 2019 年的 37.77 亿元增加到 2021 年的 45.77 亿元，同比增长 21.18%；净利润由 2019 年的 9.30 亿元增加到 2021 年的 13.82 亿元，同比增长 48.60%。

十四　舍得酒业股份有限公司

舍得酒业股份有限公司发展战略大致分为三个阶段。

第一阶段，2013—2015 年。此阶段前期，整个白酒行业的竞争进入白热化。后期经过几年的深度调整，白酒市场基本止跌，出现了弱复苏迹象，但整个行业仍处于调整阶段，复苏之路或将漫长。对此，公司将质量经营和生态经营相结合，以国家级食品安全的标准严格要求自己，深入践行"卓越绩效"的管理体系，坚持品质、生态和效率并行的方针，积极承担起生态环保和食品安全的社会责任。这一时期整个白酒行业发展低迷，企业受到大环境的影响，营业收入整体呈现下滑趋势，由 2013 年的 14.19 亿元下降至 2015 年的 11.56 亿元，同比下降 18.53%；净利润由 2013 年的 1177.42 万元下降至 2015 年的 712.81 万元，同比下降 39.46%。

第二阶段，2016—2018 年。这一时期白酒行业整体回暖，部分品牌经过一系列的整合、价格调整和市场运作，实现了白酒黄金期内量价齐升的良好局面，白酒行业逐渐迎来了正向发展。公司实行优化生产战略，在基酒生产方面，采用以销定产的方式，降低生产成本、减少资金占用，以"科学、合理、规范、先进"的生产工艺实现"安全、优质、高产、低耗"的生产目标；实施信息化系统升级，追求卓越经营绩效。借助"互联网+"打造集团化、多组织、一体化的信息系统管理平台，完善并升级金蝶 K/3，有效实现精细化营销和全渠道管控，通过信息资源共享，提升管理服务水平，创新营销策略。通过产品结构的精简优化和核心城市分渠道精细化运作，实现产品和市场的高效匹配。同时，聚焦目标消费人群，实施广告精准投入，建立清晰的品牌识别。这一时期企业积极调整发展战略，加之白酒行业整体回暖，营业收入由 2016 年的 14.62 亿元增长至 2018 年的 22.12 亿元，同比增长 51.30%；净利润由 2016 年的 8019.90 万元增长至 2018 年的 3.42 亿元，同比增长 326.44%。

第三阶段，2019 年至今。这一时期，白酒行业面临着中高端白酒阶段性去库存的问题。与此同时，近两年宴席、商务应酬等消费场景的减少，导致白酒销售下降。对此，企业在拓宽销售渠道、加强线上销售、加速布局新区域的同时，持续加强品牌建设，聚焦战略产品和重点城市，大力发展优质经销商，加强消费者培育，努力打造老酒品类第一品牌。该阶段公司的营业收入由 2019 年的 26.50 亿元增长至 2021 年的 49.69 亿元，同比增长 87.51%。净利润由 2019 年的 5.08 亿元增长至 2021 年的 12.46 亿元，同比增长 145.28%。

十五　新疆伊力特实业股份有限公司

新疆伊力特实业股份有限公司发展战略大致分为三个阶段。

第一阶段，2013—2015 年。随着"三公限高"到"反腐限酒"，白酒业进入行业调整周期，发展方向充满不确定，增速放缓，高端品牌重新洗牌。对此，公司通过精细化管理实施"质量振兴"发展战略。严循工艺流程、恪守食品标准。强化生产、贮存、运输、销售环节全过程监管力度，以高标准、严要求稳定产品质量。持续推进生产技术创新，新研制的柔雅型中高档白酒上市后，受到消费者的欢迎并荣获"兵团科技进步"三等奖。在此基础上，企业根据市场消费需求设计出具有独特风格"浓中带酱"兼香型酒，再次受到消费者青睐。在该时期受国家政策及白酒行业调整的影响，企业的营业收入出现小幅度下降，由 2013 年的 17.53 亿元下降至 2015 年的 16.38 亿元，同比下降 6.56%；由于技术创新生产成本下降，净利润由 2013 年的 2.73 亿元增长至 2015 年的 2.82 亿元，同比增长 3.30%。

第二阶段，2016—2017 年。经济恢复以及名酒茅台、五粮液价格的上涨，给予区域性品牌新的动能。从白酒上市公司的数据及市场表现看，90%的企业呈现高增长态势，前景十分光明，挑战也十分严峻。由此，公司拓宽销售渠道，升级产业链。成立营销运营中心，弥补营销短板，形成以经销商、直销加线上销售为三足鼎立的销售模式，继续延伸并巩固产业链，夯实公司发展基础。同时，利用现有品牌、资金、技术和管理优势，迅速对接兵团第四师（可克达拉市）现有产业，有效盘活资产，扩大公司规模，完成产业、产品升级，提升抗风险能力。此阶段随着经济的恢复、白酒行业的回暖、企业发展战略的调整，营业收入由 2016 年的 16.93 亿元增长至 2017 年的 19.19 亿元，同比增长 13.35%；净利润由 2016 年的 2.77 亿元增长至 2017 年的 3.53 亿元，同比增长 27.44%。

第三阶段，2018 年至今。白酒行业进入新的发展周期，白酒的生产品质有了大幅提升和改进，白酒产业对技术创新提出了新要求。对此，公司加快优势资源整合，优化技术团队建设，鼓励研发人员利用现代生物技术不断探索，不断创新，推动酿酒生物产业健康发展。同时，聚焦重点市场，坚定区域拓展。加大内地招商力度，壮大经销商队伍，面向重点市场坚定不移推进产品和品牌出疆，提高内地市场收入占比。以品牌运营公司为主导，实施"握拳"战略，深入外地市场，推动公司稳步实现战略规划。此阶段营业收入由 2018 年的 21.24 亿元增长至 2019 年的 23.02 亿元，同比增长 8.38%。后因受疫情影响，企业营业收入出现下滑，到 2021 年降至 19.38 亿元；净利润由 2018 年的 4.28 亿元增长至 2019 年的 4.47 亿元，再下降至 2021 年的 3.13 亿元。

十六　甘肃皇台酒业股份有限公司

甘肃皇台酒业股份有限公司发展战略大致分为三个阶段。

第一阶段，2011—2012 年。该时期白酒行业产能过剩已是不争的事实，白酒业面临着去产能、去库存的艰巨任务。限制公款消费、地方禁酒令的出台以及在食品安全方面发生的恶性勾兑门和塑化剂超标事件，使整个白酒行业陷入低迷状态，销售业绩集体下滑严重。市场挤压过度、经销商成堰塞湖等行业深层弊端逐步显现，使得中国白酒产业的发展更加谨慎。对此，公司坚定不移地实施"回归与振兴"主业的经营战略，以白酒产品为主要盈利增长点，不断调整产品结构，保障产品质量，在深耕根据地市场的同时稳步开拓新市场，充分挖掘增长潜力。强化营销工作的转型与变革，全面提升管理水平，提高工作效率，降低生产和管理成本。加强精细化管理，培育专业型人才，不断提升品牌形象，使中国白酒新境界的品牌定位深入人心。这一阶段，公司结束了主业持续多年亏损的局面，主营业务实现了由亏损到盈利的历史性转变。营业收入由 2011 年的 1.05 亿元增长至 2012 年的 1.34 亿元，同比增长 27.62%；净利润由 2011 年的 483.33 万元增长至 2012 年的 1013.49 万元，增长了 109.69%。

第二阶段，2013—2018 年。此时中国白酒市场正经历着从商务需求向自我享受及休闲社交的需求转换，增长越发依赖大众消费。这一时期，皇台公司盈利能力和可持续经营能力未发生客观改变，处于资金短缺、官司缠身、资不抵债、连续亏损状况，仍在困境中砥砺前行。因连续两年亏损，净资产为负，将被实施退市风险警示。对此，公司一方面坚持以白酒与红酒并重的科学发展战略。坚持渠道拓展和经销商协同发展，省内和省外市场同步开拓的营销策略，同时积极借助资本市场平台寻求多元化发展，充分挖掘增长潜力。另一方面加强战略合作，促进产销两旺。全面落实与高诚企业集团的战略合作，做强做大酒业。以双方的产业融合度、相关性为切入点，依托公司在白酒生产方面具备的相对优势实施战略合作，公司生产经营得到全面恢复和提升，步入产销两旺的良性发展轨道。但受公司内部环境影响，营业收入出现较大幅度变化。由2013年的1.08亿元下降至2018年的2548.34万元，同比下降76.40%；净利润亏损由2013年的2930.53万元下降至2018年的9548.15万元，下降了225.82%。

第三阶段，2019年至今。这一时期从整体上看，一线白酒企业延续增长态势，二三线白酒企业分化较为明显。突如其来的疫情导致餐饮行业、婚宴消费、节日消费等终端消费几乎停滞，企业终端零售网点停业近两个月。在这种市场环境下，公司注重品牌提升，围绕"南有茅台，北有皇台"做战略性唤醒，抢占省内中高档白酒市场，打造经典皇台系列、窖底原浆系列两条战略核心产品线，为皇台酒业实现名酒复兴奠定基础。实施品类创新，严格按照OIV国际标准和中国酿酒技术法规，组织生产使用的是多粮酿造，以优质高粱、小麦、大米、糯米、豌豆为原料，以优质稻壳为填充辅料，自制中以高温大曲为糖化发酵剂，采用祁连冰川雪水，纯粮酿造而成，口感醇正。这一时期公司营业收入出现波动，由2019年的9904.63万元增长至2020年的1.02亿元，再到2021年的9108.81万元；净利润由2019年的6821.37万元下降至2020年的3348.37万元，再到2021年亏损1355.47万元。

十七　安徽金种子酒业股份有限公司

安徽金种子酒业股份有限公司发展战略大致分为三个阶段。

第一阶段，2010—2013年。随着居民消费逐渐升级，白酒行业产量逐步增长，白酒行业内部结构调整加速，呈现出持续健康发展局面。公司坚持资本运营和产品经营相结合，坚持质量和效益相结合，全力做强品牌，实现跨越发展。该时期公司营业收入由2010年的13.80亿元增长至2013年的20.81亿元，增长了50.80%。净利润由2010年的1.69亿元下降至2013年的1.33亿元，下降了21.30%。

第二阶段，2014—2017年。此时期三公消费限制的政策力度和持续程度仍在保持，白酒行业竞争进入白热化，面临深度调整，呈现出中低速发展态势。在这个时期，公司坚持科技引领、创新驱动。以改革创新为引领，以提质增效为抓手，坚持稳中求进总基调。通过产品结构及营销模式变革，实现转型升级，积极实施走出去战略。这一时期企业受国家政策和白酒行业深度调整的影响较大，营业收入呈现下滑趋势。营业收入由2014年的20.75亿元下降至2017年的12.90亿元，同比下降

37.83%；净利润由 2014 年的 8856.17 万元下降至 2017 年的 818.98 万元，同比下降 90.75%。

第三阶段，2018 年至今。白酒行业自本轮深度调整以来，部分名优公司出现复苏迹象，长期看白酒行业分化趋势非常明显。由于公司生产的酒类主要为中低端产品，无法满足主流消费需求，产品竞争力下降，新产品尚在培育期，市场基础较为薄弱。因此公司坚持党和政府的政策指导，促进高质量发展。在市委、市政府的正确领导下，围绕"提质增效"，坚持"稳增长、促改革、保存量、拓增量、补短板"的发展思路，进一步解放思想，深化体制机制改革，聚力白酒主业发展，做优做强，奋力谱写新时代金种子高质量发展的崭新篇章。这一时期企业的现有的酒类主要为中低端产品，新产品尚在培育期，使酒类产品在市场的竞争力薄弱。营业收入由 2018 年的 13.15 亿元下降至 2021 年的 12.11 亿元，同比下降 11.11%；净利润由 2018 年的 1.02 亿元下降至 2021 年亏损 1.66 亿元。

十八　北京顺鑫农业股份有限公司

北京顺鑫农业股份有限公司发展战略大致分为三个阶段。

第一阶段，2011—2014 年。这一阶段公司在实施"三·五"发展战略与规划的同时，围绕构建"大北京市场"和"外埠根据地市场"的战略目标，加速实施"1+4+5"亿元板块联动战略。积极对接市场，引领行业技术创新，依托与中国科学院合作开发的"牛栏山一号大曲"科研项目，筛选出有益于酿酒的微生物菌群[1]，酿造出更高品质的二锅头酒，实现新品研发与市场开发，全面提升核心竞争力，促进公司稳健快速发展。在此期间，公司经营业绩稳步增长，营业收入由 2011 年的 75.80 亿元增长至 2014 年的 94.81 亿元，同比增长 25.08%；净利润由 2011 年的 3.07 亿元增长至 2014 年的 3.59 亿元，同比增长 16.94%。

第二阶段，2015 年。此时国内经济受结构性、周期性因素影响仍面临较大下行压力。面对困境，中央提出"供给侧改革""去产能、去库存、去杠杆""互联网+"等一系列应对措施。该年是公司实施"三·五"战略规划的收官之年，"四·五"规划的开局之年，公司继续实施精

---

[1] 景欣：《牛栏山与中国科学院签约：共创二锅头的"科技芯"》，《中国质量报》2018 年 6 月 12 日，https://www.cqn.com.cn/zgzlb/content/2018-06/12/content_5905742.htm。

细化管理，立足北京、布局京津冀、辐射全国，延伸产业链条，加速市场扩张，提高市场份额。重点推进信息化、科技化、产业化建设，加速外埠市场扩张，着力提高竞争优势，通过资本运营，整合资产优良、具有发展前景的酒业企业，扩大酒业市场覆盖面，壮大公司酒业规模。这一时期，企业实现营业收入96.37亿元，净利润3.76亿元。

第三阶段，2016年至今。这一时期行业进入复苏回暖阶段，政务消费消失，大众消费升级，驱动行业复苏，但部分中低端、区域性酒企发展仍不容乐观。白酒行业内的兼并重组或成为常态，市场集中度有望得到提升，白酒行业或将迎来新一轮的上升周期。对此，公司结合行业发展态势和公司内部产业布局规划，以产业经营为基础，资本运营为手段，围绕"主业突出，业务清晰，同业整合，价值实现"发展目标，实施归核化发展战略，聚焦酒业、肉食两大主业，逐步剥离其他业务。通过整合内外部资源，推动产业优势互补、规模扩大、资产价值提升，实现企业价值与股东利益最大化。这一时期公司跟随行业节奏出现波动，营业收入由2016年的111.97亿元增长至2020年的155.11亿元，同比增长38.53%，再至2022年的116.78亿元；净利润由2016年的4.13亿元增长至2020年的4.20亿元，同比增长1.69%，再到2022年亏损6.73亿元。

十九　上海贵酒股份有限公司

上海贵酒股份有限公司发展战略大致分为三个阶段。

第一阶段，2019年。2019年，公司确立了向白酒产业逐步转型的战略规划，为此，公司主动调整和收缩了大宗商品贸易、融资租赁及商业保理业务，新增了白酒销售业务。该业务主要由公司子公司贵州贵酒云电子商务有限公司开展，主要作为贵州贵酿的经销商通过与第三方电子商务平台合作等方式线上销售公司关联方中国贵酒集团有限公司出品的贵十六代等系列白酒产品。同时，于2019年12月发起设立全资子公司上海军酒有限公司，独立打造自有品牌的高品质简装白酒。公司控股股东及实际控制人充分发挥其资源整合能力，通过自建平台或收购等方式为公司在体外孵化和培育酒类优质资产，为公司在白酒经营、销售渠道、人才等方面奠定了基础，也为公司后续在白酒产业的转型和发展储备了核心竞争优势[1]。2019年，公司实现营业收入1.09亿元，净利润1238.56万元。

第二阶段，2020年。2020年，是公司转型发展，聚焦白酒主业战略定位的关键之年。公司专注于整合白酒优质资源，满足消费升级需求，强化品牌与消费者的联系，聚焦、深耕白酒核心业务，促进白酒产业的标准化、品质化、智能化，将公司逐步培育成为一家拥有一系列卓越品牌，具有行业重要影响力的国际化、综合性酒业集团。公司先后设立全资子公司上海事聚贸易有限公司、上海军酒有限公司和上海贵酒科技有限公司，通过近一年的商业模式创新和运作，已先后形成了自有品牌和营销模式。随着白酒销售业务和品牌建设的不断拓展，逐步打通白酒采、产、供、存、销全产业链。除白酒销售业务外，公司保理和房产租赁业务占营业收入的比例已逐年下降[2]。但由于公司主营业务尚不稳定，还未拥有白酒生产基地，主要通过委外贴牌生产再进行销售，白酒业务规模和销售收入尚小，导致酒类业务利润处于亏损状态。2020年，公司营业收入7971.77万元，净利润802.19万元。

第三阶段，2021年至今。公司聚焦白酒业务创新发展，主业的战略定位更加清晰，公司以"成为世界一流的融合经典与创新的酒业集团"为企业愿景，以消费需求为中心，通过嫁接新渠道、新技术等手段，强化品牌与消费者的情感关联，构建新场景、新场域，重塑白酒新消费格局，以创新赋能推动白酒产业发展。为夯实主业发展，年内经董事会审议通过，公司进一步加强了经营班子建设，聘请专业人才充实优化管理团队，推动公司健康发展。通过聚焦战略、深耕主业，公司明确了未来五年酒类业务发展规划，公司核心主业的发展方向得到了进一步确立[3]。2021年，公司营业收入6.03亿元，较2020年同比增长656.42%；净利润6192.82万元，较2020年同比增长671.99%。

二十 青海互助天佑德青稞酒股份有限公司

2021年，是公司"三年绩效管理战略"的第一年，即绩效基础年。公司紧紧围绕"机制改革、质量突破、营销并举、授权经营"年度经营方针，全面提升经营管理水平，全力营造改革创新氛围，不断创新营销

---

[1] 上海贵酒股份有限公司：《上海贵酒股份有限公司2019年年度报告》，2020年4月。
[2] 上海贵酒股份有限公司：《上海贵酒股份有限公司2020年年度报告》，2021年4月。
[3] 上海贵酒股份有限公司：《上海贵酒股份有限公司2021年年度报告》，2022年4月。

模式，持续提升产品品质，大力优化生产工艺。营销转型方面，紧紧围绕消费者统筹谋划，全年开展各类大型鉴赏会、推介会、一桌式品鉴会、一日游及工业游等活动，与消费者深度交流与融合，通过这种"请进来、走出去"的"外交模式"，强化与消费者的互动。确定了以"国之德G6""第三代金标"为代表的品牌产品定位，以头部品牌为引领，环湖赛、青稞酒文化旅游节、青稞助学行动等系列IP活动全面保驾护航，打造品牌的高端化、精品化形象落地；国家级及省内多家媒体优质资源全面赋能助力，在媒体合作方式上由以往纯粹硬广合作转变为内容输出合作，构建更加贴近消费者、走近消费者的新颖内容。此外，充分利用上市公司平台及活动大力推进社会关系营销，让企业品牌影响力、社会认购度得到极大提升。

与此同时，以青稞酒生态圈为物理基础，重构物理、精神、文化的表达路径，梳理品牌价值的表达图谱，进一步展现天佑德青稞酒的品质独特性。截至2021年底，优质白酒储能大幅度提升，为天佑德进入真年份产品市场竞争奠定扎实的物质基础。公司持续聚焦真实年份，以国之德、第三代出口型、红星级等为主线产品，通过天酿工艺和青稞原料构建产品价值壁垒。同时，品牌推广活动以"建厂70周年"为切入点，贯穿全年推广活动，深度链接天酿文化，实现广宣内容一体化和传播效果的最大化[①]。通过不懈努力，实现了扭亏为盈的经营目标。2021年，公司营业收入10.54亿元，净利润6322.48万元。

第二节 中国白酒上市公司区域政府支持政策

一 西部区域政府支持政策

贵州省出台《贵州省国民经济和社会发展第十四个五年规划和二〇三五年远景目标纲要》，贵州将做大做强茅台集团，力争把茅台集团打造成为省内首家"世界500强"企业、万亿级世界一流企业[②]。

[①] 青海互助天佑德青稞酒股份有限公司：《青海互助天佑德青稞酒股份有限公司2021年年度报告》，2022年4月。

[②] 贵州省发展和改革委员会：《贵州省国民经济和社会发展第十四个五年规划和二〇三五年远景目标纲要》，《贵州日报》2021年2月27日第5版。

四川省印发《推动四川白酒产业高质量发展的若干措施》（以下简称《措施》）提出要加快推动白酒产业高质量发展，并围绕白酒产业进行供给侧结构性改革。《措施》从生产要素供给、政策供给、金融供给等多方面加快推动白酒产业高质量发展，共提出推动产业聚焦发展、巩固扩大优质产能等12个大方向战略举措，坚定不移支持五粮液加强要素资源整合，支持企业做大规模、做强主业、做优品牌[1]。

成都市政府制定实施"六朵金花""上台阶"奖励计划，支持"六朵金花"不断做大、做强、做优，打造世界知名品牌，大力提升"十朵小金花"企业实力、产业规模和品牌影响力，引领二线品牌白酒企业规模和实力稳步提升，加大原酒品牌培育力度，打造原酒龙头企业和优质品牌[2]。

宜宾市出台《关于加快白酒产业高质量发展的意见》，指出要聚力龙头引领、产区塑造、产业集群、平台支撑、品牌打造等，强核心、补短板、提价值，着力构建长江"零公里"最优、最美酿酒生态圈，打造世界优质浓香白酒主产区，加快建成世界级优质白酒产业集群，为"中国白酒之都"加快建设现代化区域中心城市提供核心产业支撑。

泸州市发布《泸州市"十四五"白酒产业高质量发展规划》，指出泸州市酒业发展将以"一体两翼"为战略引领，规划"一核三带五组团"产业空间布局，按照"两区五地两体系"发展路径实施，到"十四五"末，力争实现"三翻番"。

为打造中国白酒金三角的战略部署，做大做强沱牌舍得酒业，将沱牌镇打造成为中国白酒第一镇，射洪县政府成立中国白酒第一镇规划建设指挥部。

武威市人民政府通过规划引导和政策扶持，建设了一批以消费品为主导的区域性特色产业基地和酒类制品园区，并着力发展液体经济产业链，加快皇台酒业股份有限公司等重点企业发展步伐和品牌开发力度。

陇南市落实减税降费政策为金徽酒创新发展注入新动能。

---

[1] 四川省人民政府办公厅：《推动四川白酒产业高质量发展的若干措施》，四川省人民政府网，2021年6月11日，https://www.sc.gov.cn/10462/11555/11563/2021/7/30/8a602f80112d4c8dad45ab796b9dd0b8.shtml，2022年3月5日。

[2] 闵玲等：《"十四五"四川将实施川酒振兴"五大行动"》，《四川日报》2021年1月21日第12版。

二 中部区域政府支持政策

山西省人民政府牵头举办中国·杏花村白酒产业博览会，召开中国白酒品格论坛，以加速杏花村白酒全国范围内的推广，促进山西杏花村汾酒等企业的高质量发展。山西省吕梁市委、市政府出台一系列支持白酒产业高质量发展的相关政策，包括支持白酒企业提升改造、市场拓展、品牌培育；支持白酒企业人才队伍建设，免费培训白酒勾兑师、酿造师和技术工人；支持种植酿酒高粱，推进专业化、标准化、规模化种植；支持保障白酒产业上下游企业用地，简化优化白酒生产企业项目审批流程，旨在推进白酒产业高质量发展。

湖南省委、省政府和湘西委州政府表示全力支持酒鬼酒的发展。2020年起，湖南省委、省政府开始加大对酒鬼酒等白酒龙头企业的支持力度，湘西州、邵阳、常德等市州政府专门出台关于促进白酒产业高质量发展的政策文件。2021年，湖南省工信厅出台《关于推进白酒产业供给侧结构性改革和高质量发展的政策措施》，提出了1个总体目标（500亿元营收）、2个百亿元企业（酒鬼酒列首位）、3个核心产区（湘西产区列首位）的发展要求，明确提出要在全省白酒行业推广带有浓厚湖南元素的标杆性馥郁香型生产工艺，使其成为代表湖湘特色的白酒香型，要努力提升湘酒品牌市场影响力[①]。

安徽政府印发《促进安徽白酒产业高质量发展的若干意见》，意见指出，要围绕"产区+基地"，优化白酒产业布局；围绕"扶优+扶强"，培育一批龙头企业；围绕"数字+智能"，促进企业转型升级；围绕"低碳+循环"，推动实施绿色制造；围绕"质量+安全"，持续提升产品品质；围绕"精品+名品"，重塑安徽白酒品牌；围绕"创新+创意"，不断优化营销模式；围绕"领军+工匠"，加强人才队伍培养等措施。

三 东部区域政府支持政策

江苏省委、省政府印发了《关于支持宿迁"四化"同步集成改革推进现代化建设的意见》，明确支持"中国（宿迁）白酒之都"建设，打造江苏酿造产业园。宿迁市以经开区为产业主体，洋河酿造产业园为平台载体，积极申创江苏省特色创新（产业）示范园区。宿迁市人民政府

---

① 华声在线：《重磅政策催化下，湘酒未来"想象空间"有多大？》，2022年5月17日，https://baijiahao.baidu.com/s?id=1733048614243952788&wfr=spider&for=pc。

印发了关于宿迁市白酒质量安全提升十条措施等相关政策，从质量上把控白酒产量等措施，推动江苏洋河酒厂股份有限公司、江苏今世缘酒业有限公司等白酒上市企业高质量发展。

衡水与常德两地工商联（总商会）签订《缔结友好商会战略合作协议书》，整合优质资源，搭建平台载体，增强拓展合作领域。

从上述政策措施来看，各区域地方政府对白酒产业均持支持态度，通过出台优惠政策、支持开展相关产销会、建立白酒产业园区、加强区域间合作等措施推动白酒上市企业发展。

第四章 中国白酒产业指标体系构建及阐释、高质量发展测度及分析

第一节 中国白酒产业指标体系构建及阐释

一 中国白酒产业高质量发展指标构建

对白酒上市企业的高质量发展评价指标选择应具备科学性原则、针对性原则、系统性原则、可操作性原则和前瞻性原则。

(1) 科学性原则。白酒高质量发展指标体系的构建应具备科学性和合理性,要能全面反映白酒产业高质量发展的客观现实。对于指标选取不宜过简,过简的指标体系易造成信息遗漏,测度不全面;指标选取也不宜过多或是过细,以免出现信息重叠,反映不客观。

(2) 针对性原则。观测指标的选取,佟启良和王义润在1986年已提出要克服指标选取的盲目性,对所研究的课题从主题出发,要具备针对性,尽可能地选择一些可以直接地、客观地反映研究对象和研究目标的本质体现[1]。测度指标有的是定性指标,有的是定量指标,两个往往不可分,针对研究主题和研究对象的特征进行针对性的指标选取,是研究人员进行观测指标选取的重要原则之一。

(3) 系统性原则。每个具体的评价指标都应该放到整个评价体系中,把白酒产业高质量发展视为一个整体系统,而评价的每项指标均是为整体目标而设定的,非独立存在。使选取的指标具备层次性又具备内在的关联性,构建的指标体系对目标系统能够覆盖全面且平衡。

---

[1] 佟启良、王义润:《科学研究选定测试指标要有针对性》,《中国运动医学杂志》1986年第2期。

第四章 中国白酒产业指标体系构建及阐释、高质量发展测度及分析 / 93

（4）可操作性原则。在进行指标设定时应该考虑在研究范畴之内具备可操作性，白酒产业高质量发展的指标构建不仅要具备重要的理论研究价值，同时还应具备实践应用价值。因此在指标选取和设计过程中应考虑简洁、方便、有效、实用的指标，尽可能考虑数据的可获取性，根据研究对象实际情况进行指标更新。

（5）前瞻性原则。在构建白酒产业高质量发展指标体系时，以可持续发展思想为指导，考虑统计指标对各经济主体产生的影响，不仅是企业自身的可持续发展情况，还应包括对社会、经济与自然环境的影响。因此白酒产业高质量发展指标体系的建立与完善，要有利于计算白酒产业发展经营分析的指标和对外界环境和社会影响的指标。

本书基于指标选取的科学性原则、针对性原则、系统性原则、可操作性原则和前瞻性原则，借鉴前人的研究①，从企业的管理与治理、企业经营能力、企业社会影响力、企业财务质量四个维度，共37个明细指标组成的白酒产业高质量发展评价指标体系，详见表4-1。

表4-1　　　　白酒产业高质量发展评价指标体系

目标层	一级指标	二级指标	明细指标	单位	反映问题	指标性质
白酒产业高质量发展	企业管理与治理	管理与治理机制	年度股东大会股东出席比率	%	治理机制	正
			高管薪酬占比	%	激励机制	正
			独立董事占比	%	监督机制	正
			代理问题严重程度	%	外部接管机制	负

---

① 陶莹：《白酒企业社会责任与竞争力关系的实证研究——以价值链为视角》，《西南交通大学学报（社会科学版）》2018年第1期。

陈一君、胡文莉、武志霞：《白酒企业绩效评价指标体系构建与评价方法——基于BSC和熵权的改进TOPSIS模型》，《四川轻化工大学学报（社会科学版）》2020年第5期。

曾绍伦、王强：《白酒上市公司质量评价及高质量发展路径研究》，《四川轻化工大学学报（社会科学版）》2020年第2期。

王瑶、黄贤环：《企业高质量发展的指标体系构建与实现路径》，《统计与决策》2021年第12期。

陈一君、甘宇、刘妍：《白酒企业高质量发展评价指标体系构建与测度——一种包含协调度的熵权改进TOPSIS模型》，《四川轻化工大学学报（社会科学版）》2022年第2期。

续表

目标层	一级指标	二级指标	明细指标	单位	反映问题	指标性质
白酒产业高质量发展	企业管理与治理	管理与治理机制	股权集中度	%	代理权竞争机制	适度
			财务报告内部控制审计意见	-	内部控制机制	正
	企业经营能力	创新驱动发展	研发人员投入强度	%	创新投入	正
			大专及以上人才占比	%	人力资源	正
			研发经费投入强度	%	创新投入	正
			员工人均营收比	%	创新强度	正
			无形资产增长率	%	创新产出	正
		企业竞争力	总资产	万元	规模子因素	正
			净利润	万元	规模子因素	正
			营业收入增长率	%	增长子因素	正
			净利润增长率	%	增长子因素	正
			总资产收益率	%	效率子因素	正
		资源配置效率	酿酒增长率	%	生产水平	正
			全要素生产率	-	要素配置效率	正
	企业社会影响力	环境保护	污染物排放达标	-	环境保护	正
		社会责任	企业支付税收占比	%	税收贡献	正
			基本每股收益	元	投资贡献	正
			职工工资占比	%	员工权益	正
			捐赠收入比	%	社会贡献	正
			提高岗位增长率	%	就业贡献	正
		产品服务质量	是否披露安全生产内容	%	安全重视度	正
			大客户收入比	%	客户满意度	适度
			市场占有率	%	业务市场份额	正
			酒类销售收入占比	%	业务重心	正
	企业财务质量	企业绩效	流动比率	%	偿债能力	正
			资产负债率	%	偿债能力	负
			应收账款占比	%	营运能力	负
			存货周转率	次	营运能力	正
			成本费用利润率	%	盈利能力	正

续表

目标层	一级指标	二级指标	明细指标	单位	反映问题	指标性质
白酒产业高质量发展	企业财务质量	企业绩效	营业利润率	%	盈利能力	正
			总资产增长率	%	发展能力	正
			资本积累率	%	发展能力	正
		财务风险	Z值	—	财务风险程度	正

二　中国白酒产业高质量发展指标阐释

（一）企业管理与治理

有效的管理与治理机制是实现企业实现高质量发展的重要前提和保障，同时有助于优化资源、提高管理效率和质量。如今企业存在的一个现象是两权分离，即所有权与经营权分离，容易因两主体利益诉求不同而产生代理问题，阻碍企业健康发展。本书主要从治理机制、激励机制、监督机制、外部接管机制、代理权竞争机制以及内部控制机制对企业的管理与治理进行评价。

其中，治理机制以年度股东大会股东出席比率进行衡量，出席股东大会是股东主动行使权力和参与公司治理的主要方式之一[1]，具体以股东大会出席股东股份占总股份的比例表示；激励机制以高管薪酬占比考察，高管薪酬一定程度上可以缓解代理问题，实现所有权和经营权的利益相一致，具体由前三大高管薪酬总和占高管薪酬总额的比重表示；监督机制以独立董事占比反映，具体由独立董事人数占董事会总人数的比重表示；外部接管机制以代理问题严重程度反映，以管理费用占营业收入比重表示；代理权竞争机制以股权集中度反映，以第一大股东持股比例反映；内部控制机制以财务报告内部控制审计意见类型来表示，其中持否定意见并加以说明计0分；无法发表意见计1分；保留意见并强调事项计2分；无保留意见和强调事项计3分；标准无保留意见计4分。

（二）企业经营能力

企业经营能力的强弱，可以从企业创新驱动发展、企业竞争力、资

---

[1] 黄泽悦、罗进辉、李向昕：《中小股东"人多势众"的治理效应——基于年度股东大会出席人数的考察》，《管理世界》2022年第4期。

源配置效率进行衡量。创新是驱动企业高质量发展的根本动力，加强企业自主创新能力建设，提升企业创新水平；企业竞争力是企业发展的有力支撑，提升企业竞争力，支撑企业高质量发展；提高企业资源配置效率助推企业高质量发展。

白酒企业的创新主要体现在创新投入与创新产出上，其中企业创新投入主要包括对新产品研发、新的酿酒技术研发以及对酿酒设备更新改造等。创新产出则表现为由于创新所带来的新产品、新技术或新工艺，反映为企业的创新技术。因此，本书以研发人员投入强度、研发经费投入强度反映企业创新投入水平；以大专及以上人才占比反映人力资源；以员工人均营收比反映创新强度；以无形资产增长率反映创新产出水平。其中，研发人员投入强度以研发人员占员工总数的比重表示；研发经费投入强度以研发支出占资产总额比重表示；大专及以上人才占比以大专学历及以上员工占总员工比重表示。

企业竞争力，从企业竞争程度看，我国白酒行业处于成熟阶段，行业整体素质参差不齐，多数企业集中于低端产品，现有企业竞争激烈。白酒企业需要提升自身竞争力，进而提升白酒行业的整体水平；从白酒类型来看，我国白酒企业白酒产品类型较多，形成了多元化产品竞争体系。综上，本书选择用资产总计和净利润考察规模子因素；用营业收入增长率和净利润增长率考察增长子因素；用总资产收益率考察效率子因素。

资源配置效率，由于资源的有限性，因此企业在生产经营活动中必须提高对资源的配置效率，在企业高质量发展中体现资源的有效利用最大化地发挥其价值。主要从生产水平和要素配置效率两个方面进行考察。企业资源配置效率的高低以 LP 方法计算的全要素生产率来反映；生产水平以酿酒增长率来反映。

（三）企业社会影响力

白酒产业高质量发展不仅考虑企业自身的可持续发展情况，还应包括对社会、经济与自然环境的影响。企业承担推动国民经济和社会美好发展的重要责任，一是影响人们美好生态环境，二是为社会提供就业岗位和为国家支付税收，三是提供高质量的产品和服务。本书从环境保护、社会责任、产品服务质量三个方面对企业社会影响力进行评价。

第四章　中国白酒产业指标体系构建及阐释、高质量发展测度及分析 / 97

企业要注重生态环境的保护，注重绿色可持续发展。本书以污染物排放达标与否来反映。

社会责任，企业承担社会责任的重大价值，往往是通过企业声誉与企业形象、企业品牌以及企业竞争力的作用而对长期经济绩效产生影响的。因此本书选择从税收贡献、投资贡献、员工权益、社会贡献和就业贡献五个方面考察企业的社会责任承担情况。其中以企业支付税收占比反映税收贡献，具体由支付各项税费占资产总额比重来表示；用基本每股收益代表投资贡献；用职工工资占比表示员工权益，具体以总支付职工工资占资产总额的比重来表示；用捐赠收入比表示社会贡献，具体以企业本年对外捐赠占本年营业收入比重表示；用提高岗位增长率表示就业贡献。

产品服务质量，高质量的产品和服务能够更好地满足消费者的需求，同时也是使企业在激烈的市场竞争下脱颖而出的关键。高质量的白酒产品凝聚着高质量的原辅料、工艺和存储流程；而高质量的服务是获得消费者喜爱的原因之一。因此，本书选择是否披露安全生产内容反映安全重视度；以大客户收入比反映客户满意度；以市场占有率反映业务市场份额；以酒类销售收入占比反映业务重心。

（四）企业财务质量

企业是否实现高质量发展其财务质量更直观地将其体现。企业的发展情况最终都将会在财务质量上体现。企业财务质量发展可以体现在企业绩效和企业财务风险两个方面。其中企业绩效在一定程度上反映企业经营的效率和效果。白酒企业实现高质量发展应注重财务和管理经营方面的提升。因此，本书选择从偿债能力、营运能力、盈利能力和发展能力考察白酒企业绩效。其中，以流动比率和资产负债率反映企业偿债能力；以存货周转率和应收账款占比反映企业营运能力，其中采用应收账款占比而未使用应收账款周转率，是由于贵州茅台不存在应收账款，其应收账款周转率不存在，故采用企业应收账款期末余额占企业营业收入比重来反映企业应收账款情况；以成本费用利润率和营业利润率反映盈利能力；以总资产增长率和资本积累率反映企业发展能力。在财务风险方面借鉴 Altman 以 Z 值来反映公司的财务风险程度，由营运资金占总资产之比、留存收益占总资产之比、息税前利润占总资产之比、权益市场价值占总资产之比、营业收入占总资产之比通过指标赋权计算,该 Z 值越大表示企业面对风险越小;相反,Z 值越小表示企业面对风险越大。

第二节 中国白酒产业高质量发展测度方法及结果

一 中国白酒产业高质量发展测度方法——熵权法

熵权是一种客观赋权法,通过信息熵理论确定权重,避免了人为因素的干扰,能够较为客观地反映各评价指标在综合评价体系中的重要性。用来判断某个指标的离散程度,"熵"作为不确定性的一种度量。信息量越大,不确定性就越小,熵也就越小。因此,本书选择熵权法计算各指标权重,具体步骤如下:

(一)原始数据标准化处理

用于各指标数据的特征的量纲和数值量级不同,通过标准化处理可使不同特征具有相同尺度,消除量纲关系的影响,使数据具有可比性。标准化处理最常用的方法有"最小—最大标准化"(极差法)和 Z-score 标准化。本书由于各项指标数据的最大值、最小值可知,避免标准化过程产生负数的影响,所以选取极差法对数据进行标准化处理。由于指标属性不同,有正向指标、负向指标、适度指标,本书对不同性质的指标采取标准化处理的计算如下。

对于正向指标数据标准化处理:

$$Z'_{ij} = \frac{Z_{ij} - Z_{min}}{Z_{max} - Z_{min}}$$

对于负向指标数据标准化处理:

$$Z'_{ij} = \frac{Z_{max} - Z_{ij}}{Z_{max} - Z_{min}}$$

对于适度指标数据标准化处理:

$$Z'_{ij} = \begin{cases} \left(1 - \frac{Z_{ij} - Z_{mean}}{Z_{max} - Z_{min}}\right), & Z_{ij} > Z_{mean} \\ \left(1 - \frac{Z_{mean} - Z_{ij}}{Z_{max} - Z_{min}}\right), & Z_{ij} \geq Z_{mean} \end{cases}$$

设原矩阵为 Z=(Z_{ij})_{m×n}(i=1, 2, …, m; j=1, 2, …, n), 式中, Z_{ij} 表示第 i 个样本的第 j 项指标。标准化处理后的决策矩阵为 Z′=(Z′_{ij})_{m×n}(i=1, 2, …, m; j=1, 2, …, n), 其中 Z'_{ij} 表示标准化处理后的第 i 个样本的第 j 项指标。式中的 Z_{max}、Z_{min}、Z_{mean} 分别表示极大值、极小值、行业均值。

(二) 确定第 j 项指标的指标比重 P_{ij}

$$P_{ij} = \frac{Z'_{ij}}{\sum_{i=1}^{n} Z'_{ij}}$$

(三) 确定指标熵值 e_j

$$e_j = -\ln(n)^{-1} \times \sum_{i=1}^{n} (P_{ij} \cdot \ln P_{ij})$$

(四) 确定指标的信息效用值 a_j

$$a_j = 1 - e_j$$

(五) 确定指标权重 W_j

$$W_j = \frac{a_j}{\sum_{j=1}^{n} a_j}$$

(六) 计算高质量发展综合评价指数 H

$$H = \sum_{j}^{n} Z'_{ij} \cdot W_j, \quad j = 1, 2, …, n$$

二 样本选取与数据来源

截至 2022 年，中国 A 股白酒上市企业有二十家，其中岩石股份在 2018 年下半年才开始经营白酒销售，2019 年，岩石股份进行战略调整，确定向白酒行业转型，主动剥离非白酒行业，在 2021 年第一季度岩石股份成为产、供、销一体化的酱香型白酒。由于岩石股份经营白酒业务时间较短，不具备可比性，不纳入本书研究对象。以贵州茅台、五粮液、泸州老窖等 19 家白酒上市企业为研究对象，以 2016—2021 年为时间范畴，对中国白酒产业高质量发展进行研究。其中数据来源于各上市企业年度报告、CSMAR 数据库、WIND 数据库和中国白酒网。

三 中国白酒产业高质量发展测度结果

采用熵权法测得 2016—2021 年我国白酒上市企业高质量发展水平指数如表 4-2 所示。

表 4-2　　我国白酒上市企业质量综合水平指数（排名）

简称＼年份	2016	2017	2018	2019	2020	2021	均值
贵州茅台	0.682（1）	0.716（1）	0.625（1）	0.674（1）	0.643（1）	0.738（1）	0.680（1）
五粮液	0.422（2）	0.449（2）	0.399（2）	0.473（2）	0.421（3）	0.527（2）	0.448（2）
泸州老窖	0.409（3）	0.355（5）	0.312（5）	0.393（3）	0.428（2）	0.337（5）	0.372（3）
古井贡酒	0.377（4）	0.358（3）	0.321（4）	0.315（6）	0.292（5）	0.342（4）	0.334（4）
洋河股份	0.355（5）	0.358（4）	0.298（6）	0.329（4）	0.262（7）	0.302（8）	0.317（5）
山西汾酒	0.293（8）	0.299（8）	0.230（9）	0.288（8）	0.293（4）	0.346（3）	0.291（6）
伊力特	0.281（9）	0.308（7）	0.290（7）	0.325（5）	0.286（6）	0.242（12）	0.289（7）
金徽酒	0.296（7）	0.271（11）	0.261（8）	0.309（7）	0.239（8）	0.272（9）	0.275（8）
口子窖	0.245（12）	0.288（10）	0.216（10）	0.281（9）	0.190（14）	0.262（10）	0.247（9）
水井坊	0.247（11）	0.237（13）	0.201（12）	0.271（11）	0.191（13）	0.325（6）	0.245（10）
迎驾贡酒	0.320（6）	0.312（6）	0.198（13）	0.229（16）	0.162（17）	0.233（14）	0.242（11）
今世缘	0.249（10）	0.237（12）	0.215（11）	0.271（10）	0.219（9）	0.238（13）	0.238（12）
天佑德酒	0.216（13）	0.293（9）	0.185（15）	0.242（12）	0.164（16）	0.200（15）	0.217（13）
老白干酒	0.184（16）	0.175（17）	0.342（3）	0.162（19）	0.176（15）	0.169（17）	0.201（14）
舍得酒业	0.158（17）	0.199（14）	0.142（18）	0.184（17）	0.200（11）	0.316（7）	0.200（15）
顺鑫农业	0.195（15）	0.174（18）	0.197（14）	0.239（13）	0.196（12）	0.182（16）	0.197（16）
酒鬼酒	0.130（18）	0.175（16）	0.153（17）	0.235（14）	0.207（10）	0.255（11）	0.192（17）
金种子酒	0.201（14）	0.186（15）	0.175（16）	0.166（18）	0.136（18）	0.101（18）	0.161（18）
*ST 皇台	0.095（19）	0.166（19）	0.072（19）	0.224（15）	0.105（19）	0.082（19）	0.124（19）
白酒产业	0.282（—）	0.292（—）	0.254（—）	0.294（—）	0.253（—）	0.288（—）	—

如图 4-1 所示，2016—2021 年，白酒产业整体呈现轻微"升—W"的变化趋势，且整体的发展水平不高，白酒产业高质量发展水平介于 0.253—0.294。2016—2021 年存在"锯齿"波动，有轻微上升的趋势，白酒产业高质量发展水平由 2016 年的 0.282 微升到 2021 年的 0.288，

增幅为2.13%。中国白酒产业高质量发展水平不稳定，呈现"升—W"的趋势变动。白酒产业经过黄金发展期和深度调整期后，从2016年下半年开始复苏，进入复苏回暖期，白酒产业整体呈现量价齐升，总体质量亦有所回升。但是从2018年规模以上白酒企业销售总额亦可见白酒销售总额存在下降趋势，由2017年的5654.42亿元降至2018年的5363.83亿元，白酒产业收入与利润增速均放缓，同比下降5.14%，2018年除了老白干和顺鑫农业外，其余17家上市酒企的高质量发展综合指数均出现下降的趋势，导致2018年中国白酒产业高质量发展水平整体出现轻微下降的趋势。2020年，受新冠疫情冲击，在原本春节期间畅销的白酒，送礼聚会消费场景被取消，再加上白酒产业调整变化，白酒产区向名酒产区与特色产区集中，品牌也在向名酒品牌和区域品牌集中，对2020年的中国白酒产业高质量发展存在一定的影响。但从2016年到2021年中国白酒产业高质量发展来看，白酒产业高质量发展还是存在轻微的增长。

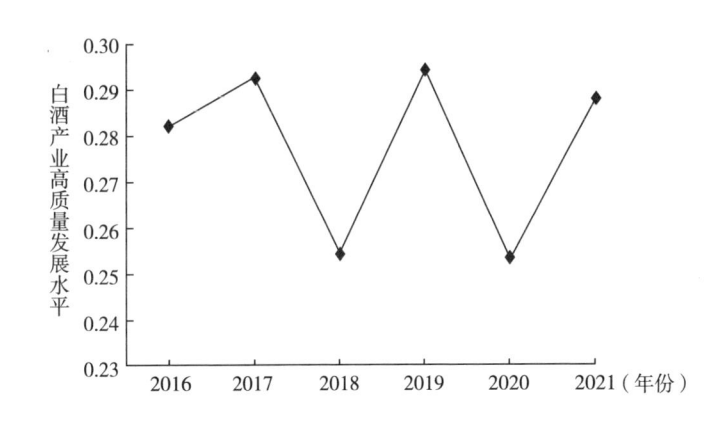

图4-1　2016—2021年白酒产业高质量发展水平

企业与企业之间的高质量发展水平差距较大，存在发展不平衡的问题。图4-2展示了2016—2021年19家白酒上市企业高质量发展水平，可见白酒企业高质量发展水平存在较大的差距，其中贵州茅台高质量发展水平从2016年到2021年均排列第一，该期间贵州茅台高质量发展水平均值为0.679。高质量发展水平排名靠后的*ST皇台在该研究时间范畴内高质量发展水平均值为0.124。排名首位的贵州茅台的平均高质量发展水平

与排名末位的 *ST 皇台的平均高质量发展水平相差 0.555，可见企业与企业之间的高质量发展水平差距较大，存在发展不平衡的问题。其中，差距最大的是 2021 年，发展排名第一的企业与发展排名最后的企业相差 0.656；差距最小的年份是 2019 年，该年度发展排名第一的企业与发展排名最后的企业相差 0.513。方差最大的年份是 2021 年，其值为 0.021；方差最小的年份是 2019 年，其值为 0.013。2016—2021 年，19 家白酒上市企业高质量发展水平介于 0.072—0.738，亦可见企业高质量发展水平分布较分散，存在较大差异。

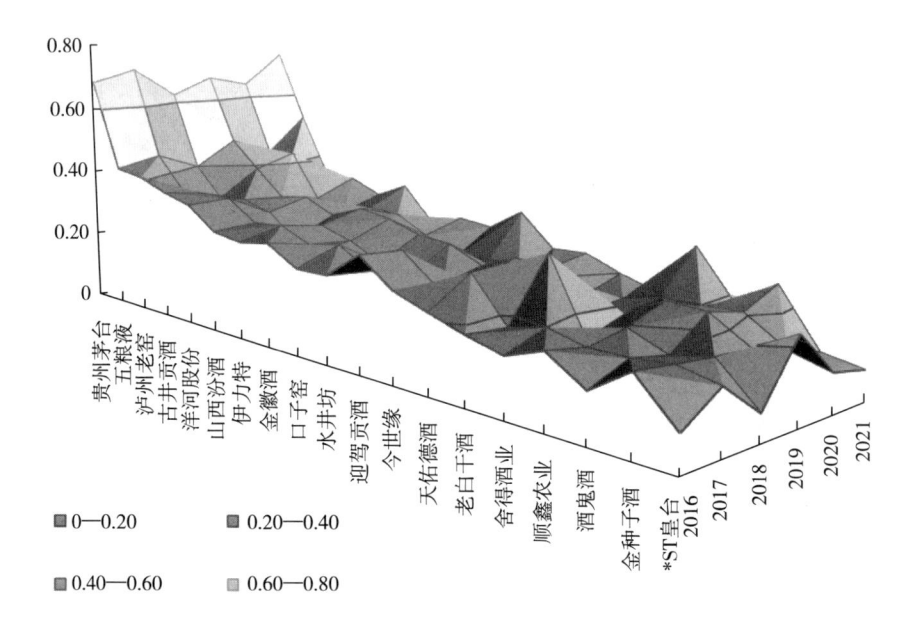

图 4-2　2016—2021 年白酒上市企业高质量发展水平

部分白酒企业高质量发展水平存在较大波动。其中舍得酒业高质量发展水平由 2016 年的 0.158 上升至 2021 年的 0.316，增长率达 100.112%；酒鬼酒高质量发展水平由 2016 年的 0.130 上升至 2021 年的 0.255，增幅达 96.360%；2018 年老白干高质量发展水平增长率达 95.501%；水井坊高质量发展水平由 2016 年的 0.247 上升至 2021 年的 0.325，增幅达 31.303%；五粮液高质量发展水平由 2016 年的 0.422 上升至 2021 年的 0.527，增幅达 24.847%；金种子高质量发展水平由 2016 年的 0.201 下降至 2021 年的 0.101，降幅达 49.971%；迎驾贡酒高质量发展水平由 2016 年的 0.320 下降至 2021 年的 0.233，降幅达 27.350%。2016—2021 年，白酒上市企业高质量发展水平增长率处于-10%—10%的企业仅有 8 家，亦可见部分白酒上市企业高质量发展水平存在较大波动。从考察期每年的高质量发展水平排序的变动亦可见部分企业高质量水平发展存在较大的变动。2016—2021 年，贵州茅台高质量发展水平一直处于行业的第一位，五粮液高质量发展水平处于行业的第二位（2020 年排名第三）。19 家白酒上市企业在该期间排名变动大于 4 位的有 10 家，其中老白干酒、舍得酒业、迎驾贡酒排名波动较大，排名分别变动了 16 名、11 名、11 名。

第三节　中国白酒产业高质量发展分析

一　中国白酒产业高质量发展总体分析

2021 年，白酒行业持续进行高端化、集中化、数字化发展，行业调整持续。从白酒上市企业质量综合水平指数来看，在整个研究周期中，贵州茅台以较大的优势领先其他白酒企业，高质量发展水平稳居第一位。在"十三五"时期，贵州茅台通过不断调整优化和转型升级，作为贵州省传统支柱和特色优势产业，地方先后出台多项政策支持白酒产业发展，白酒发展的外部环境持续向好，市场竞争力突出，品牌竞争力持续领先。图 4-3 是贵州茅台高质量发展水平变动图，可见贵州茅台高质量发展水平指数在考察期内呈现波浪式浮动，高质量发展水平从 2016 年的 0.682 上升到了 2021 年的 0.738，该期间贵州茅台高质量发展平均水平为 0.679，领先行业其余企业稳居第一，高质量发展水平为 0.625—0.738，但明显领先于其他白酒企业，体现出了良好的发展态势。2020 年，贵州茅台在研发人员投入强度、研发经费投入强度、营业收入增长率、酿酒增长率方面与前几年相比略有降低，对企业 2020 年高质量发展水平存在影响，但贵州茅台高质量发展水平一直处于领先地位。

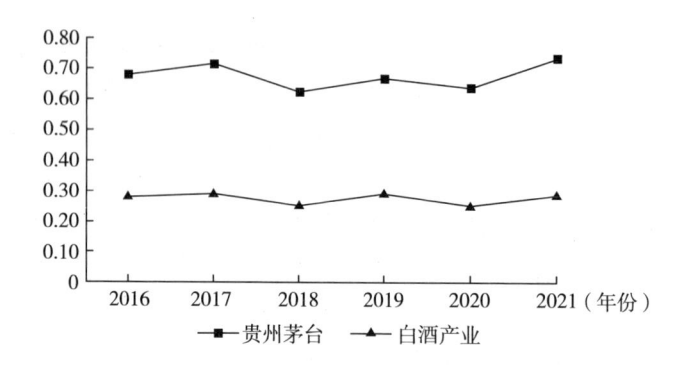

图 4-3　2016—2021 年贵州茅台高质量发展水平

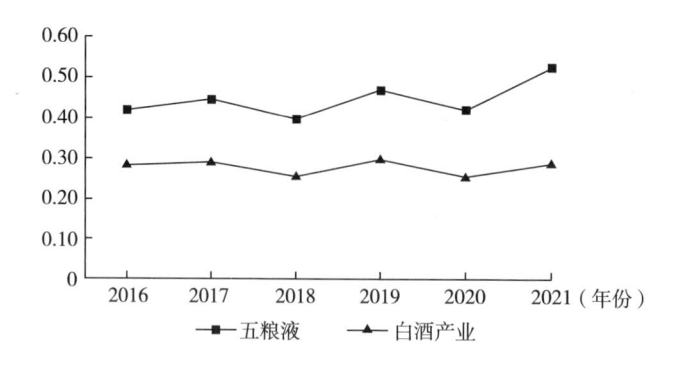

2016—2021 年，五粮液高质量发展平均水平为 0.448，在白酒产业内高质量发展水平均值中排名第二，除 2020 年外近年高质量发展水平也一直稳居第二。五粮液高质量发展水平为 0.399—0.527，整体呈现波动上升的趋势。五粮液高质量发展水平由 2016 年的 0.422 上升至 2021 年的 0.527，增长率为 24.89%。2018 年，一方面受同行业的影响，使标准化数值被稀释，另一方面由于经济运行处在战略机遇期，面对复杂严峻的宏观经济形势，五粮液的发展水平指数出现缓冲。2020 年，是极不平凡的一年，新冠疫情局势紧迫，一手抓疫情防控、一手抓复工复产，通过紧跟市场新动向，抢抓发展新机遇，落实高质量发展新要求，着力补短板、拉长板、升级新动能，2021 年，五粮液各指标表现较为良好，其中无形资产增长率高达 28.32%，酿酒增长率达 18.82%，出现较好的向好趋势。与白酒产业相比，2016—2021 年，五粮液高质量发展均处于较高水平，一直领先于白酒产业平均水平。

图 4-4　2016—2021 年五粮液高质量发展水平

泸州老窖高质量发展水平从2016年的0.409下降到2021年的0.337，下降幅度为17.60%。2016—2021年，泸州老窖高质量发展水平为0.312—0.428，平均水平为0.372，处于白酒上市企业高质量发展水平均值的第三位，呈现出"降—升—降"的发展趋势。泸州老窖高质量发展水平与白酒产业相比，优于产业高质量发展水平。2018年，除受白酒产业其余企业的影响外，泸州老窖在研发人员投入强度和研发经费投入强度上有所减弱，对泸州老窖高质量发展造成一定的影响。泸州老窖高质量发展水平在2020年达到考察期内的峰值，2020年，是企业决胜"十三五"的收官之年。面对突如其来的新冠疫情，泸州老窖采取一手抓疫情，一手抓复工复产，推动公司继续良性快速发展，赢得了抗击疫情和复工复产的"双胜利"。

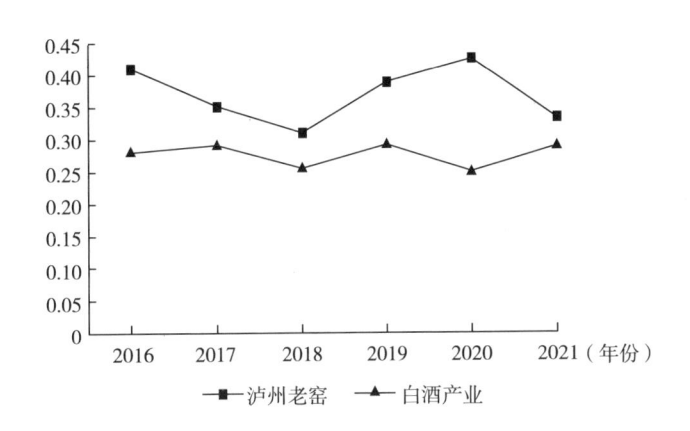

图4-5 2016—2021年泸州老窖高质量发展水平

古井贡酒在整个考察期内的发展水平指数均值为0.334，古井贡酒高质量发展水平处于0.292—0.377。如图4-6所示，古井贡酒整体呈现出下降的趋势，高质量发展水平由2016年的0.377下降至2021年的0.342，降幅为9.28%。其高质量发展水平排名处于第三名和第六名之间变动，在2019年退至第六名，在此期间新冠疫情的暴发对白酒企业是一次强压力考验。古井贡酒存在阶段性经营压力，上半年以消化市场库存为主，下半年伴随酒类消费进一步分化和降频从而导致其发展水平下滑。2021年，是新冠疫情防控常态化的一年，古井贡酒收购了明光酒业60%的股权，进一步巩固了其在省内龙头的地位，形成了"三大产品，四种香型"的格局。开展酿酒实验研究进一步提升生产工艺，在 2021 年获得发明专利 3 项并且着力推动数字化建设，通过经营管理的优化调整，古井贡酒高质量发展水平在 2021 年出现回升。

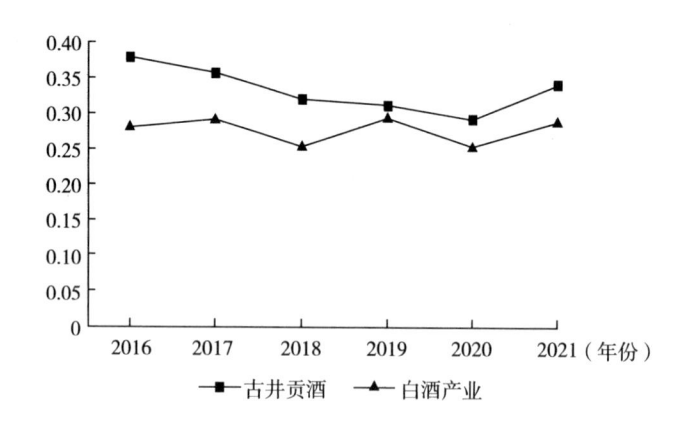

图 4-6 2016—2021 年古井贡酒高质量发展水平

洋河股份高质量发展水平从 2016 年的 0.355 下降到 2021 年的 0.302，下降幅度为 14.93%。2016—2021 年，洋河股份高质量发展水平处于波动下降的趋势，该期间均值为 0.317，处于中国各白酒上市企业高质量发展水平均值的第五位。如图 4-7 所示，洋河股份的高质量发展水平处于白酒产业高质量发展水平之上，但随时间推移两者不断趋近。在 2020 年降到最低值 0.262，在 2021 年出现轻微回升，但总体呈现下降趋势。2020 年，不论是营业收入的增速还是总资产增长率的增速均出现下降。市场竞争加剧，随着行业集中度的不断提升，行业逐步进入加速竞争阶段，各名酒企业纷纷加快全国化拓展步伐，在品牌、渠道、营销、数字化及组织五个方面呈现出新变化。同时本次疫情持续时间长且范围广，对消费者的消费观念与消费行为产生了深远影响，促使消费者更加注重健康生活理念，"少喝酒，喝好酒"成为消费新趋势，从而影响洋河股份在该时期的高质量发展水平下降，但考察期内始终领先于白酒产业平均高质量发展水平。

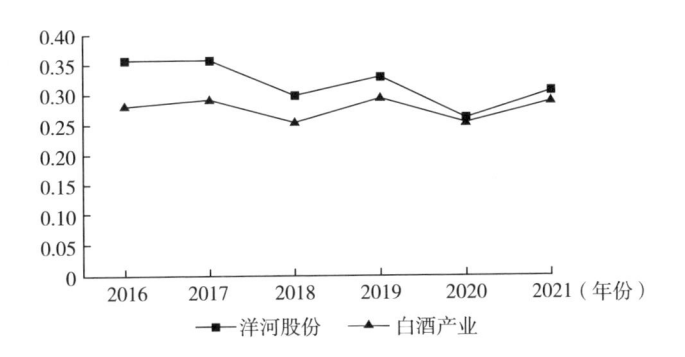

图 4-7　2016—2021 年洋河股份高质量发展水平

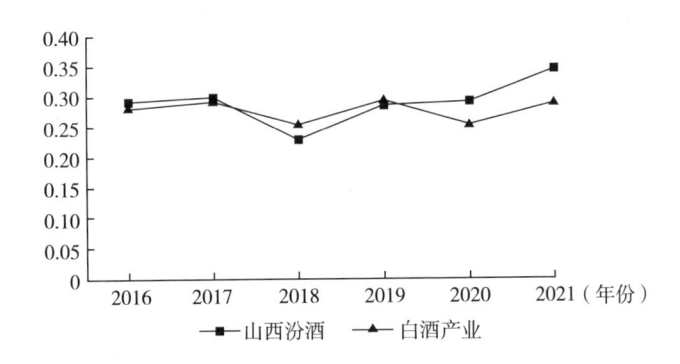

如图 4-8 所示，2016—2021 年，山西汾酒高质量发展水平呈现上升趋势，从 2016 年的 0.293 上升至 2021 年的 0.346，增长率达到 18.01%，总体呈现波动上升的趋势。2018 年山西汾酒无形资产增长率和 Z 值有所降低，本年度受白酒产业其余企业的影响，对山西汾酒 2018 年高质量发展水平产生一定影响。2019 年，山西汾酒加速省外扩张放量，2021 年，企业对产品战略进行了调整，从"两头带中间"向"拔中高控低端"转变，更加强调对中高端产品的布局。青花系列是山西汾酒持续高增的重要驱动力，加大青花 30 推广力度、促进规模化发展。通过走向高端化和结构升级，山西汾酒高质量发展水平出现较明显的提升。

图 4-8　2016—2021 年山西汾酒高质量发展水平

伊力特高质量发展水平由 2016 年的 0.281 下降到 2021 年的 0.242，下降幅度为 17.88%。2016—2021 年，伊力特高质量发展水平介于

0.242—0.323，呈现先上升后下降的变化趋势，平均高质量发展水平为0.288，平均水平处于白酒产业第七位。2019 年，伊力特高质量发展水平达到了顶峰，值为 0.323。与白酒产业相比较，伊力特在考察期内高质量发展水平基本高于行业整体水平，在 2020 年和 2021 年出现较为明显的低于行业水平的现象。2020—2021 年，受新冠疫情影响，白酒产品动销停滞，加之新疆物流停运较早，致使收入、利润下滑，2020 年，本地市场营收状况有所下降，2021 年，外地市场营收状况有所下降；公司固定成本攀升及酿酒部分原料上涨，致使伊力特营业成本上升。2020 年，伊力特在研发人员投入强度和成本费用利润率指标的表现有所减弱，营业收入增长率、净利润增长率、酿酒增长率呈现负增长；2021 年，伊力特营业收入增长率和存货周转率较低、净利润呈现负向增长影响伊力特高质量发展水平。

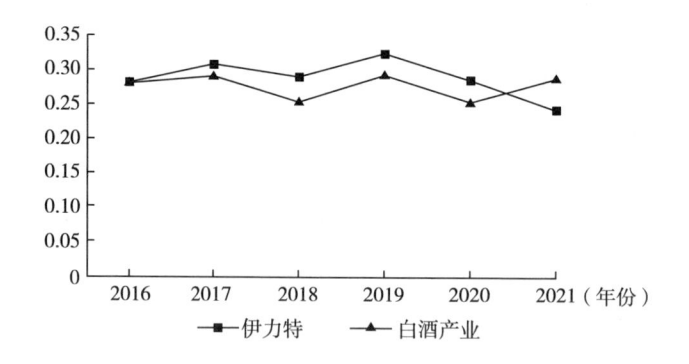

图 4-9 2016—2021 年伊力特高质量发展水平

2016—2021 年，金徽酒高质量发展水平呈现"W"形的变化趋势，但整体呈现轻微下降，高质量发展水平从 2016 年的 0.296 下降至 2021 年的 0.272，降幅为 8.11%，在该考察期金徽酒高质量发展水平介于0.239—0.307，平均高质量发展水平为 0.275，平均水平处于白酒产业第八位。在考察期内，金徽酒的高质量发展水平始终在白酒产业高质量发展水平上下浮动。金徽酒全面优化产品结构，保持稳定向上的发展态势，市场区域、产品结构等指标持续优化，通过产品结构调整及成本控制。采取老产品提质提价，同时推出新产品的策略，2019 年，高档酒销售量与销售收入稳步提升，中、低档酒销量随着公司主动优化，带动公司产品吨价提升，金徽酒高质量发展水平各项指标情况好转，出现向好的趋势。2020年，由于市场竞争和疫情不确定性加剧的双重压力，白酒产量下滑，并且出现存货积压迹象，大量的存货引发了存货周转问题，产品吸引力下滑，不利于金徽酒高质量发展。

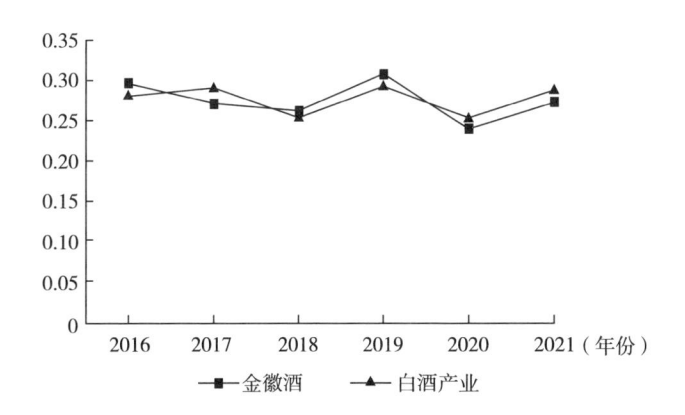

图4-10 2016—2021年金徽酒高质量发展水平

如图4-11所示，2016—2021年口子窖高质量发展水平低于白酒产业高质量发展水平，出现"锯齿"的变化特征，高质量发展水平由2016年的0.245增长到2021年的0.262，增幅为6.93%，呈现出轻微增长趋势。2018年，受同行业企业的影响，高质量发展水平有所降低，2020年，在疫情扰动下市场竞争有所加剧的影响下高质量发展水平出现较为明显的下降，其高质量发展水平指数降至0.190，下降幅度达32.219%，该时期口子窖营业收入增长率、净利润增长率、酿酒增长率呈负增长。2021年，口子窖的高档产品有了明显改善，继续呈现增长的良好趋势，同时中低档白酒收入增长。高档白酒作为公司收入和毛利贡献最高的产品，毛利率保持稳定，公司继续提升并保持稳定的优质基酒品质，有效提高了高档白酒的产量，满足市场对高档白酒的需求，为公司盈利持续增长提供保障。2021年，口子窖营业收入增长率、净利润增长率、酿酒增长率都逐步恢复，高质量发展水平有所回升。

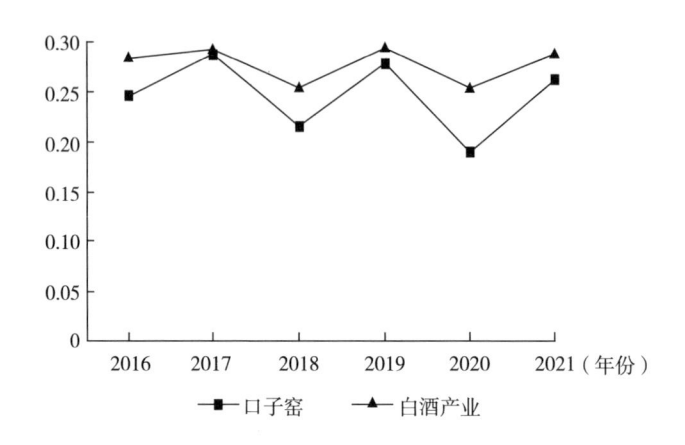

图 4-11 2016—2021 年口子窖高质量发展水平

如图 4-12 所示，2016—2021 年，水井坊高质量发展水平呈现"W"形的变动趋势，在该期间水井坊高质量发展水平为 0.191—0.325。水井坊高质量发展水平由 2016 年的 0.247 上升到 2021 年的 0.325，增幅为 31.58%，呈现增长趋势。2018 年，受白酒产业其余企业的影响，高质量发展水平有所降低。2019 年，高质量发展水平有所回升。2020 年，受疫情冲击，水井坊的市场占有率、存货周转率、资本积累率有所下降，该年度的无形资产增长率、营业收入增长率、净利润增长率、酿酒增长率均出现负增长，高质量发展水平出现下跌。2021 年，水井坊高质量发展水平达到考察期内的峰值，综合排名由第十三名上升至第六名。与白酒产业相比，除 2021 年外，2016—2020 年水井坊高质量发展水平均低于白酒产业高质量发展水平。2020 年、2021 年水井坊继续优化核心门店建设，主动控货，取消部分任务考核，对经销商和门店进行帮扶，使水井坊能平稳度过特殊时期。

如图 4-13 所示，除 2016 年和 2017 年外，迎驾贡酒高质量发展水平均低于白酒产业高质量发展水平，2016—2021 年迎驾贡酒高质量发展水平为 0.162—0.320，高质量发展水平由 2016 年的 0.320 下降至 2021 年的 0.233，降幅达 27.19%，整体呈现下降趋势。2016—2021 年，迎驾贡酒高质量发展水平均值为 0.242，平均水平处于白酒产业第 11 位。2019—2020 年，迎驾贡酒无形资产增长率呈负增长，分别为 -5.88%、-3.32%，酿酒增长率分别为 -2.13%、-13.88%；2020 年，受疫情影响，餐饮、娱

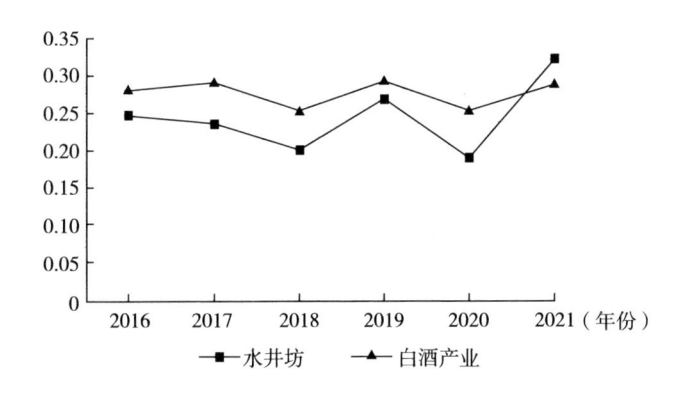

图 4-12 2016—2021 年水井坊高质量发展水平

乐等消费受到限制，迎驾贡酒营业收入增长率与净利润增长率分别为-8.6%、2.73%，该年度存货周转率下降，高质量发展水平下降。2021年，普通白酒、中高档白酒的毛利率为56.21%、76.13%，总收入中的中高档白酒的占比逐年递增，中高档白酒占总收入比重为71.51%，公司产品结构的改善使盈利能力得以提升，同时实行区域聚焦战略，实现省内省外双引擎增长，迎驾贡酒的高质量发展水平开始有所回升。

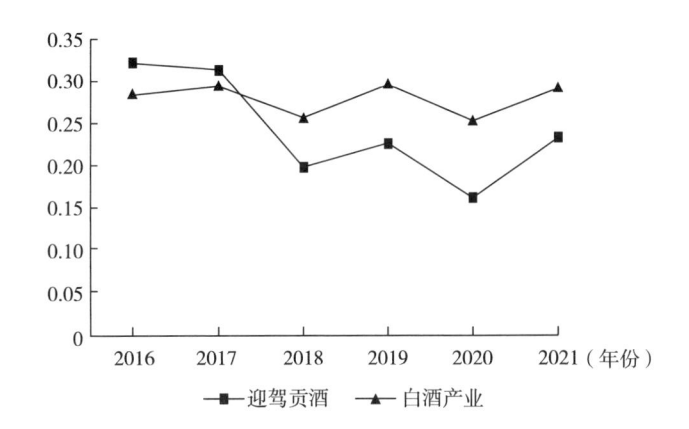

图 4-13 2016—2021 年迎驾贡酒高质量发展水平

2016—2017 年，今世缘高质量发展水平为 0.215—0.269，低于白酒产业高质量发展水平。2016—2021 年，今世缘高质量发展水平均值为 0.238，平均水平处于白酒产业第 12 位。除 2019 年外，今世缘高质量发展水平整体波动变化不明显，相较于 2016 年，2021 年出现轻微的下降，降幅达 4.329%。江苏省内的次高端白酒是处于成长期的增量市场，当前今世缘在省内苏中、苏南地区仍有增量空间。2019 年，今世缘推出高端白酒市场的形象产品 V9 系列，坚持次高端白酒市场持续扩容，聚焦"国缘"系列，卡位次高端白酒市场，实现量价齐升，顺应次高端"国缘"快速发展，营业收入增长率为 30.35%，较上年增长了 14.31%；2019 年，今世缘的总资产收益率、酿酒增长率、存货周转率、资本积累率相较于其余年份较好，高质量发展水平在考察期内达到峰值，但随后两年受疫情和市场竞争加剧影响，高质量发展水平有所下降。

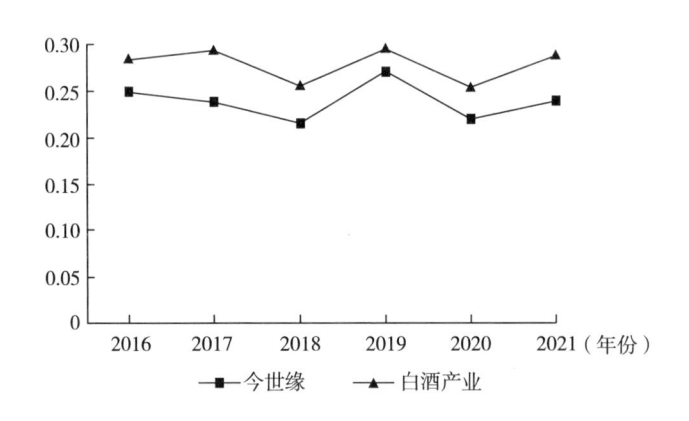

图 4-14　2016—2021 年今世缘高质量发展水平

2016—2021 年，天佑德酒（原股票简称为青青稞酒）高质量发展水平为 0.164—0.293，呈现"锯齿"下降的趋势，由 2016 年的 0.216 下降至 2021 年的 0.200，降幅为 7.41%，在整个考察期内平均高质量发展水平为 0.216，平均水平处于白酒产业第 13 位。

2016—2021 年，老白干酒高质量发展水平为 0.162—0.342；除 2018 年老白干酒高质量发展水平波动较大外，其余年份相对稳定；由 2016 年的 0.184 下降至 2021 年的 0.169，降幅为 8.15%；在整个考察期内平均高质量发展水平为 0.201，平均水平处于白酒产业第 14 位。与白酒产业高质量发展水平相比，除 2018 年表现突出，突破以往的表现，老白干酒高质量发展水平超过白酒产业高质量发展水平，其余年份均低于白酒产业高质量发展水平。2018 年，老白干酒高质量发展水平迅速上升，在

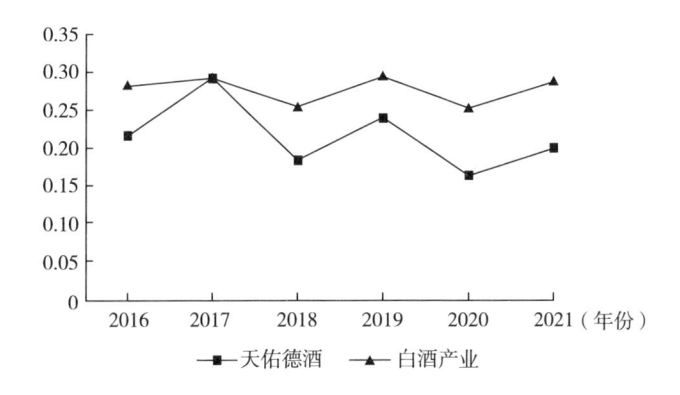

图4-15 2016—2021年天佑德酒高质量发展水平

中国白酒上市企业中排名由2017年的第17名突升至第3名。究其原因，发现2018年老白干酒的无形资产增长率、营业收入增长率、净利润增长率、酿酒增长率、岗位增长率等指标大幅变好，促使老白干酒高质量发展水平大幅提升。2018年，老白干酒的无形资产期末值比其初值增加5.832亿元，增幅为477.65%，主要原因为公司本期并购丰联酒业控股集团有限公司所致。一方面，公司不断梳理衡水老白干酒的产品线，优化产品结构，深化市场建设，使主营业务收入增长；另一方面，2018年4月，公司完成对丰联酒业的收购，对丰联酒业进行合并报表，合并范围变动带来收入增加、利润增加使老白干酒营业收入增长率高达41.34%，净利润增长率高达114.29%。收购丰联酒业后，公司资产规模迅速扩张，产能、产品、渠道、营业收入都大幅增加，酿酒增长率为56.23%，岗位增长率为119.14%。在不断增强河北省内市场竞争力的同时，有序拓展省外市场，使老白干在2018年高质量发展水平出现显著的提升。

2016—2021年，舍得酒业（原证券简称为沱牌舍得，2018年2月1日公司名称由"四川沱牌舍得酒业股份有限公司"变更为"舍得酒业股份有限公司"，变更后股票简称舍得酒业）高质量发展水平为0.142—0.316，高质量发展水平由2016年的0.158上升至2021年的0.316，增幅高达100%，呈现波动上升的趋势；在整个考察期内平均高质量发展水平为0.200，平均水平处于白酒产业第15位；舍得酒业高质量发展水平除2021年超过白酒产业高质量发展水平外，其余年份均低于白酒产业高质量发展水平。考察期内舍得酒业2021年高质量发展水平出现较为明显的

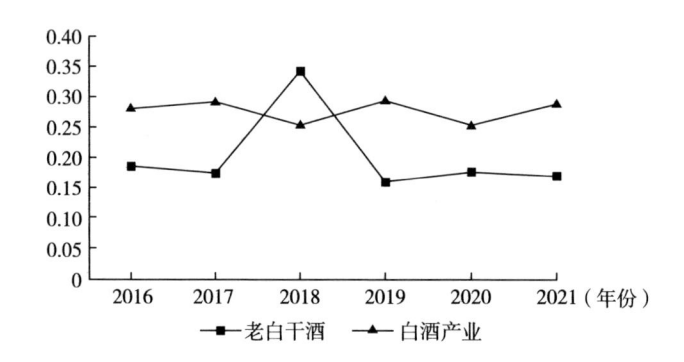

图 4-16　2016—2021 年老白干高质量发展水平

上升，高质量发展水平排名从第 11 位上升至第 7 位。2021 年，舍得酒业的无形资产增长率、营业收入增长率、净利润增长率、酿酒增长率、岗位增长率等、酒类销售收入占比、流动比率、成本费用利润率等指标大幅变好，促使舍得酒业高质量发展水平大幅提升，营业收入增长率为 83.8%，净利润增长率为 109.25%，主要是本年公司持续推进老酒战略，老酒品质进一步得到认可，经销商数量和质量提升明显，忠实消费者越来越多，销售收入增加。2021 年，舍得酒业酿酒增长率为 136.8%，其中中高档酒产量同比增长 65.85%，低档酒产量同比增长 203.75%，坚持"老酒、双品牌、年轻化、国际化"战略，优化营销组织管理模式，聚焦中高端白酒市场，持续扩大高端份额，积极布局千元以上超高端市场，舍得酒业通过收入规模和产品结构逐步提升以及费用投放更加精准，使得 2021 年舍得酒业高质量发展水平大幅提升。但是与白酒产业相比，舍得酒业高质量发展水平还处于较低位置，仅在 2021 年高于白酒产业高质量发展水平。

2016—2021 年，顺鑫农业高质量发展水平为 0.174—0.238，高质量发展水平由 2016 年的 0.195 下降至 2021 年的 0.182，降幅为 6.67%，呈现先升后降的发展趋势；在整个考察期内平均高质量发展水平为 0.197，平均水平处于白酒产业第 16 位；在考察期间顺鑫农业高质量发展水平均低于白酒产业高质量发展水平。在 2019 年顺鑫农业高质量发展水平出现较为明显的上升，上升至 0.238，2019 年顺鑫农业以产品结构升级为支点深度推进全国化营销，持续深耕三大战略发展区、整体推进样板市场群建设、加大力度推进产品结构升级，在该时期顺鑫农业的营业收入增长率、总资产增长率出现较好的提升。对比白酒产业，顺鑫农业高质量发展水平始终处于较低位置。

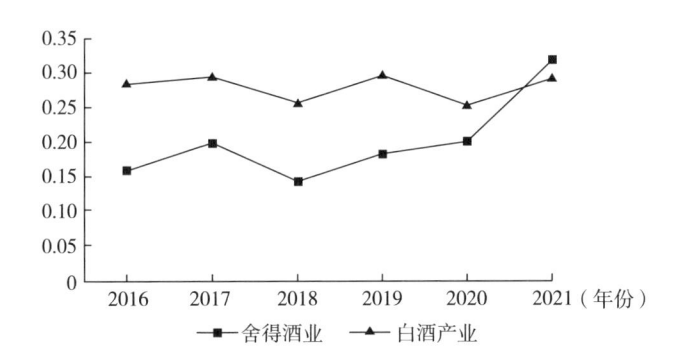

图 4-17　2016—2021 年舍得酒业高质量发展水平

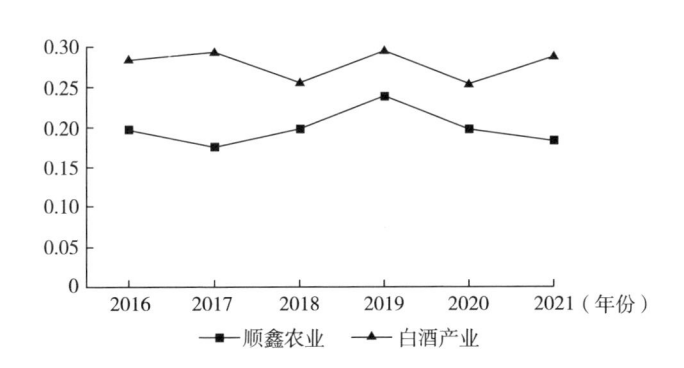

图 4-18　2016—2021 年顺鑫农业高质量发展水平

酒鬼酒在 2016—2021 年高质量发展水平为 0.130—0.255，高质量发展水平上升至 2021 年的 0.255，在整个考察期内呈现出阶梯上升的趋势；该时期内平均高质量发展水平为 0.192，平均水平处于白酒产业第 17 位；在考察期间顺鑫农业高质量发展水平虽然逐渐上升但始终低于白酒产业高质量发展水平。2018 年，受同行业市场和宏观经济形势的影响，酒鬼酒的高质量发展水平在该时期出现下降。2021 年，酒鬼酒实现营收 34.14 亿元，同比增长 86.97%，实现净利润 8.93 亿元，同比增长 81.75%。企业牢牢抓住高端、次高端扩容机遇，在中粮集团的领导下，面对错综复杂的市场形势，不断反复的疫情冲击，酒鬼酒高质量发展水平持续向好。

但对比白酒产业，酒鬼酒高质量发展水平始终处于较低水平。

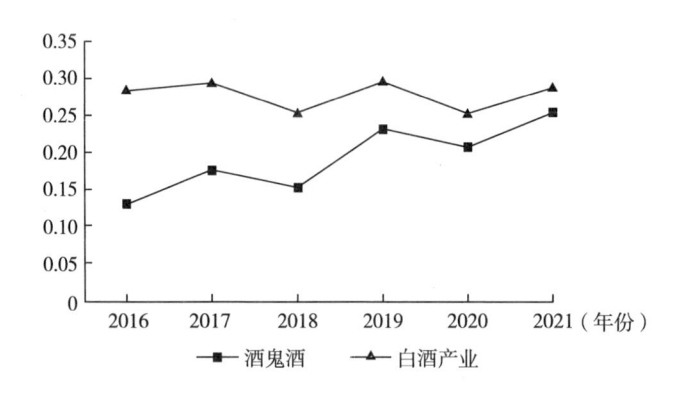

图 4-19　2016—2021 年酒鬼酒高质量发展水平

金种子酒高质量发展水平由 2016 年的 0.201 下降至 2021 年的 0.101，降幅达 49.75%。金种子高质量发展水平为 0.101—0.201，在整个考察期内呈现出下降的趋势；该时期内平均高质量发展水平为 0.161，平均水平处于白酒产业第 18 位；在考察期间金种子酒高质量发展水平始终低于白酒产业高质量发展水平。2016—2021 年，金种子各指标不稳定，从金种子中高档酒的营业收入和毛利率来看，金种子酒中高档酒的营业收入除 2021 年外逐年下滑，分别为 8.15 亿元、7.04 亿元、6.35 亿元、3.82 亿元、2.59 亿元、3.43 亿元，毛利率分别为 70.37%、68.23%、66.36%、63.92%、53.18%、51.8%。金种子酒在 2019 年以前，一直以低端酒为主，直至 2020 年开启中高端转型之路，才推出了金种子系列、金种子馥合香、醉三秋 1507 三种中高档产品，这无疑是错过了白酒行业快速发展的"黄金时期"，导致金种子酒高质量发展水平逐年下降。与白酒产业相比，金种子在考察期内高质量发展水平处于靠后位置。

*ST 皇台高质量发展水平由 2016 年的 0.095 下降至 2021 年的 0.082，下降了 13.68%。除了 2019 年外，*ST 皇台高质量发展水平排名一直处于白酒产业末尾。2016—2021 年，*ST 皇台高质量发展水平处于 0.072—0.227，存在较大的波动，该时期内平均高质量发展水平为 0.124，平均水平处于白酒产业第 19 位。2018 年，代理问题严重程度、资产负债率

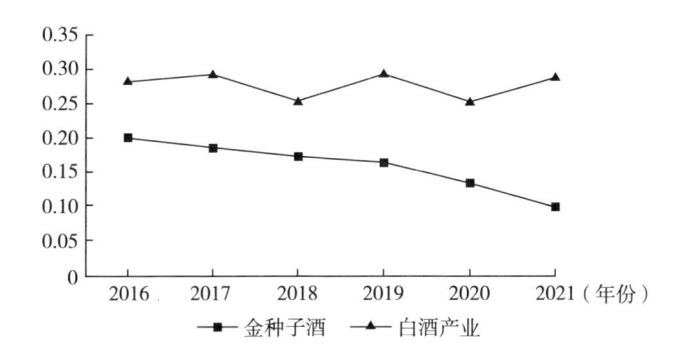

图 4-20　2016—2021 年金种子酒高质量发展水平

分别达 133.44%、179.98%，在该年度对白酒产业其余企业高质量发展产生一定的影响，同时也是造成 *ST 皇台 2018 年高质量水平下降的原因之一。2020 年，由于新冠疫情局势紧迫和市场出现新变化，其高质量发展水平出现较为明显的下降。2019 年，*ST 皇台在营收方面出现好转。*ST 皇台位于甘肃武威，在当地知名度较高，但作为区域性酒企，很难走出省内。2021 年，*ST 皇台实现营业收入 9108.81 万元，较上年同期下降 10.42%；归属于上市公司股东的净利润亏损 1355.48 万元，较上年同期下降 140.48%。经营业绩同比下降，主要原因是下半年公司所在主要销售地区受疫情管控影响，销售收入同比减少，中低端产品销售占比上升，毛利率同比降低。为持续开拓新市场和维护本地市场，销售费用和管理费用同比增加，净利润出现亏损，导致 *ST 皇台高质量发展水平始终处于较低水平。

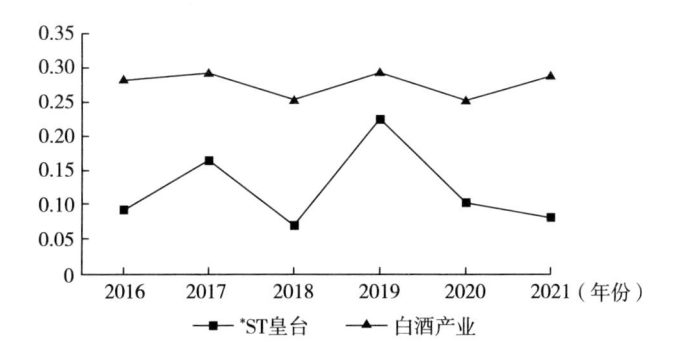

图 4-21　2016—2021 年 *ST 皇台高质量发展水平

二 中国白酒产业高质量发展之企业管理与治理分析

公司治理效率和管理能力是企业高质量发展的重要保障，有效的治理机制、激励机制、监督机制、外部接管机制、内部控制机制和代理权竞争机制能够为白酒企业实现高质量发展提供必要的制度保障。通过测算，2016—2021年中国白酒上市企业管理与治理水平如表4-3所示。

表 4-3　　中国白酒上市企业管理与治理水平

年份 简称	2016	2017	2018	2019	2020	2021	均值
贵州茅台	0.565	0.804	0.621	0.766	0.547	0.765	0.678
水井坊	0.352	0.293	0.651	0.671	0.470	0.873	0.552
伊力特	0.494	0.302	0.501	0.570	0.790	0.446	0.517
口子窖	0.633	0.637	0.475	0.585	0.262	0.500	0.515
金徽酒	0.539	0.401	0.593	0.474	0.360	0.608	0.496
五粮液	0.534	0.455	0.437	0.353	0.330	0.774	0.480
迎驾贡酒	0.616	0.453	0.438	0.502	0.266	0.557	0.472
山西汾酒	0.498	0.227	0.543	0.535	0.371	0.559	0.456
古井贡酒	0.456	0.304	0.511	0.638	0.300	0.476	0.447
洋河股份	0.483	0.419	0.407	0.421	0.270	0.606	0.434
今世缘	0.570	0.291	0.418	0.421	0.292	0.482	0.413
天佑德酒	0.519	0.545	0.317	0.301	0.265	0.407	0.392
酒鬼酒	0.225	0.209	0.328	0.531	0.435	0.388	0.353
泸州老窖	0.436	0.257	0.329	0.348	0.263	0.460	0.349
顺鑫农业	0.409	0.141	0.248	0.338	0.228	0.483	0.308
*ST 皇台	0.282	0.270	0.221	0.308	0.230	0.421	0.289
老白干酒	0.407	0.150	0.230	0.255	0.321	0.321	0.281
舍得酒业	0.168	0.192	0.247	0.308	0.179	0.383	0.246
金种子酒	0.382	0.112	0.187	0.306	0.112	0.168	0.211
白酒产业	0.451	0.340	0.405	0.454	0.331	0.509	—

如图4-22所示，2016—2021年，白酒产业管理与治理水平呈现"W"形的变化趋势，存在一定的波动，白酒产业高质量发展水平为0.331—0.509。白酒产业管理与治理水平由2016年的0.451微升到2021

年的 0.509，增幅为 12.87%。2016—2021 年，白酒产业高质量发展水平为 0.253—0.294，白酒产业管理与治理水平和高质量发展水平相比，白酒产业管理与治理水平相对较高，在高质量发展中起着牵引作用。

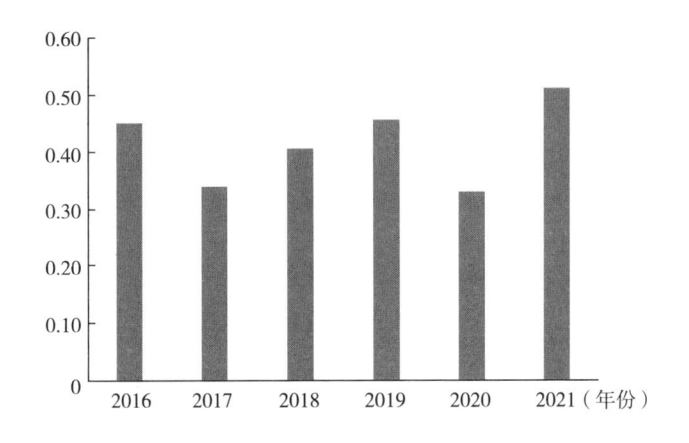

图 4-22 白酒产业管理与治理水平

　　图 4-23 展现了 2016—2021 年白酒上市企业的管理与治理水平情况。可以发现企业与企业间管理与治理水平存在较大差距，贵州茅台管理与治理水平均值在中国上市白酒企业中排名第一，均值为 0.678，与排名最后一名的金种子酒相差 0.467，可见企业与企业之间的管理与治理水平差距较大，同样存在发展不平衡的问题。差距最大的是 2021 年，发展排名第一的企业与发展排名最后的企业相差 0.705；差距最小的年份是 2018 年，该年度发展排名第一的企业与发展排名最后的企业相差 0.464。方差最大的年份是 2021 年，其值为 0.026；方差最小的年份是 2016 年，其值为 0.015。2016—2021 年，19 家白酒上市企业管理与治理水平为 0.112—0.873，亦可见企业管理与治理水平分布较散，存在较大差异。

　　部分白酒企业管理与治理水平存在较大波动。例如水井坊管理与治理水平由 2016 年的 0.352 上升至 2021 年的 0.873，增长率达 148.01%；舍得酒业管理与治理水平由 2016 年的 0.168 上升至 2021 年的 0.383，增幅达 127.98%；酒鬼酒管理与治理水平由 2016 年的 0.225 上升至 2021 年的 0.388，增幅为 72.44%；五粮液管理与治理水平 2021 年增长率达 57.367%；伊力特管理与治理水平 2021 年增长率达 31.303% 等，可见部分白酒企业管理与治理水平存在较大波动。

2016—2021年，白酒上市企业管理与治理水平增长率为-10%—10%的企业仅有4家，亦可见部分白酒上市企业的管理与治理水平存在较大波动。从考察期每年的管理与治理水平排序的变动亦可见部分企业高质量发展水平存在较大的变动。19家白酒上市企业在该期间排名变动大于4位的有15家，其中天佑德酒、水井坊、酒鬼酒、口子窖、伊力特、老白干的排名波动较大，排名分别变动了15、15、14、14、12、11名次。

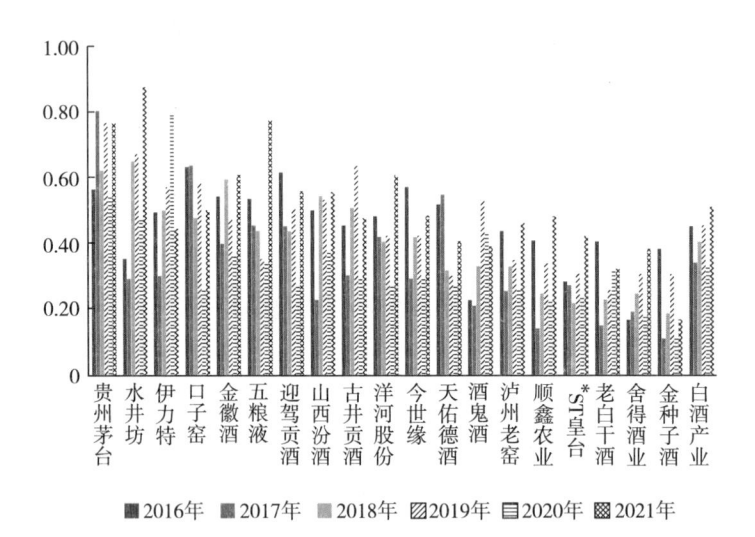

图 4-23 2016—2021年白酒上市企业企业管理与治理水平

2016—2021年，贵州茅台企业管理与治理水平为0.547—0.804，该时期企业管理与治理水平均值为0.678，平均水平处于白酒产业第1位，各年份企业管理与治理水平均优于白酒产业企业管理与治理水平。2017年，企业管理与治理指数达到了最高值，随后呈波浪式下降与上升，最终呈现出上升趋势。贵州茅台不断优化法人治理结构，通过修改公司《章程》《股东大会议事规则》《董事会议事规则》《监事会议事规则》，进一步厘清股东大会、董事会、监事会权责边界，形成各议事机构各司其职的治理模式，权责更加清晰。公司信息披露真实、准确、完整、及时、公平。董事会下设战略、审计、风险管理、提名、薪酬与考核五个专门委员会，各专门委员会按照职责开展工作。独立董事依照规定发表

第四章 中国白酒产业指标体系构建及阐释、高质量发展测度及分析 / 121

独立意见,充分发挥了作用。贵州茅台按照"一融合、两转变、三防线"的思路和原则,提升合规经营能力,为公司高质强业发展保驾护航。2021年,企业规章制度、经济合同、重大决策的法律审核率为100%。

水井坊企业管理与治理水平由2016年的0.352上升至2021年的0.873,增长率达148.01%,是中国白酒产业中企业管理与治理水平上升最为明显的企业。2016—2021年,水井坊企业管理与治理水平为0.293—0.873,存在较大波动,该时期企业管理与治理水平均值为0.552。2016年和2017年企业管理与治理水平低于白酒产业企业管理与治理水平,其余年份优于白酒产业企业管理与治理水平,在考察期内总体呈上升趋势。水井坊不断完善公司法人治理结构,制定、修订各项管理制度,积极履行信息披露义务,加强内幕信息知情人登记管理,同时持续推进内部控制体系建设,进一步优化工作流程,强化内部管理,规范公司运作,切实维护公司及全体股东的利益。公司建立了独立董事制度,完善了股东大会、董事会和监事会"三会"制度,确保公司董事会、经理班子和监事会分别在各自的权限范围内履行职责,实现了公司投资决策、生产经营和监督管理的制度化和规范化。

伊力特企业管理与治理水平在考察期内呈现"N"形的变化趋势,由2016年的0.494下降至2021年的0.446,降幅为9.792%。2016—2021年,伊力特企业管理与治理水平介于0.302—0.790,该时期企业管理与治理水平均值为0.517,平均水平处于白酒产业第3位。根据2021年年报披露,伊力特自查问题整改有以下2项问题,具体为独立董事因疫情等原因现场年度内工作时间少于10个工作日的情形;公司提名委员会成员不符合《上市公司治理准则》的"独立董事应当占多数并担任召集人"的规定,公司目前提名委员会的成员中独立董事席位不足1/2。公司将继续开展整改工作,加强公司治理能力和治理水平现代化建设,不断完善公司治理体制机制,持续优化内部控制体系,稳步提升公司治理有效性,推动公司高质量发展。

口子窖企业管理与治理水平在考察期内呈现波动下降的趋势,由2016年的0.633下降至2021年的0.500,降幅为21.080%。2016—2021年,口子窖企业管理与治理水平为0.262—0.637,该时期企业管理与治理水平均值为0.515,平均水平处于白酒产业第4位。2020年前,企业管理与治理水平高于白酒产业的企业管理与治理水平,2020年和2021

年低于白酒产业的企业管理与治理水平。在考察期内口子窖年度股东大会股东出席比率逐渐降低，这对口子窖企业管理与治理水平产生不利影响。

金徽酒在企业管理与治理水平整个考察期内呈现"W"形的变化趋势，由2016年的0.539上升至2021年的0.608，增长率为12.801%。2016—2021年，金徽酒企业管理与治理水平介于0.360—0.608，在该时期金徽酒企业管理与治理水平高于白酒产业企业管理与治理水平，该时期企业管理与治理水平均值为0.496，平均水平处于白酒产业第5位。金徽酒持续完善公司治理结构，规范公司运作，实现依法治企，合规管理；金徽酒严格按照中国证监会、上海证券交易所及《公司法》《公司章程》等法律法规要求，结合公司实际经营发展需要，不断完善内控制度，提高企业决策效率，为企业经营管理的合法合规及资产安全提供了保障，有效促进公司战略的稳步实施和推动公司高质量发展。

五粮液企业管理与治理水平在考察期内呈现先降后升的变化趋势，由2016年的0.534下降至2020年的0.330，再上升至2021年的0.774。2016—2021年，五粮液企业管理与治理水平为0.330—0.774，该时期企业管理与治理水平均值为0.480，平均水平处于白酒产业第6位。五粮液在2019年和2020年企业管理与治理水平低于白酒产业的企业管理与治理水平，其余年份均高于白酒产业的企业管理与治理水平。2016年，五粮液企业管理与治理指标一直呈现下降趋势，在2021年出现了较为明显的上升，企业管理与治理指标由2020年的0.330上升至2021年的0.774，增幅达到57.367%。2021年，五粮液高管薪酬占比、独立的董事占比有所提升，代理问题严重程度有所下降，使五粮液在2021年企业管理与治理水平上升。

2016—2021年，迎驾贡酒企业管理与治理水平呈现先下降后上升的波动变化趋势，但整体来看呈现下降状态，由2016年的0.616下降至2021年的0.557，降幅为9.664%；该时期企业管理与治理水平为0.266—0.616，除2020年外迎驾贡酒企业管理与治理水平高于白酒产业企业管理与治理水平。2016—2021年，迎驾贡酒企业管理与治理水平均值为0.472，平均水平处于白酒产业第7位。2020年，迎驾贡酒的高管薪酬占比和独立董事占比有所降低，这对企业管理与治理水平产生一定影响。

山西汾酒企业管理与治理水平在整个考察期内呈现"W"形的变化

趋势，由2016年的0.498上升至2021年的0.559，增长率为12.310%。2016—2021年，山西汾酒企业管理与治理水平为0.227—0.559，除2017年山西汾酒企业管理与治理水平低于白酒产业企业管理与治理水平外，其余年份山西汾酒企业管理与治理水平高于白酒产业企业管理与治理水平，该时期企业管理与治理水平均值为0.456，平均水平处于白酒产业第8位。2017年，山西汾酒独立董事占比有所降低，代理问题严重程度相较于其余年份处于较高水平，不利于山西汾酒2017年企业管理与治理水平的提升。

古井贡酒企业管理与治理水平由2016年的0.456微升至2021年的0.476，增幅为4.293%，2016—2021年，古井贡酒企业管理与治理水平呈现"W"形变化趋势，企业管理与治理水平为0.300—0.638，均值为0.447，平均水平处于白酒产业第9位。2019年，古井贡酒企业管理与治理水平出现较为明显的上升，该年度古井贡酒高管薪酬占比、独立董事占比有所增加，代理问题严重程度有所降低，有助于企业管理与治理水平的提升。

洋河股份企业管理与治理水平在整个考察期内呈现先降后升的变化趋势，由2016年的0.483下降至2020年的0.270，再上升至2021年的0.606。2016—2021年，洋河股份企业管理与治理水平为0.270—0.606，该时期洋河股份企业管理与治理水平与白酒产业企业管理与治理水平较为接近，洋河股份企业管理与治理水平均值为0.434，平均水平处于白酒产业第10位。2021年，洋河股份企业管理与治理水平出现大幅上升的原因可能是企业独立董事占比的提高和代理问题严重程度降低。洋河股份企业管理与治理水平低谷出现在2020年，可能由于洋河股份高管薪酬占比降低所致。

在考察期内，今世缘企业管理与治理水平呈现下降、上升再下降的趋势，该时期企业管理与治理水平为0.291—0.570，均值为0.413，平均水平处于白酒产业第11位。企业管理与治理水平由2016年的0.570下降至2021年的0.482，降幅为15.372%。

2016—2021年，天佑德酒企业管理与治理水平呈现先下降后上升的变化趋势，由2016年的0.519下降至2021年的0.407，下降了21.488%，整体呈现下降趋势。天佑德酒在该时期企业管理与治理水平为0.265—0.545，除2016年和2017年外，其余年份天佑德酒企业管理与治理水低于白酒产业企业管理与治理水平，该时期企业管理与治理水平均值为0.392。2017年，天佑德酒年度股东大会股东出席比率、独立董事占比相较于其余年份较高，有助于企业管理与治理水平的提升。

酒鬼酒企业管理与治理水平在考察期内呈现先上升后轻微下降的变化趋势，由2016年的0.225上升至2021年的0.388，增长率为72.897%，整体呈现上升趋势。2016—2021年，酒鬼酒企业管理与治理水平为0.209—0.531，该时期企业管理与治理水平均值为0.353。2019年和2020年酒鬼酒企业管理与治理水平高于白酒产业企业管理与治理水平。2016—2021年，酒鬼酒年度股东大会股东出席比率相较于中国上市白酒企业相对较低。2019年，酒鬼酒企业管理与治理水平达到顶峰，值为0.531，该年度高管薪酬占比有所上升，促进了企业管理与治理水平的提升。但是整体来看，酒鬼酒企业管理与治理水平在白酒产业中排名相对靠后，企业有待提高年度股东大会股东出席比率来更好地实现公司管理与治理。

泸州老窖企业管理与治理水平在整个考察期内呈现"W"形的变化趋势，由2016年的0.436上升至2021年的0.460，增长率为5.471%。2016—2021年，泸州老窖企业管理与治理水平为0.257—0.460，在该时期泸州老窖企业管理与治理水平低于白酒产业企业管理与治理水平，该时期企业管理与治理水平均值为0.349。泸州老窖在该期间高管薪酬占比、独立董事占比和股权集中度相较于白酒产业其余企业偏低，不利于泸州老窖企业管理与治理水平的提升。

顺鑫农业企业管理与治理水平整个考察期内呈现"W"形的变化趋势，由2016年的0.409上升至2021年的0.483，增长率为18.251%。2016—2021年，顺鑫农业企业管理与治理水平为0.141—0.483，在该时期顺鑫农业企业管理与治理水平低于白酒产业企业管理与治理水平，顺鑫农业企业管理与治理水平均值为0.308，平均水平在中国白酒上市企业处于较低位置。2021年，顺鑫农业企业管理与治理水平有所提升，与年度股东大会股东出席比率和独立董事占比提升有关。

2016—2021年，*ST皇台企业管理与治理水平呈现先下降后上升的波动变化，但是整体呈现上升趋势，由2016年的0.282上升至2021年的0.421，增长率为49.048%。*ST皇台在此期间企业管理与治理水平为0.221—0.421，*ST皇台企业管理与治理水平虽然有所提升，但是始终低于白酒产业企业管理与治理水平,该时期企业管理与治理水平均值为 0.289,平均水平在中国白酒上市企业处于较低位置。*ST 皇台年度股东大会股东出席比率、独立董事占比和股权集中度相对较低,而代理问题严重程度相对较高,不利于*ST 皇台企业管理与治理水平的提升。

2016—2021 年,老白干酒企业管理与治理水平呈现"V"形的变化,但整体出现下降趋势,由 2016 年的 0.407 下降至 2021 年的 0.321,增长率为 -21.195%。2016—2021 年,老白干酒企业管理与治理水平为 0.150—0.407,在该时期老白干酒企业管理与治理水平低于白酒产业企业管理与治理水平,老白干酒企业管理与治理水平均值为 0.281,平均水平在中国白酒上市企业处于靠后位置。老白干酒高管薪酬占比、独立董事占比和股权集中度相对较低,不利于老白干酒企业管理与治理水平的提升。

2016—2021 年,舍得酒业企业管理与治理水平呈现"升—降—升"的变化趋势,整体呈现上升的趋势。由 2016 年的 0.168 上升至 2021 年的 0.383,增长率为 128.622%。2016—2021 年,舍得酒业企业管理与治理水平为 0.168—0.383,在该时期舍得酒业企业管理与治理水平低于白酒产业企业管理与治理水平,该时期企业管理与治理水平均值为 0.246,平均水平在中国白酒上市企业处于靠后位置。舍得酒业在该期间高管薪酬占比逐渐提升,有利于企业管理与治理,但年度股东大会股东出席比率、独立董事占比和股权集中度有待继续提升,对代理问题严重程度有待进一步控制,才能更好地提高企业管理与治理水平。

2016—2021 年,金种子酒企业管理与治理水平呈现"W"形的变化,整体出现下降的趋势。由 2016 年的 0.382 下降至 2021 年的 0.168,降幅 55.963%。2016—2021 年,金种子酒企业管理与治理水平为 0.112—0.382,在该时期金种子酒企业管理与治理水平低于白酒产业企业管理与治理水平,该时期企业管理与治理水平均值为 0.211,平均水平在中国白酒上市企业处于末尾位置。金种子酒的年度股东大会股东出席比率、高管薪酬占比、独立董事占比有待继续提升,对代理问题严重程度有待进一步控制,才能更好地提高企业管理与治理水平。

三 中国白酒产业高质量发展之企业经营能力分析

企业经营能力通过创新驱动发展、企业竞争力和资源配置效率三方面体现。企业的创新驱动发展对白酒企业高质量发展有着重要的推动作用，也是提升企业竞争力的重要前提。企业实现高质量发展需要依靠提升企业的资源配置效率来提升企业经营能力。通过从企业经营能力这一维度的测算结果，发现在考察期内各白酒企业经营能力水平出现较为明显的变化，企业与企业之间的经营能力水平存在较大的差异。2016—2021年，中国白酒上市企业经营能力水平如表4-4所示。

表4-4　　　　　　　　中国白酒上市企业经营能力水平

年份 简称	2016	2017	2018	2019	2020	2021	均值
贵州茅台	0.609	0.755	0.538	0.692	0.579	0.779	0.659
五粮液	0.357	0.422	0.313	0.417	0.357	0.544	0.402
泸州老窖	0.315	0.340	0.240	0.344	0.520	0.303	0.344
古井贡酒	0.343	0.320	0.250	0.296	0.236	0.317	0.294
洋河股份	0.307	0.345	0.240	0.290	0.236	0.272	0.282
山西汾酒	0.157	0.192	0.138	0.247	0.174	0.279	0.198
水井坊	0.230	0.184	0.106	0.237	0.118	0.211	0.181
老白干酒	0.115	0.134	0.373	0.120	0.095	0.109	0.158
伊力特	0.137	0.184	0.175	0.158	0.122	0.156	0.155
口子窖	0.125	0.176	0.105	0.141	0.107	0.258	0.152
顺鑫农业	0.169	0.168	0.116	0.174	0.141	0.119	0.148
迎驾贡酒	0.142	0.141	0.113	0.140	0.117	0.193	0.141
舍得酒业	0.095	0.110	0.091	0.119	0.154	0.274	0.141
今世缘	0.114	0.133	0.103	0.163	0.136	0.161	0.135
金徽酒	0.104	0.122	0.081	0.165	0.155	0.161	0.131
酒鬼酒	0.077	0.103	0.089	0.203	0.108	0.195	0.129
天佑德酒	0.123	0.159	0.141	0.152	0.080	0.117	0.129
金种子酒	0.091	0.134	0.122	0.060	0.093	0.098	0.100
*ST皇台	0.048	0.043	0.014	0.202	0.045	0.024	0.063
白酒产业	0.193	0.219	0.176	0.227	0.188	0.241	—

如图4-24所示，2016—2021年，白酒产业经营能力水平整体呈现"锯齿"波动上升的变化趋势，存在一定的波动，白酒产业经营能力水平为0.176—0.241。白酒产业经营能力水平由2016年的0.193上升到2021

年的 0.241，增幅为 24.920%。2016—2021 年，白酒产业高质量发展水平为 0.253—0.294，白酒产业经营能力水平和高质量发展水平相比，白酒产业经营能力水平相对较低，在高质量发展中起着阻碍作用。

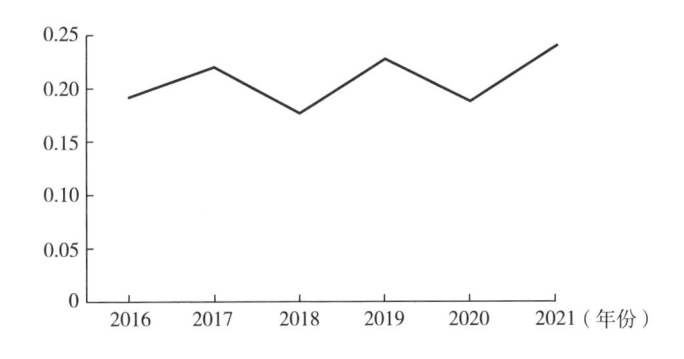

图 4-24　白酒产业经营能力水平

企业与企业间经营能力水平存在较大差距，贵州茅台经营能力水平在中国白酒上市企业中始终排名第 1 位。2016—2021 年，贵州茅台经营能力水平均值为 0.659，在中国上市白酒企业经营能力平均水平中排名第 1 位，贵州茅台与排名最后的*ST 皇台相差 0.596，可见企业与企业之间的经营能力水平差距较大，同样存在发展不平衡的问题。差距最大的是 2021 年，发展排名第 1 位的企业与发展排名最后的企业相差 0.755；差距最小的年份是 2018 年，该年度发展排名第 1 位的企业与发展排名最后的企业相差 0.524，但是数值相差同样较大。方差最大的年份是 2021 年，其值为 0.028；方差最小的年份是 2018 年，其值为 0.015。2016—2021 年，19 家白酒上市企业经营能力水平为 0.014—0.779，亦可见企业经营能力水平分布较散，存在较大差异。

部分白酒企业经营能力水平存在较大波动。例如舍得酒业经营能力水平由 2016 年的 0.095 上升至 2021 年的 0.274，增长率为 188.42%；酒鬼酒经营能力水平由 2016 年的 0.077 上升至 2021 年的 0.195，增幅为 152.609%；口子窖经营能力水平由 2016 年的 0.125 上升至 2021 年的 0.258，增长了 106.866%；金徽酒经营能力水平由 2016 年的 0.104 上升至 2021 年的 0.161，增幅为 54.221%；*ST 皇台经营能力水平 2019 年相较于 2018 年增长了 13.91 倍；老白干酒经营能力水平 2018 年增长率达

178.73%；泸州老窖经营能力水平 2020 年增长率达 50.985%；可见部分白酒企业经营能力水平存在较大波动。2016—2021 年白酒上市企业经营能力水平增长率处于-10%—10% 的企业仅有 6 家，亦可见部分白酒上市企业经营能力水平存在较大波动。从考察期每年的经营能力水平排序的变动亦可见部分企业高质量发展水平存在较大的变动。19 家白酒上市企业在该期间排名变动大于 4 位的有 13 家，其中老白干酒、舍得酒业、金徽酒排名波动较大，排名分别变动了 15、12、11 个名次。

图 4-25 展示了贵州茅台、五粮液、泸州老窖、古井贡酒、洋河股份、山西汾酒以及白酒产业在 2016—2021 年企业经营能力水平情况。

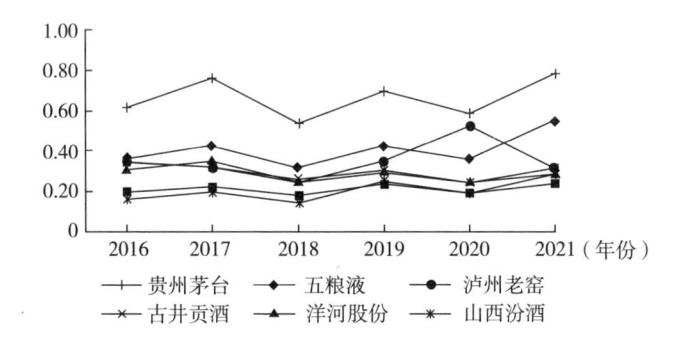

图 4-25　2016—2021 年部分白酒上市企业经营能力水平

整个考察期内，贵州茅台企业经营能力水平始终排名第 1 位，2016—2021 年，企业经营能力水平在出现"锯齿"波动，但整体呈现上升趋势，由 2016 年的 0.609 上升至 2021 年的 0.779，增幅为 27.915%；该时期企业经营能力水平在 0.538—0.779。贵州茅台企业经营能力水平远高于上市白酒产业的企业经营能力水平。2016—2021 年，贵州茅台企业经营能力水平均值为 0.659，平均水平处于白酒产业行业第 1 位。贵州茅台不断加大科技创新投入，完善管理机制，优化平台建设，加强人才引进、培养与使用，推进成果转化应用，打造集研发创新、产教融合和成果转化于一体的业内一流创新研发平台，为高质量发展注入强劲动力。

2016—2021 年，五粮液企业经营能力水平出现波动上升趋势，由 2016 年的 0.357 上升至 2021 年的 0.544，增幅为 52.145%；该时期企业经营能力水平在 0.313—0.544。五粮液企业经营能力水平远高于白酒产业的企业经营能力水平。2016—2021年，五粮液企业经营能力水平均值为0.402。该时期五粮液成品酒产量呈波动变化趋势，2021年，成品酒产量为18.87万吨，较2020年增长18.82%，在全国规模以上白酒企业总产量下降的环境下逆势增长。2016—2021年，五粮液营业收入呈高速增长的发展趋势。2021年，公司实现营业收入662.09亿元，较2020年增长15.51%。该时期五粮液净利润呈现较快增长的发展趋势。2021年，公司实现净利润245.07亿元，较2020年增长17.19%。五粮液通过加强优质产能建设、深化营销变革、不断深化改革创新，在考察期内企业经营能力呈现出较好的趋势。

2016—2021年，泸州老窖企业经营能力水平出现"N"形波动，由2016年的0.315下降至2021年的0.303，下降了3.813%；该时期企业经营能力水平介于0.240—0.520。泸州老窖企业经营能力水平高于白酒产业的企业经营能力水平。2016—2021年，泸州老窖企业经营能力水平均值为0.344，平均水平处于白酒产业行业第3位。其中，2018年，企业经营能力指数下降较为明显，企业经营能力指数下降至0.240，降幅为29.248%。2016—2021年，泸州老窖营业收入和净利润呈递增趋势，考察期内增长速度稳定，说明公司的经营能力很好，在较长时间内都能保持获利能力。泸州老窖践行"创新驱动发展战略"。建设了国家固态酿造工程技术研究中心、国家博士后科研工作站、国家工业设计中心等多个国家级重大科技平台，构建了涵盖科学研究、人才培养、成果转化、开放服务等多领域、全方位的科技创新平台体系助推企业高质量发展。

2016—2021年，古井贡酒企业经营能力水平出现轻微波动，由2016年的0.343降低至2021年的0.317，降低了7.384%；该时期企业经营能力水平在0.236—0.343。古井贡酒企业经营能力水平高于白酒产业的企业经营能力水平。该时期古井贡酒企业经营能力水平均值为0.294，平均水平处于白酒产业行业第4位。2018年和2020年企业经营能力指数下降较为明显，2020年，受疫情影响导致公司该年度实现营业收入102.92亿元，同比下降1.20%；利润总额24.74亿元，同比下降13.89%；归属于母公司净利润18.55亿元，同比下降11.58%。

2016—2021年，洋河股份企业经营能力水平出现轻微波动，但整体呈现下降趋势，由2016年的0.307下降至2021年的0.272，降幅为11.504%；该时期企业经营能力水平在0.236—0.345。洋河股份企业经营能力水平处于白酒产业的企业经营能力水平之上。2016—2021年，洋河股份企业经营能力水平均值为0.282，平均水平处于白酒产业行业第5位。洋河股份近6年营业收入增长率分别为7.04%、15.92%、21.3%、-4.28%、-8.76%、20.14%，其中2016—2018年营业收入增长率呈上升趋势，后两年超过10%，盈利能力稳定性较强。但2019年营业收入出现负增长，较2018年下降4.28%，通过企业年报可以看出，主要是因为在产地省内不是很畅销导致业绩不佳。洋河股份从整体来看处于成长阶段。考察期内洋河股份企业经营能力指数排名变化较为平稳，2021年，企业经营能力指数排名略有下降。

2016—2021年，山西汾酒企业经营能力水平出现波动上升趋势，由2016年的0.157上升至2021年的0.279，增幅为77.049%；该时期企业经营能力水平在0.138—0.279。山西汾酒企业经营能力水平与白酒产业企业经营能力水平相近。2016—2021年，山西汾酒企业经营能力水平均值为0.198，平均水平处于白酒产业行业第6位。近年山西汾酒研发经费投入强度相较以往有所减弱，营业收入增长率和净利润增长率都有所稳定增长，山西汾酒应注意研发经费的投入，促进山西汾酒高质量发展。

图4-26展示了水井坊、老白干酒、伊力特、口子窖、顺鑫农业、迎驾贡酒以及白酒产业在2016—2021年企业经营能力水平情况。

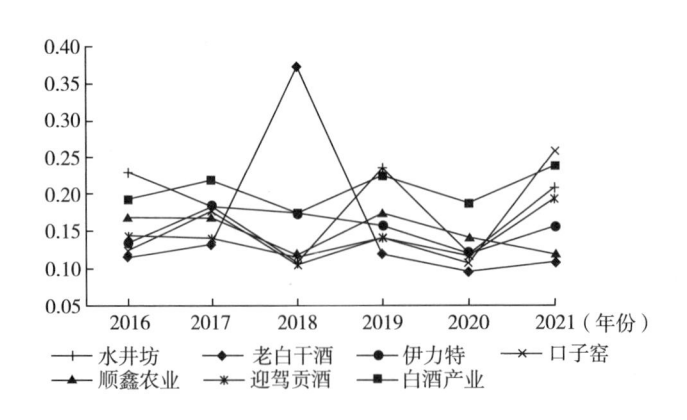

图4-26　2016—2021年部分白酒上市企业经营能力水平

2016—2021年，水井坊企业经营能力水平出现"W"形波动，由2016年的0.230下降至2021年的0.211，降幅为8.346%；该时期企业经营能力水平在0.106—0.237。除2016年和2019年外，水井坊企业经营能力水平处于白酒产业的企业经营能力水平之下。该时期水井坊企业经营能力水平均值为0.181，平均水平处于白酒产业行业第7位。水井坊在考察前期内无形资产增长率较为不稳定，2020年，水井坊营业收入和净利润有所缩减，主要系水井坊在2020年受新冠疫情冲击，白酒收入大幅下降，收入基数较低。2021年以来，国内新冠疫情得到有效控制，消费刺激政策密集出台，聚集型消费场景逐渐恢复正常，白酒行业也实现了恢复性发展，同时随着水井坊在高端品牌建设的不断投入及产品升级创新，也为公司带来了新的增长点，公司经营情况逐渐恢复。

2016—2021年，老白干酒企业经营能力水平出现"倒V"形发展趋势，由2016年的0.115下降至2021年的0.109，降幅为5.804%；该时期企业经营能力水平在0.095—0.373，存在较大波动，2018年，老白干酒企业经营能力水平大幅提高，其余年份企业经营能力水平较为平稳。除2018年外，老白干酒的企业经营能力水平处于白酒产业的企业经营能力水平之下。2016—2021年，老白干酒企业经营能力水平均值为0.158，平均水平处于白酒产业行业第8位。以并购丰联酒业为契机，促使老白干酒无形资产增长率、营业收入增长率、净利润增长率、资产总额和净利润出现大幅增长，从而使老白干酒企业经营能力水平在2018年有大幅提升。加快整合，优化资源配置，有序拓展省外市场，不断提升公司的市场占有率和综合竞争力；继续深入推进卓越绩效管理模式，充分调动全体员工的工作积极性和创造力，增强全体员工的竞争意识。通过开展业务与技能培训，不断提高全体员工的技术、管理、业务水平，促进了公司经营管理水平的提升。

2016—2021年，伊力特企业经营能力水平出现先上升后下降再上升的趋势，由2016年的0.137增长至2021年的0.156，增长了14.505%；该时期企业经营能力水平在0.122—0.184。伊力特企业经营能力水平低于白酒产业的企业经营能力水平。2016—2021年，伊力特企业经营能力水平均值为0.155，平均水平处于白酒产业行业第9位。2017年，伊力特在营业收入和净利润方面表现较为优秀，企业经营能力有所提升，2020年，由于本地疫情反复，伊力特在营业收入和净利润方面出现缩减，使企业经营能力指数下降至0.122。2021年，白酒部分产品涨价，高档产品的毛利率提升，使伊力特营业收入回升，增长幅度为7.53%，伊力特企业经营能力水平逐渐恢复。

2016—2021年，口子窖企业经营能力水平整体呈现上升趋势，由2016年的0.125上升至2021年的0.258，增幅为106.866%；该时期企业经营能力水平在0.105—0.258。2021年前，口子窖企业经营能力水平处于白酒产业的企业经营能力水平之下，2021年，口子窖有所突破，超过白酒产业经营能力水平。2016—2021年，口子窖企业经营能力水平均值为0.152，平均水平处于白酒产业行业第10位。2021年，在疫情持续蔓延的情况下，宏观经济运行、社会发展、企业经营均受到不同程度影响。公司上下积极克服困难，全力保障生产经营大局，企业发展稳步向前。加快完善以团购渠道为主、传统渠道为辅的渠道结构，强化团购渠道运作，提升团购渠道建设实效。同时，优化传统渠道建设，重点推进流通渠道扁平化、网点下沉等工作，不断提升中高端产品占有率和终端覆盖率。加大市场投入力度，推动市场快速发展。深入开展市场调研，提高市场政策、促销资源等要素针对性、多样性，做到产品、渠道、政策精准匹配，最大限度地提升市场建设实效。2021年，口子窖高档产品销售收入增加，实现营业收入50.29亿元，同比上升25.37%，净利润同比上升35.38%，促使企业经营能力水平提高。

2016—2021年，顺鑫农业企业经营能力水平出现轻微波动，但整体呈现下降趋势，由2016年的0.169下降至2021年的0.119，降幅为29.603%；该时期企业经营能力水平在0.116—0.174。顺鑫农业企业经营能力水平处于白酒产业的企业经营能力水平之下。2016—2021年，顺鑫农业企业经营能力水平均值为0.148，平均水平处于白酒产业行业第11位。考察期内，顺鑫农业研发人员投入强度逐渐增加，但在无形资产增长率、营业收入增长率、净利润增长率等表现较为薄弱，尤其是2020年，受疫情影响，顺鑫农业净利润增长率出现负增长，总资产收益率和酿酒增长率有所下降。顺鑫农业持续深耕三大战略发展区，通过产品结构升级、营销组织优化、终端建设优化、营销管理细化等举措深耕京津冀、长三角、珠三角三大战略发展区。加大力度推进产品结构升级，公司在"珍牛"系列产品的基础上补充了"牛栏山一号""金标陈酿"等特色产品，进一步丰富了光瓶酒产品线来实现企业新的经济增长。

2016—2021年，迎驾贡酒企业经营能力水平出现波动上升的趋势，由2016年的0.142上升至2021年的0.193，增长了36.325%；该时期企业经营能力水平在0.113—0.193。迎驾贡酒企业经营能力水平虽然出现增长，但还处于白酒产业的企业经营能力水平之下，说明迎驾贡酒企业经营能力水平整体偏低。2016—2021年，洋河股份企业经营能力水平均值为0.141。2021年，企业经营能力指数上升最为明显，公司主营的白酒业务收入占比90%，实现营业收入45.77亿元，同比增长32.58%；归属于上市公司股东的净利润13.82亿元，同比增长44.96%。2021年，迎驾贡酒升级营销战略，将原有"13586"战略转化为"223"营销战略，打造专业性更强的团队，提升以洞藏为代表的中高端产品的竞争力，继续扩大公司优势，从而提高企业竞争力来提升企业经营能力。

图4-27展示了舍得酒业、今世缘、金徽酒、酒鬼酒、天佑德酒、金种子酒、*ST皇台以及白酒产业在2016—2021年企业经营能力水平情况。

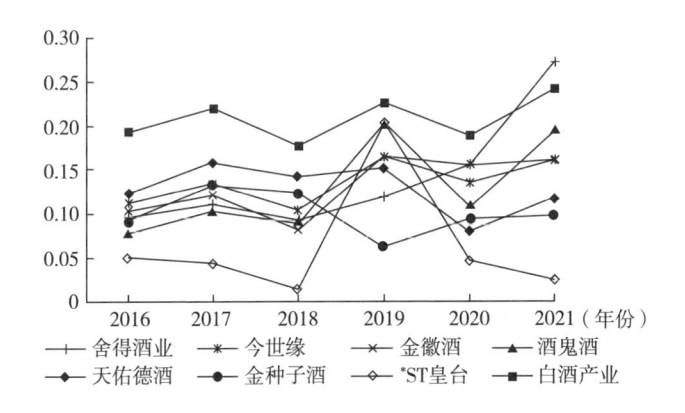

图4-27 2016—2021年部分白酒上市企业经营能力水平

2016—2021年，舍得酒业企业经营能力水平出现逐渐上升的趋势，由2016年的0.095增长至2021年的0.274，增长了187.133%；该时期企业经营能力水平在0.091—0.274。除2021年外，舍得酒业企业经营能力水平低于白酒产业的企业经营能力水平。2016—2021年，舍得酒业企业经营能力水平均值为0.141，平均水平处于白酒产业行业偏后位置。2021年，高端白酒需求旺盛，高端白酒市场持续扩容，白酒消费持续升级，白酒市场进一步呈现向名优品牌集中的趋势，但同时也面临着疫情在局部市场的反复、行业竞争加剧等问题。公司继续坚持"老酒、双品牌、年轻化、国际化"战略，实施老酒"3+6+4"营销策略，坚持长期主义和利他的客户思维，全面加强生产及营销管理，走高质量可持续的发展之路，取得良好效果。公司持续推进老酒战略，老酒品质进一步得到认可，经销商数量和质量提升明显，忠实消费者越来越多，销售收入增加，2021年，公司营业收入增长率、净利润增长率、酿酒增长率分别为83.80%、109.25%、136.80%，指标大幅向好，促使舍得酒业企业经营能力水平提升。

2016—2021年，今世缘企业经营能力水平呈现波动上升的趋势，由2016年的0.114增长至2021年的0.161，增长了41.906%；该时期企业经营能力水平在0.103—0.163。今世缘企业经营能力水平低于白酒产业的企业经营能力水平。2016—2021年，今世缘企业经营能力水平均值为0.135，平均水平处于白酒产业行业偏后位置。2019年，今世缘在无形资产增长率、营业收入增长率、净利润增长率、总资产收益率、酿酒增长率等方面表现较好，是今世缘企业经营能力水平提升的重要原因。2021年，公司营业收入64.06亿元，同比增长25.12%；归属于上市公司股东的净利润20.29亿元，同比增长29.50%；今世缘保持了营收和利润增长的势头；在竞争激烈的市场环境下，公司重视对市场的开发研究，围绕主营业务"酒"和品牌核心理念"缘"，国缘品牌凸显"成大事，必有缘"的品牌诉求和"更舒适的高端中度白酒"的品类价值，提升企业市场竞争力，促进企业经营能力的提升。

2016—2021年，金徽酒企业经营能力水平呈现波动上升的趋势，由2016年的0.104增长至2021年的0.161，增长了54.221%；该时期企业经营能力水平在0.081—0.165。金徽酒企业经营能力水平低于白酒产业的企业经营能力水平。2016—2021年，金徽酒企业经营能力水平均值为0.131，平均水平处于白酒产业行业靠后位置。2019年，金徽酒营业收入增长率较高，助推企业经营能力水平提升。2020年，在白酒行业消费升级趋势影响下，公司调整为聚焦中高端产品战略，通过场景营销和终端客情维护带动高端产品动销，整合公司资源为销售赋能，积极培育终端市场和消费者。公司高档酒营收占比由2016年的25.6%大幅增加至2020年的50.9%，产品结构持续升级，有助于提高企业经营能力。

2016—2021年，酒鬼酒企业经营能力水平呈现上升趋势，由2016年的0.077增长至2021年的0.195，增长了152.609%；该时期企业经营能力水平在0.077—0.203。酒鬼酒企业经营能力水平低于白酒产业的企业经营能力水平。2016—2021 年，酒鬼酒企业经营能力水平均值为 0.129，平均水平处于白酒产业行业靠后位置。其中增幅最为明显的是 2019 年，企业经营能力水平上升至 0.203，酒鬼酒无形资产增长率高达 108.61%，提高了企业经营能力水平。考察期内，酒鬼酒员工人均营收比、营业收入增长率、净利润增长率、总资产收益率、全要素生产率都存在向好的趋势，有助于提升企业经营能力水平。

2016—2021 年，天佑德酒企业经营能力水平呈现下降趋势，由 2016 年的 0.123 下降至 2021 年的 0.117，降低了 4.722%；该时期企业经营能力水平在 0.080—0.159。天佑德酒企业经营能力水平低于白酒产业的企业经营能力水平。2016—2021 年，天佑德酒企业经营能力水平均值为 0.129，平均水平处于白酒产业行业靠后位置。考察期内，天佑德酒无形资产增长率呈现负增长，营业收入和净利润增长不稳定，在消费升级态势下，天佑德酒品牌与品质化趋势中，整体盈利能力较弱，加上近几年全国化进程遇阻，拖累了企业经营发展。

2016—2021 年，金种子酒企业经营能力水平呈现轻微波动，由 2016 年的 0.091 增长至 2021 年的 0.098，增长了 7.747%；该时期企业经营能力水平在 0.060—0.134。金种子酒企业经营能力水平低于白酒产业的企业经营能力水平。2016—2021 年，金种子酒企业经营能力水平均值为 0.100，平均水平处于白酒产业行业靠后位置。2021 年，公司积极应对新冠疫情和各种风险挑战，大胆开拓，勇于创新，扎实推进企业改革和生产经营各项工作；白酒经营实现全面提质，公司营销系统拉高标杆，统筹推进稳增长、促改革、调结构，各大业务板块协同发展、增势扩能、提增量、优存量、扩体量各项工作卓有成效，企业经营态势稳中向好。

2016—2021 年，*ST 皇台企业经营能力水平出现先下降后上升再下降的趋势，由 2016 年的 0.048 下降至 2021 年的 0.024，降低了 49.922%；该时期企业经营能力水平在 0.014—0.202。*ST 皇台企业经营能力水平低于白酒产业的企业经营能力水平。2016—2021 年，*ST 皇台企业经营能力水平均值为 0.063，平均水平处于白酒产业行业末尾位置。2019 年出现极为明显的上升，企业经营能力指数上升至 0.202，在此期间，企业通过组建新营销团队，推出新产品、开拓新市场、开发新客户等多种方式并举有效地提升主营业务收入，扭亏为盈，且净资产转正，企业无形资产增长率、营业收入增长率、净利润增长率、酿酒增长率都大幅向好，助推企业经营能力提升。2021年，*ST皇台所在主要销售地区受疫情管控影响，在西北市场面临伊力特和金徽酒的竞争，销售收入同比减少，营收同比下降10.42%，阻碍企业经营能力提升。

四　中国白酒产业高质量发展之企业社会影响力分析

本次研究基于指标选取的科学性原则、针对性原则、系统性原则、可操作性原则和前瞻性原则，构建出一套由环境保护、社会责任、产品服务质量三个维度10个指标组成的企业社会影响力的发展评价指标体系，测算结果如表4-5所示。

表4-5　中国白酒上市企业社会影响力水平

年份简称	2016	2017	2018	2019	2020	2021	均值
贵州茅台	0.850	0.643	0.777	0.677	0.802	0.735	0.747
五粮液	0.414	0.397	0.447	0.569	0.451	0.401	0.446
金徽酒	0.419	0.308	0.358	0.424	0.248	0.324	0.347
泸州老窖	0.420	0.280	0.331	0.452	0.270	0.298	0.342
伊力特	0.330	0.341	0.289	0.395	0.256	0.250	0.310
山西汾酒	0.374	0.368	0.168	0.238	0.376	0.311	0.306
洋河股份	0.340	0.288	0.305	0.358	0.263	0.266	0.303
古井贡酒	0.347	0.357	0.306	0.205	0.308	0.239	0.293
今世缘	0.284	0.247	0.250	0.317	0.219	0.228	0.257
迎驾贡酒	0.469	0.411	0.185	0.231	0.114	0.133	0.257
舍得酒业	0.196	0.247	0.150	0.215	0.254	0.325	0.231
天佑德酒	0.160	0.274	0.140	0.343	0.256	0.196	0.228
口子窖	0.238	0.194	0.229	0.325	0.234	0.145	0.228
水井坊	0.165	0.187	0.151	0.179	0.177	0.371	0.205
老白干酒	0.144	0.138	0.227	0.121	0.210	0.185	0.171
顺鑫农业	0.113	0.102	0.222	0.284	0.188	0.112	0.170
金种子酒	0.228	0.188	0.167	0.224	0.106	0.025	0.157
酒鬼酒	0.083	0.153	0.124	0.141	0.149	0.218	0.145
*ST皇台	0.086	0.293	0.123	0.107	0.103	0.114	0.138
白酒产业	0.298	0.285	0.260	0.306	0.262	0.257	—

如图4-28所示，2016—2021年，白酒产业社会影响力水平呈现先降后升再下降的变化趋势，存在一定的波动，白酒产业社会影响力水平为0.257—0.306。白酒产业社会影响力水平由2016年的0.298降低至2021年的0.257，降幅为13.870%。2016—2021年，白酒产业高质量发展水平为0.253—0.306，白酒产业社会影响力水平和高质量发展水平相比，两者水平相似。

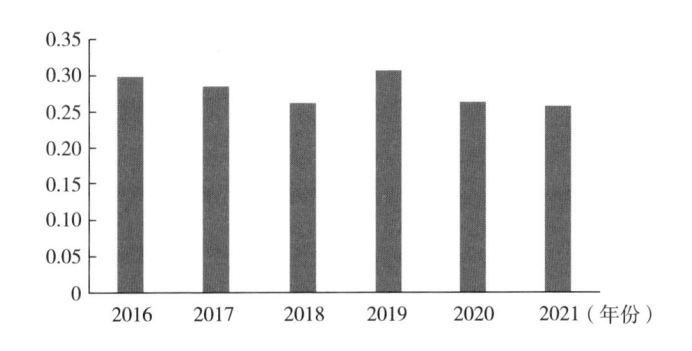

图4-28 白酒产业社会影响力水平

企业与企业间社会影响力水平存在较大差距，贵州茅台社会影响力水平在中国白酒上市企业中始终排名第1位。2016—2021年，贵州茅台社会影响力水平均值为0.747，在中国上市白酒企业社会影响力水平中排名第1位，贵州茅台与排名最后的*ST皇台相差0.609，可见企业与企业之间的经营能力水平差距较大，在社会影响力水平上同样存在发展不平衡的问题。差距最大的是2016年，发展排名第1位的企业与发展排名最后的企业相差0.766；差距最小的年份是2017年，该年度发展排名第1位的企业与发展排名最后的企业相差0.541，但数值相差同样较大。方差最大的年份是2016年，其值为0.031；方差最小的年份是2017年，方差为0.014。2016—2021年，19家白酒上市企业社会影响力水平为0.025—0.850，可见企业社会影响力水平分布较散，存在较大差异。

部分白酒企业社会影响力水平存在较大波动。例如酒鬼酒企业社会影响力水平由2016年的0.083上升至2021年的0.218，增长率为161.443%；水井坊企业社会影响力水平由2016年的0.165上升至2021年的0.371，增幅为124.743%；金种子酒企业社会影响力水平由2016年的 0.228 下降至 2021 年的 0.025，降低了 88.860%；迎驾贡酒企业社会影响力水平由 2016 年的 0.469 降低至 2021 年的 0.133，降低了 71.717%；舍得酒业企业社会影响力水平由 2016 年的 0.196 上升到 2021 年的 0.325，增长了 65.762%。2016—2021 年，白酒上市企业社会影响力水平增长率为-10%—10%的企业仅有 2 家，亦可见部分白酒上市企业社会影响力水平存在较大波动。从考察期内每年的企业社会影响力水平排序的变动亦可见部分企业社会影响力水平存在较大的变动。19 家白酒上市企业在该期间排名变动大于 4 位的有 15 家白酒企业，其中迎驾贡酒、水井坊、舍得酒业、*ST 皇台、古井贡酒排名波动较大，排名分别变动了 15、13、12、11、11 个名次。

2016—2021 年，企业社会影响力平均水平在中国白酒上市企业排名前 6 的企业分别是贵州茅台、五粮液、金徽酒、泸州老窖、伊力特、山西汾酒。图 4-29 展示了 2016—2021 年贵州茅台、五粮液、金徽酒、泸州老窖、伊力特、山西汾酒以及白酒产业企业社会影响力水平情况。

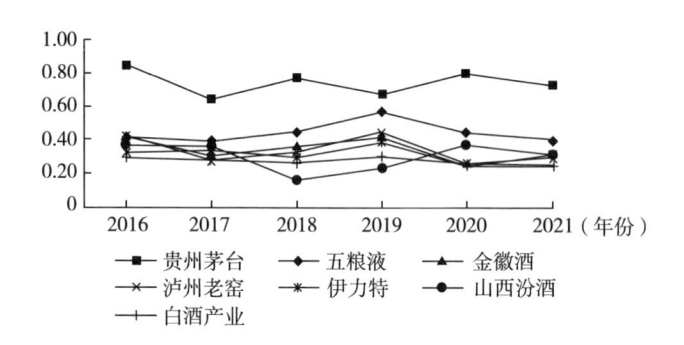

图 4-29　2016—2021 年部分白酒上市企业社会影响力水平

贵州茅台在整个考察期内，企业社会影响力水平始终排名第 1 位。2016—2021 年，企业社会影响力水平出现上下波动，但整体呈现下降趋势，由 2016 年的 0.850 下降至 2021 年的 0.735，降幅为 13.452%；该时期企业社会影响力水平在 0.643—0.850。贵州茅台企业社会影响力水平远高于上市白酒企业的企业社会影响力水平。2016—2021 年，贵州茅台企业社会影响力水平均值为 0.747，平均水平处于白酒产业行业第 1 位。新时代、新起点，茅台集团将以"打造国际一流企业，塑造世界一流品牌"

为愿景，积极践行新理念，主动融入新格局，树立"五匠"质量观，呵护茅台生命之魂，对标世界一流，形成现代化管理机制体制，发展过程有升有降，总体企业社会影响力发展较平稳。贵州茅台的基本每股收益、市场占有率和捐赠收入比在上市白酒企业中表现得最为优秀。2017年和2019年企业未披露安全生产内容，不利于企业社会影响力水平提升。

2016—2021年，五粮液企业社会影响力水平呈现先上升后下降的趋势，由2016年的0.414下降至2021年的0.401，降幅为3.202%；该时期企业社会影响力水平在0.397—0.569。五粮液企业社会影响力水平远高于白酒产业的企业社会影响力水平。2016—2021年，五粮液企业社会影响力水平均值为0.446。五粮液酒历史悠久，文化底蕴深厚，是中国浓香型白酒的典型代表与著名民族品牌，多次荣获"国家名酒"称号，并首批入选中欧地理标志协定保护名录。2016—2021年，五粮液企业影响力发展指数整体呈现上升趋势，受疫情影响，2020年和2021年五粮液发展指数呈现下降趋势，面对疫情冲击和企业调整，该期间五粮液提高岗位增长率出现负增长，有碍对企业社会影响力水平的提升。

2016—2021年，金徽酒企业社会影响力水平出现"W"形波动，但整体呈现下降趋势，由2016年的0.419下降至2021年的0.324，降幅为22.557%；该时期企业社会影响力水平为0.248—0.424。除2020年外，金徽酒企业社会影响力水平高于白酒产业的企业社会影响力水平。2016—2021年，金徽酒企业社会影响力水平均值为0.347，平均水平处于白酒产业行业第3位。金徽酒企业本身社会影响力排名还处于上升阶段，但自2019年疫情来袭，排名开始大幅度下降，由2018年的第4名下降到2020年的第10名。2020年，公司调整为聚焦中高端产品战略，赶上白酒行业消费升级阶段，企业高质量发展得到大力推进，企业社会影响力排名再次上升到前5名。

2016—2021年，泸州老窖企业社会影响力水平出现"W"形波动，但整体呈现下降趋势，由2016年的0.420下降至2021年的0.298，降幅为29.109%；该时期企业社会影响力水平为0.270—0.452。除2017年外，泸州老窖企业社会影响力水平高于白酒产业的企业社会影响力水平。2016—2021年，泸州老窖企业社会影响力水平均值为0.342，平均水平处于白酒产业行业第4位。2017—2019年，社会影响力水平呈上升趋势，主要是因为由于企业支付税收占比增加，由12.88%上涨到17.06%，企业基本每股收益有所增加，由 2017 年的 1.80 元上升至 2019 年的 3.17 元，除此之外，企业市场占有率亦有所增加，有助于泸州老窖企业社会影响力水平的提升。2020 年和 2021 年泸州老窖提高岗位增长率有所下降，阻碍了企业社会影响力水平的提升。

2016—2021 年，伊力特企业社会影响力水平出现升降交替波动，但整体呈现下降趋势，由 2016 年的 0.330 下降至 2021 年的 0.250，降幅为 24.306%；该时期企业社会影响力水平为 0.250—0.395。除 2017 年外，伊力特在 2020 年前企业社会影响力水平高于白酒产业的企业社会影响力水平。2016—2021 年，伊力特企业社会影响力水平均值为 0.310，平均水平处于白酒产业行业第 5 位。2019 年，伊力特增长幅度较为明显，基本每股收益在此期间处于最高值，为 1.02 元，在该年度伊力特市场占有率相较于其余年度较优，有助于企业社会影响力发展。伊力特作为英雄文化特色产品，相比其他品牌，近几年发展一直处于稳定增长状态，企业社会影响力水平从 2016 年的 0.330 增长到 2019 年的 0.395。2019 年，受疫情影响，作为新疆品牌白酒的伊力特发展受阻严重。从 2019 年开始，伊力特企业社会影响力水平有所下降，企业支付税收占比、基本每股收益和市场占有率均有所缩减，阻碍企业社会影响力发展。

2016—2021 年，山西汾酒企业社会影响力水平呈出现先降低后回升的变化趋势，但整体呈现下降趋势，由 2016 年的 0.374 下降至 2021 年的 0.311，降幅为 16.929%；该时期企业社会影响力水平为 0.168—0.376。除 2018 年和 2019 年外，山西汾酒企业社会影响力水平高于白酒产业的企业社会影响力水平。2016—2021 年，山西汾酒企业社会影响力水平均值为 0.306，平均水平处于白酒产业行业第 6 位。2018 年，公司未披露安全生产内容、职工工资占比有所缩减，不利于企业社会影响力发展。企业在对外捐赠方面相较于其余企业较为薄弱，对社会贡献相对较低，影响山西汾酒整体社会影响力水平。

2016—2021 年，企业社会影响力平均水平在中国白酒上市企业排名处于中等 6 位的企业分别是洋河股份、古井贡酒、今世缘、迎驾贡酒、舍得酒业、天佑德酒。图 4-30 展示了 2016—2021 年洋河股份、古井贡酒、今世缘、迎驾贡酒、舍得酒业、天佑德酒以及白酒产业企业社会影响力水平情况。

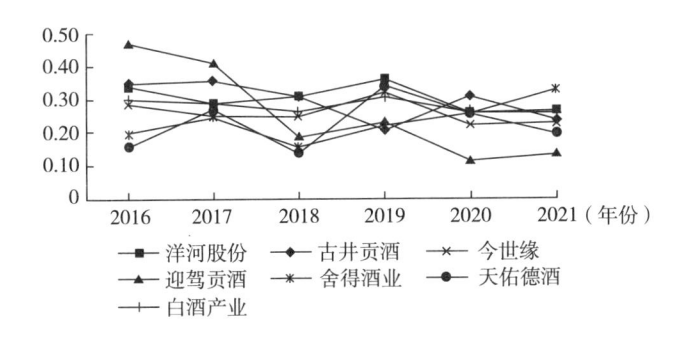

第四章 中国白酒产业指标体系构建及阐释、高质量发展测度及分析 / 141

图 4-30　2016—2021 年部分白酒上市企业社会影响力水平

2016—2021 年，洋河股份企业社会影响力水平呈现先降低后回升再下降的变化趋势，但整体呈现下降趋势，由 2016 年的 0.340 下降至 2021 年的 0.266，降幅为 21.953%；该时期企业社会影响力水平为 0.263—0.358。洋河股份企业社会影响力水平高于白酒产业的企业社会影响力水平。2016—2021 年，洋河股份企业社会影响力水平均值为 0.303，平均水平处于白酒产业行业第 7 位。洋河股份企业发展比较沉稳，排名一直属于中等水平。2019 年，洋河股份企业社会影响力水平指数上升幅度较大，主要由于该年度洋河股份其余各指标表现良好，其中企业支付税收占比上升，企业提高岗位增长率大幅度上升，助推企业社会影响力发展。

2016—2021 年，古井贡酒企业社会影响力水平呈现先降低后回升再下降的变化趋势，但整体呈现下降趋势，由 2016 年的 0.347 下降至 2021 年的 0.239，降幅为 31.319%；该时期企业社会影响力水平为 0.205—0.357。除 2019 年和 2021 年外，古井贡酒企业社会影响力水平高于白酒产业的企业社会影响力水平。2016—2021 年，古井贡酒企业社会影响力水平均值为 0.293，平均水平处于白酒产业行业第 8 位。2019 年古井贡酒企业社会影响力水平出现明显下降，在该年度古井贡酒未披露安全生产内容对企业社会影响力产生不利影响。与其余白酒企业相比，古井贡酒的对外捐赠较为薄弱，对社会贡献相对较低，以及企业市场占有率不高，影响古井贡酒整体社会影响力水平。

2016—2021 年，今世缘企业社会影响力水平呈现先升后降的变化趋势，但整体呈现下降趋势，由 2016 年的 0.284 下降至 2021 年的 0.228，降幅为 19.586%；该时期企业社会影响力水平在 0.219—0.317。除 2019

年外，今世缘企业社会影响力水平低于白酒产业的企业社会影响力水平。2016—2021年，今世缘企业社会影响力水平均值为0.257，平均水平处于白酒产业行业第9位。2018年和2019年今世缘提高岗位增长率出现较好的增长，为社会做出较好就业贡献。2019年，企业支付税收占比为17.33%，达到最高水平，提高为国家的税收贡献，促使今世缘在2019年企业社会影响力大幅提升。与其余白酒企业相比，今世缘的市场占有率不高，影响今世缘整体社会影响力水平。

2016—2021年，迎驾贡酒企业社会影响力水平呈现"阶梯式"下降的变化趋势，由2016年的0.469下降至2021年的0.133，降幅为71.717%；该时期企业社会影响力水平为0.114—0.469。2017年后，迎驾贡酒企业社会影响力水平低于白酒产业的企业社会影响力水平。2016—2021年，迎驾贡酒企业社会影响力水平均值为0.257，平均水平处于白酒产业行业第10位。迎驾贡酒在企业支付税收占比、提高岗位增长率方面表现越来越薄弱，企业的基本每股收益和市场占有率相比其余上市白酒企业偏低，不利于迎驾贡酒企业社会影响力水平提升。2016年，迎驾贡酒提高岗位增长率为11.21%，对社会就业作出一定贡献，促进企业社会影响力水平的提升。2018—2020年，迎驾贡酒未披露安全生产内容，对生产安全重视度有所下降。

2016—2021年，舍得酒业企业社会影响力水平呈现"N"形变化趋势，整体呈上升趋势，由2016年的0.196上升至2021年的0.325，增幅为65.762%；该时期企业社会影响力水平为0.150—0.325。除2021年外，舍得酒业企业社会影响力水平低于白酒产业的企业社会影响力水平，可见舍得酒业企业社会影响力水平虽然处于上升趋势，但是整体水平偏低。2016—2021年，舍得酒业企业社会影响力水平均值为0.231，平均水平处于白酒产业行业中等位置。考察期间，舍得酒业企业支付税收占比、基本每股收益和市场占有率逐渐增加，助推企业社会影响力水平提升。但企业提高岗位增长率不稳定，企业2018年和2019年未披露安全生产内容，企业的市场占有率相对偏低，不利于企业社会影响力稳健发展。

2016—2021年，天佑德酒企业社会影响力水平出现较大波动，整体有所上升，由2016年的0.160上升至2021年的0.196，增长22.483%；该时期企业社会影响力水平为0.140—0.343。除2019年外，天佑德酒企业社会影响力水平低于白酒产业的企业社会影响力水平。2016—2021年，

第四章　中国白酒产业指标体系构建及阐释、高质量发展测度及分析 / 143

天佑德酒企业社会影响力水平均值为 0.228，平均水平处于白酒产业行业中等位置。2019 年，天佑德酒企业社会影响力水平为 0.343，在考察期内处于最优状态。2018 年，天佑德酒企业社会影响力水平有所下降，主要原因是该年度企业未披露安全生产内容，同时提高岗位增长率出现负增长，影响了企业社会影响力水平。2020—2021 年，受疫情影响，天佑德酒提高岗位增长率均呈现负增长，市场占有率相对以往年度亦有所下降，导致企业社会影响力水平有所降低。天佑德酒在发展期间企业的基本每股收益和市场占有率相对较低，不利于提升企业社会影响力水平。

2016—2021 年，企业社会影响力平均水平在中国白酒上市企业排名处于靠后的 7 位企业分别是：口子窖、水井坊、老白干酒、顺鑫农业、金种子酒、酒鬼酒、*ST 皇台。图 4-31 展示了 2016—2021 年口子窖、水井坊、老白干酒、顺鑫农业、金种子酒、酒鬼酒、*ST 皇台以及白酒产业企业社会影响力水平情况。

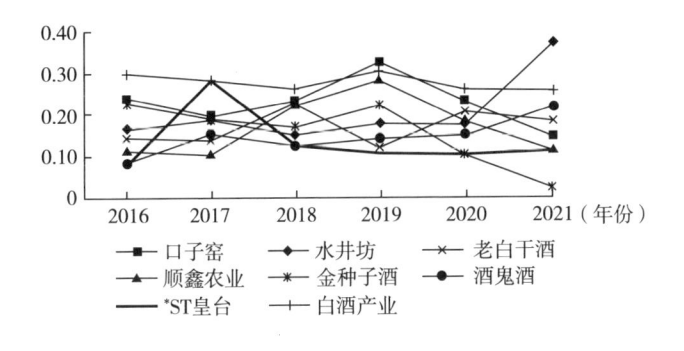

图 4-31　2016—2021 年部分白酒上市企业社会影响力水平

2016—2021 年，口子窖企业社会影响力水平呈现"N"形变化趋势，整体有所下降，由 2016 年的 0.238 降低至 2021 年的 0.145，降幅为 39.147%；该时期企业社会影响力水平为 0.145—0.325。除 2019 年外，口子窖企业社会影响力水平低于白酒产业的企业社会影响力水平。2016—2021 年，口子窖企业社会影响力水平均值为 0.228，平均水平处于白酒产业行业中等位置。该期间口子窖提高岗位增长率呈现负增长，除 2019 年和 2020 年外，口子窖捐赠收入比较低，对就业贡献和社会贡献较为薄弱。职工工资占比和市场占有率相对较低，不足 1%，不利于企业社会影响力发展。

2016—2021年，水井坊企业社会影响力水平出现波动上升趋势，由2016年的0.165上升至2021年的0.371，增幅为124.743%；该时期企业社会影响力水平在0.151—0.371。除2021年外，水井坊企业社会影响力水平低于白酒产业的企业社会影响力水平，可见水井坊企业社会影响力水平虽然处于上升趋势，但是整体水平偏低。2016—2021年，水井坊企业社会影响力水平均值为0.205，平均水平处于白酒产业行业靠后位置。该期间企业支付税收占比有所提升；基本每股收益逐渐由2016年的0.46元增长至2021年的2.45元，增长了4.33倍；企业捐赠收入比逐渐升高，表明企业社会贡献增多；2021年，企业开始对生产安全进行披露，企业对安全重视度有所提高。水井坊市场占有率逐渐提高，但是市场占有水平不高，不足1%，不利于企业社会影响力发展。

2016—2021年，老白干酒企业社会影响力水平呈现"M"形变化趋势，整体呈微升趋势，由2016年的0.144上升至2021年的0.185，增幅为28.47%；该时期企业社会影响力水平为0.121—0.227。老白干酒企业社会影响力水平低于白酒产业的企业社会影响力水平。2016—2021年，企业社会影响力水平均值为0.171，平均水平处于白酒产业行业靠后位置。2018年，老白干酒社会影响力水平为0.227，考察期内处于最优位置，该年度老白干并购丰联酒业使得提高岗位增长率达119.14%，使老白干酒企业社会影响力水平在2018年大幅提升。但整体来看，老白干酒企业支付税收占比逐渐降低、大客户收入占比也逐渐降低，基本每股收益和市场占有率相对较低，使老白干酒企业社会影响力水平偏低。

2016—2021年，顺鑫农业企业社会影响力水平呈现先上升后下降的变化趋势，该时期企业社会影响力水平在0.102—0.284。顺鑫农业企业社会影响力水平低于白酒产业的企业社会影响力水平。2016—2021年，顺鑫农业企业社会影响力水平均值为0.170，平均水平处于白酒产业行业靠后位置。2016年和2017年，顺鑫农业未披露安全生产内容，不利于企业社会影响力提升。2018年和2019年，企业基本每股收益的提升和酒类销售收入占比相对较高，助推了企业社会影响力的发展。但整体来看，顺鑫农业基本每股收益、职工工资占比、捐赠收入比相对较低，企业提高岗位增长率出现负增长，对企业社会影响力整体发展水平发挥约束与限制作用。

2016—2021年，金种子酒企业社会影响力水平出现波动下降的趋势，由2016年的0.228下降至2021年的0.025，降幅为88.860%；该时期企业社会影响力水平在0.025—0.228。金种子酒企业社会影响力水平低于白酒产业的企业社会影响力水平。2016—2021年，金种子酒企业社会影响力水平均值为0.157，平均水平处于白酒产业行业靠后位置。在此期间，金种子酒企业支付税收占比有所降低，基本每股收益、职工工资占比、捐赠收入比都相对不稳定且处于较低值；企业市场占有率未超过0.3%，市场占有率偏低，企业关于酒类销售收入占比低于85%，阻碍企业社会影响力发展。

2016—2021年，酒鬼酒企业社会影响力水平出现波动上升的趋势，由2016年的0.083上升至2021年的0.218，增幅为161.443%；该时期企业社会影响力水平在0.083—0.218。酒鬼酒企业社会影响力水平低于白酒产业的企业社会影响力水平，可见酒鬼酒企业社会影响力水平虽然处于上升趋势，但整体水平偏低。2016—2021年，酒鬼酒企业社会影响力水平均值为0.145，平均水平处于白酒产业行业靠后位置。该时期酒鬼酒基本每股收益和市场占有率有所提升，但企业提高岗位增长率有所减弱，企业市场占有率未达1%，市场占有偏低。企业在2021年前未披露安全生产内容，对安全生产重视度不够高，有碍企业社会影响力发展。

2016—2021年，*ST皇台企业社会影响力水平呈现先升后降再回升的变化趋势，整体呈上升趋势，由2016年的0.086上升至2021年的0.114，增幅为32.448%；该时期企业社会影响力水平在0.086—0.293。除2017年外，*ST皇台企业社会影响力水平低于白酒产业的企业社会影响力水平。2016—2021年，*ST皇台企业社会影响力水平均值为0.138，平均水平处于白酒产业行业末尾位置。2017年，*ST皇台披露了安全生产内容，企业提高对安全生产重视度，企业酒类销售收入占比相比2016年出现大幅提升，捐赠收入占比相比其余年份较高，所以2017年*ST皇台社会影响力水平出现大幅增长。*ST皇台提高岗位增长率出现负增长且不稳定，基本每股收益、捐赠收入比、企业支付税收占比、市场占有率、酒类销售收入占比相对其余上市白酒企业偏低，阻碍了*ST皇台企业社会影响力水平发展。

五 中国白酒产业高质量发展之企业财务质量分析

企业是否实现高质量发展其财务质量更直观地将其体现。企业的发展情况最终都将会在财务质量上体现。企业财务质量体现在企业绩效和财务风险两个方面。通过财务质量这一维度的测算结果,发现考察期内各白酒企业财务质量水平出现较为明显的变化,企业与企业之间的财务质量水平存在较大的差异。2016—2021 年中国白酒上市企业财务质量水平如表 4-6 所示。

表 4-6　　　　　　　　中国白酒上市企业财务质量水平

年份 简称	2016	2017	2018	2019	2020	2021	均值
五粮液	0.676	0.754	0.664	0.496	0.651	0.604	0.641
泸州老窖	0.827	0.860	0.624	0.424	0.524	0.459	0.620
贵州茅台	0.586	0.677	0.532	0.557	0.641	0.614	0.601
伊力特	0.649	0.767	0.713	0.496	0.535	0.390	0.592
山西汾酒	0.515	0.645	0.655	0.346	0.491	0.514	0.528
古井贡酒	0.583	0.622	0.572	0.390	0.449	0.549	0.527
金徽酒	0.633	0.612	0.548	0.374	0.424	0.359	0.491
今世缘	0.525	0.593	0.497	0.381	0.452	0.376	0.471
口子窖	0.527	0.615	0.514	0.390	0.342	0.388	0.463
酒鬼酒	0.472	0.533	0.432	0.326	0.484	0.442	0.448
洋河股份	0.528	0.576	0.477	0.317	0.348	0.329	0.429
老白干酒	0.468	0.540	0.724	0.292	0.281	0.251	0.426
天佑德酒	0.606	0.580	0.470	0.250	0.208	0.359	0.412
水井坊	0.523	0.582	0.444	0.305	0.261	0.336	0.408
顺鑫农业	0.421	0.526	0.500	0.265	0.374	0.363	0.408
迎驾贡酒	0.448	0.505	0.463	0.298	0.330	0.394	0.406
金种子酒	0.507	0.539	0.491	0.267	0.353	0.219	0.396
舍得酒业	0.339	0.442	0.289	0.214	0.273	0.396	0.325
*ST 皇台	0.190	0.086	0.042	0.485	0.223	0.045	0.178
白酒产业	0.528	0.582	0.508	0.362	0.402	0.389	—

如图 4-32 所示,2016—2021 年,白酒产业整体呈现波动变化的趋势,白酒产业财务质量水平为 0.362—0.582。白酒产业财务质量水平由 2016 年的 0.528 降到 2021 年的 0.389,降幅为 26.297%。该时期白酒产

业高质量发展水平为 0.253—0.294，白酒产业财务质量水平和高质量发展水平相比，白酒产业财务质量水平相对较高，在高质量发展中起着牵引作用。

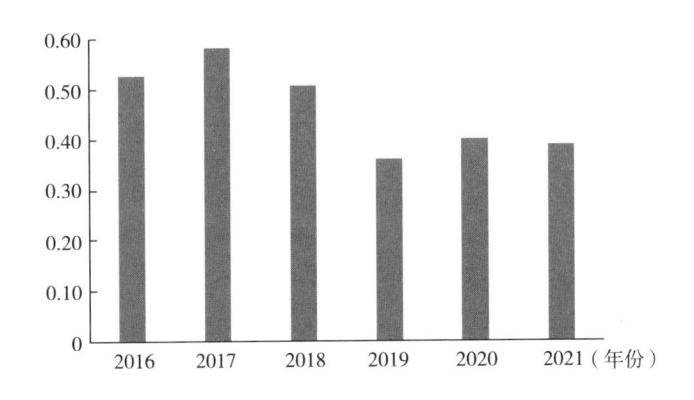

图 4-32　白酒产业财务质量水平

企业与企业之间的财务质量水平存在较大差距，2016—2021 年，五粮液企业财务质量水平均值为 0.641，在中国上市白酒企业财务质量平均水平中排名第 1 位，五粮液与排名最后的 *ST 皇台相差 0.462，可见企业与企业之间的企业财务质量水平差距较大，同样存在发展不平衡的问题。差距最大的是 2017 年，发展排名第 1 位的企业与发展排名最后的企业相差 0.774；差距最小的年份是 2019 年，该年度发展排名第 1 位的企业与发展排名最后的企业相差 0.343，但数值相差同样较大。方差最大的年份是 2017 年，其值为 0.023；方差最小的年份是 2019 年，其值为 0.009。2016—2021 年，19 家白酒上市企业财务质量水平为 0.042—0.860，亦可见企业财务质量水平分布较散，存在较大差异。

部分白酒企业财务质量水平存在较大波动。例如 *ST 皇台企业财务质量水平由 2016 年的 0.190 下降至 2021 年的 0.045，降幅为 76.169%，2019 年，*ST 皇台企业财务质量水平增长高达 10.63 倍；金种子酒企业财务质量水平由 2016 年的 0.507 下降至 2021 年的 0.219，降幅为 56.759%。可见部分白酒企业财务质量水平存在较大波动。2016—2021 年，白酒上市企业财务质量水平增长率为 -10%—10% 的企业仅有 4 家，亦可见部分白酒上市企业财务质量水平存在较大波动。考察期内，每年的财务质量水平排序的变动亦可见部分企业财务质量水平存在较大的变动。19家白酒上市企业在该期间排名变动大于4位的有16家，其中老白干酒、*ST皇台、天佑德酒、舍得酒业、酒鬼酒排名波动较大，排名分别变动了16、15、14、12、11个名次。

2016—2021年，企业财务质量平均水平在中国白酒上市企业排名处于前6位的企业分别是：五粮液、泸州老窖、贵州茅台、伊力特、山西汾酒、古井贡酒。图4-33展示了2016—2021年五粮液、泸州老窖、贵州茅台、伊力特、山西汾酒、古井贡酒以及白酒产业企业财务质量水平情况。

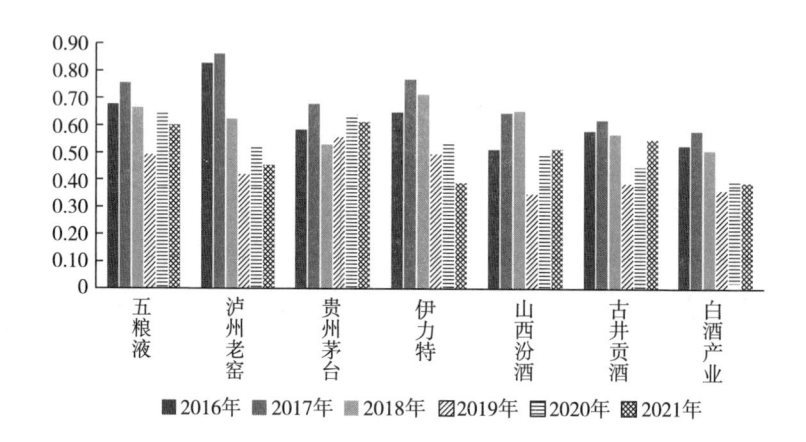

图4-33 2016—2021年部分白酒上市企业财务质量水平

2016—2021年，五粮液企业财务质量水平呈现"M"形变化趋势，由2016年的0.676下降至2021年的0.604，降幅达10.717%；该时期企业财务质量水平为0.496—0.754。五粮液企业财务质量水平高于白酒产业的企业财务质量水平。2016—2021年，五粮液企业财务质量水平均值为0.641，平均水平处于白酒产业行业第1位。该时期五粮液营业利润率呈波动变化趋势。2021年，营业利润率为49.17%，在全国规模以上白酒企业总体利润率上涨的环境下平稳增长。2016—2021年，五粮液的存货周转率、成本费用利润率呈逐年上涨的趋势。2021年，公司的存货周转率为1.198次，较2020年增长8.91%，这得益于公司考察期内的营收增长。

2016—2021年，泸州老窖企业财务质量水平呈现波动变化趋势，由2016年的0.827下降至2021年的0.459，降幅达44.498%；该时期企业财务质量水平为 0.424—0.860。泸州老窖企业财务质量水平高于白酒产业的企业财务质量水平。2016—2021 年，泸州老窖企业财务质量水平均值为 0.620。该时期泸州老窖的流动比率和存货周转率呈递减趋势，考察期内下降较为明显，企业资产负债率逐渐增加，在较长时间内并不能很好地提高公司偿债能力。虽然流动资产在考察期内呈现增长趋势，但由于销售规模的扩大，预收货款急剧增长，导致流动资产增长幅度小于流动负债增长幅度。2016—2021 年，泸州老窖成本费用利润率呈递增趋势，增长幅度高达 140.28%，考察期内上涨较为明显，主要原因是企业营业收入增加，使利润总额增长较快。

2016—2021 年，贵州茅台企业财务质量水平呈现升降交替的变化趋势，由 2016 年的 0.586 上升至 2021 年的 0.614，增幅达 4.614%；该时期企业财务质量水平为 0.532—0.677。贵州茅台企业财务质量水平高于白酒产业的企业财务质量水平。2016—2021 年，贵州茅台企业财务质量水平均值为 0.601，平均水平处于白酒产业行业第 3 位。该时期贵州茅台的资产负债率呈下降趋势，2021 年，其资产负债率达到 22.81%，较 2018 年有所下降，这得益于高效的资产配置；其流动比率在考察期内呈现上升的趋势，由 2016 年的 2.43 提升至 2021 年的 3.81，这由于贵州茅台的营业收入逐年上升，导致其流动资产增长进而导致流动比率增长较为明显。存货周转率有所提升，由 2016 年的 0.177 上升至 2019 年的 0.305，在 2020 年和 2021 年出现轻微回降。企业成本费用利润率出现增长趋势，主要因为贵州茅台的营业收入逐年上升，使利润总额不断上升所致。

2016—2021 年，伊力特企业财务质量水平呈现波动下降的变化趋势，由 2016 年的 0.649 下降至 2021 年的 0.390，降幅达 39.958%；该时期企业财务质量水平为 0.390—0.767。伊力特企业财务质量水平高于白酒产业的企业财务质量水平。2016—2021 年，伊力特企业财务质量水平均值为 0.592，平均水平处于白酒产业行业第 4 位。在此期间，2017 年，企业财务质量水平最好，综合排名达到了白酒产业行业第 2 位；2019 年，企业财务质量出现大幅度下降，由 0.713 下降至 0.496，降幅达 30.48%。伊力特作为地方酒业，在新疆当地占有巨大市场，其营业收入中以省内收入占主导，巨大的市场占有率使其在 2016—2020 年的财务质量水平始终位于前 3 位。但随着物流、市场自由流动等要素不断成熟，新疆白酒的市场竞争度越发激烈，为了更好地经营发展，伊力特开始不断开拓省外市场，但伊力特对外地市场的开拓并不顺利。为了扩大宣传，伊力特采取线上线下联合推广，因此投入了更多的销售费用，并且酿酒的部分原料上涨，致使其营业成本上升。2020年，疫情暴发导致新疆的物流和销售受到了阻碍，另外，因公司总部技术研发中心及配套设施建设项目、白酒文化产业园项目等竣工投产、运营，造成公司固定成本攀升。2021年，企业存货周转率降低，成本费用利润率下降，营业利润率有所减弱，资本积累率下降，导致伊力特财务质量水平大幅度下滑，排名也跌出前3位。

2016—2021年，山西汾酒企业财务质量水平呈现"升—降—升"变化趋势，由2016年的0.515微降至2021年的0.514，但从排名来看，山西汾酒排名由2016年第12位上升至2021年第4位，虽然财务质量水平有所降低，但在白酒行业中财务质量水平处于相对靠前位置，整个行业在该期间财务质量水平处于收缩趋势；该时期企业财务质量水平为0.346—0.655。除2016年和2019年外，山西汾酒企业财务质量水平高于白酒产业的企业财务质量水平。2016—2021年，山西汾酒企业财务质量水平均值为0.528，平均水平处于白酒产业行业第5位。考察期内呈现出波动式上升的趋势，在2019年和2021年企业财务质量状况指数出现较为明显的上升，企业财务质量状况指数由2019年的0.5145上升至2021年的0.5143，企业财务质量状况指数排名上升了6位。

2016—2021年，古井贡酒企业财务质量水平呈现"升—降—升"的变化趋势，但整体处于轻微下降趋势，由2016年的0.583下降至2021年的0.549，降幅为5.799%；该时期企业财务质量水平介于0.390—0.622。古井贡酒企业财务质量水平高于白酒产业的企业财务质量水平。2016—2021年，古井贡酒企业财务质量水平均值为0.527，平均水平处于白酒产业行业第6位，其中2018年和2019年企业财务质量水平下降较为明显。2021年，受财务政策影响，货币资金同比增长99.70%，进而导致资产增长率、资本额累计率分别达到67.37%和65.12%。除2021年外，其企业财务质量水平排名变化较为平稳，2021年，古井贡酒财务质量水平由2020年的第8名提升至第3名。2018年和2019年企业财务风险Z值偏低，对企业财务质量水平产生一定不利的影响。考察期内，山西汾酒成本费用利润率、营业利润率、总资产增长率和资本积累率表现增长趋势，有助于山西汾酒财务质量水平的提升。

2016—2021年,企业财务质量平均水平在中国白酒上市企业排名处于中等6位的企业分别是:金徽酒、今世缘、口子窖、酒鬼酒、洋河股份、老白干酒。图4-34展示了2016—2021年金徽酒、今世缘、口子窖、酒鬼酒、洋河股份、老白干酒以及白酒产业企业财务质量水平情况。

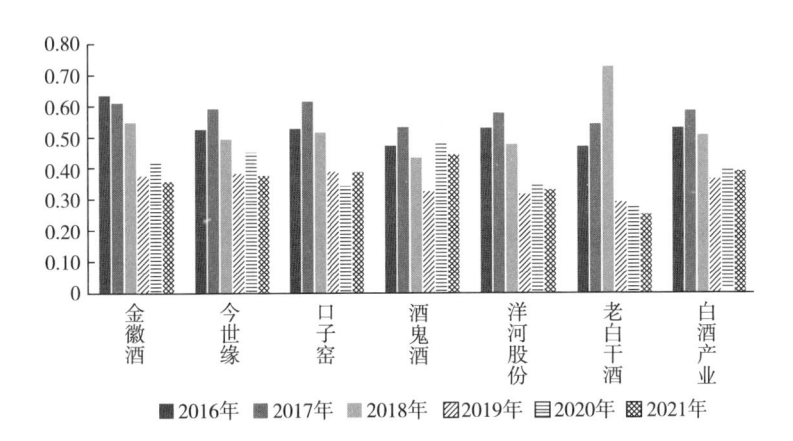

图4-34 2016—2021年部分白酒上市企业财务质量水平

2016—2021年,金徽酒企业财务质量水平呈现逐渐下降的变化趋势,由2016年的0.633下降至2021年的0.359,降幅为43.226%;该时期企业财务质量水平介于0.359—0.633。除2021年外,金徽酒企业财务质量水平高于白酒产业的企业财务质量水平。2016—2021年,金徽酒企业财务质量水平均值为0.491,平均水平处于白酒产业行业中等位置。金徽酒作为甘肃省第一龙头产业,占据着当地较大的市场份额,但甘肃省人均可支配收入全国最低,同时,金徽酒面临着来自全国化品牌白酒的竞争,在中高档产品的销售上并不占有优势,导致金徽酒的营业收入逐年下降。2016—2021年,金徽酒流动比率有所增长,但企业存货周转率有所降低。2020年,金徽酒对产品结构进行了优化升级,高档产品收入相对于上年增长了29.08%,有效地控制了原材料成本,使营业成本降低,毛利率提升至62.89%,促使其在2020年有了小幅度的回升。

2016—2021年,今世缘企业财务质量水平呈现升降交替的变化趋势,整体呈下降趋势,由2016年的0.525下降至2021年的0.376,降幅28.327%;该时期企业财务质量水平为0.376—0.593。今世缘企业财务质量水平与白酒产业的企业财务质量水平相近。2016—2021 年，今世缘企业财务质量水平均值为 0.471，平均水平处于白酒产业行业中等位置。作为次高端的白酒企业，公司的毛利率高，但同时作为区域性品牌白酒，其主要销售地区还是江苏，对于省外市场，占有率低。2016—2021 年，今世缘流动比率逐年降低，由 2016 年的 295.7%降低至 2021 年的 199.48%；资产负债率反而升高，由 2016 年的 25.21%升高至 2021 年的 35.59%，今世缘偿债能力有所下降。今世缘应收账款占比和存货周转率存在波动，存货周转率较低，为 0.512—0.643，企业营运能力还有待提升；企业的成本费用利润率、营业利润率、总资产增长率、资本积累率相对稳定，Z 值整体来看有所提高。

2016—2021 年，口子窖企业财务质量水平呈现"N"形的变化趋势，但整体处于下降趋势，由 2016 年的 0.527 下降至 2021 年的 0.388，降幅为 26.318%；该时期企业财务质量水平为 0.342—0.615。口子窖企业财务质量水平同白酒产业的企业财务质量水平相近。2016—2021 年，口子窖企业财务质量水平均值为 0.436，平均水平处于白酒产业行业中等位置。在安徽省内，口子窖与古井贡酒都属于龙头产业，但从近两年看，口子窖的销量和营收已经远远落后于古井贡酒，省内市场竞争激烈，次高端市场受古井贡酒竞争影响，中低端市场又面临迎驾贡酒等的争夺。2018 年，口子窖总资产增长率相对 2017 年有所降低，2019 年和 2020 年总资产增长率和资本积累率有所降低，对口子窖财务质量水平提升起着阻碍作用。但口子窖坚持以市场为导向，积极调整营销策略和目标任务。同时，不断加强市场建设和渠道运作，坚持产品品质，市场销售稳步恢复。2021 年，口子窖营业利润率、总资产增长率、资本积累率变好，促使口子窖财务质量水平有所回升。

2016—2021 年，酒鬼酒企业财务质量水平呈现"M"形的变化趋势，但整体出现轻微下降趋势，由 2016 年的 0.472 下降至 2021 年的 0.442，降幅为 6.327%；该时期企业财务质量水平为 0.326—0.533。2020 年前，酒鬼酒企业财务质量水平低于白酒产业的企业财务质量水平，2020 年出现反转，高于白酒产业财务质量水平。2016—2021 年，酒鬼酒企业财务质量水平均值为 0.448，平均水平处于白酒产业行业中等位置。近年来，随着白酒消费需求越来越多元化、个性化、差异化，酒鬼酒独创的馥郁香型白酒迎来了发展机遇。另外，随着中国人均可支配收入增加，中高收入群体不断扩大，白酒消费升级，高端、次高端白酒消费扩容，酒鬼酒牢牢抓住了这次机遇，大力发展高端、次高端白酒，并且因中粮集团的加入，酒鬼酒有了经验更丰富的管理层，极大地增加了市场信心，使酒鬼酒近几年的发展越来越快。考察期内，酒鬼酒存货周转率、成本费用利润率、营业利润率、总资产增长率、资本积累率逐渐提高，Z值有所变好，助推酒鬼酒企业财务质量水平的发展，但存货周转率偏低，不利于财务质量水平整体发展。2020年和2021年，连续两年进入行业前10位，处于第6位。

2016—2021年，洋河股份企业财务质量水平呈现先升后降再平稳的变化趋势，但整体出现下降趋势，由2016年的0.528下降至2021年的0.329，降幅为37.828%；该时期企业财务质量水平为0.317—0.576。2017年后，洋河股份企业财务质量水平低于白酒产业的企业财务质量水平。2016—2021年，洋河股份企业财务质量水平均值为0.429，平均水平处于白酒产业行业中等位置。洋河股份存货周转率在考察期内均值为0.467%，整体水平不高，数值逐渐减小，不利于企业财务质量水平提升。2019年，洋河股份成本费用利润率和总资产增长率、资本积累率有所降低，对企业财务质量水平提升发挥阻碍作用。

2016—2021年，老白干酒企业财务质量水平呈现先升后降的变化趋势，但整体出现下降趋势，由2016年的0.468下降至2021年的0.251，降幅为46.254%；该时期企业财务质量水平为0.251—0.724。除2018年外，老白干酒企业财务质量水平低于白酒产业的企业财务质量水平。2016—2021年，老白干酒企业财务质量水平均值为0.426，平均水平处于白酒产业行业中等位置。2018年，老白干酒财务质量水平出现大幅提升，达到行业第1位，其原因在于本年度老白干并购了湖南武陵酒、曲阜孔府家酒、承德乾隆醉酒以及安徽文王贡酒，4家区域酒企对其业绩增长起到很大帮助，使老白干酒总资产增长率、资本积累率出现大幅提升，同时提高了企业存货总周转率，使2018年老白干酒财务质量水平大幅提升。但由于老白干的产品线过于低端，向上不能突破，向下又比不过牛栏山，因此，产品的毛利率很低。其次，老白干的管理费用、销售费用高，与同行业相比，其企业财务质量水平一直处于中下位置。

2016—2021年，企业财务质量平均水平在中国白酒上市企业排名处于靠后7位的企业分别是：天佑德酒、水井坊、顺鑫农业、迎驾贡酒、金种子酒、舍得酒业、*ST 皇台。图 4-35 展示了 2016—2021 年天佑德酒、水井坊、顺鑫农业、迎驾贡酒、金种子酒、舍得酒业、*ST 皇台以及白酒产业企业财务质量水平情况。

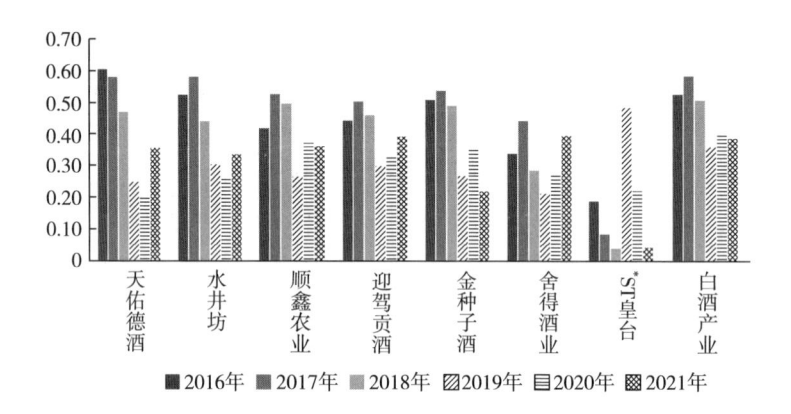

图 4-35　2016—2021 年部分白酒上市企业财务质量水平

除 2021 年外，天佑德酒企业财务质量水平在考察期内均呈下降趋势，由 2016 年的 0.606 下降至 2021 年的 0.359，降幅为 40.829%；该时期企业财务质量水平为 0.208—0.606。除 2016 年外，天佑德酒企业财务质量水平低于白酒产业的企业财务质量水平。2016—2021 年，天佑德酒企业财务质量水平均值为 0.412，平均水平处于白酒产业行业靠后位置。天佑德酒作为全国最大的青稞酒生产商，占据着全省近 80% 的市场份额，但随着白酒市场的变化，天佑德酒由于其产品划分不明确、重复产品多等问题导致其销售量日渐下滑；其次，天佑德酒属于小品类酒，容易受到区域限制，很难做到全国化，但天佑德酒并不想局限于西北市场，为了开拓全国市场，天佑德酒在广告投入和消费者运营方面做了大量投资，不仅增加了营业成本，反而影响了利润；为了摆脱困境，天佑德酒对高中低档酒进行了划分，调整了核心产品价格体系，优化了产品结构，中高档产品占比显著提高，随着白酒行业趋势向好，2021 年，公司的核心区域业务得到了修复，成功扭亏为盈，企业财务质量水平有所回升。2016—2021 年，天佑德酒偿债能力有所提升，其流动比率逐渐升高，资产负债率有所降低。但是企业营运能力有所减弱，应收账款占比逐渐增多，使企业应收款增多，存货周转率有所降低，不利于企业存货快速运转。企业获利能力和成长能力不稳定，不利于企业财务质量水平稳定提升。

2016—2021年，水井坊企业财务质量水平呈现"N"形变化趋势，但整体出现下降趋势，由2016年的0.523下降至2021年的0.336，降幅为35.730%；该时期企业财务质量水平为0.261—0.582。除2017年外，水井坊企业财务质量水平低于白酒产业的企业财务质量水平。2016—2021年，水井坊企业财务质量水平均值为0.408，平均水平处于白酒产业行业靠后位置。2018年，为走高端发展路线，水井坊加大了对广告宣传的投入以强化品牌知名度，为支持业务增长和人才储备需要，支付的职工薪水增加、原材料成本增加，虽然当年的营业收入有了大幅度增长，但大量的营业成本导致其净利润不高，且该年度同行业的白酒企业发展大都向好，导致水井坊在2017—2018年的财务质量水平排名下降。考察期内，水井坊偿债能力有所减弱，企业流动比率有所降低，资产负债率有所提升，不利于企业财务质量水平的提升。水井坊存货周转率均值为0.395次，相对其余上市白酒企业偏低，不利于企业财务质量水平整体发展。

2016—2021年，顺鑫农业企业财务质量水平呈现升降交替的变化趋势，但整体出现下降趋势，由2016年的0.421下降至2021年的0.363，降幅为13.676%；该时期企业财务质量水平为0.265—0.526。顺鑫农业企业财务质量水平低于白酒产业的企业财务质量水平。2016—2021年，顺鑫农业企业财务质量水平均值为0.408，平均水平处于白酒产业行业靠后位置。该时期顺鑫农业企业资产负债率相对其余白酒企业偏高，存在较大的偿债压力；企业成本费用利润率、营业利润率相对其余上市白酒企业较低；财务风险Z值处于3.8及以下，出现财务风险的可能性较大，不利于企业整体财务质量的提升。

2016—2021年，迎驾贡酒企业财务质量水平呈现"N"形变化趋势，但整体出现下降趋势，由2016年的0.448下降至2021年的0.394，降幅为12.076%；该时期企业财务质量水平为0.298—0.505。除2021年外，迎驾贡酒企业财务质量水平低于白酒产业的企业财务质量水平。2016—2021年，迎驾贡酒企业财务质量水平均值为0.406，平均水平处于白酒产业行业靠后位置。迎驾贡酒与同行业相比，企业财务质量水平排名一直比较稳定，位于中下的位置。2016—2021年，迎驾贡酒企业流动比率和资产负债率相对稳定，体现企业偿债能力较为稳定；应收账款占比虽然有所降低，由 2016 年的 2.35% 下降至 2021 年的 1.09%，但其数值在上市白酒企业中相对较大，存货周转率出现下降趋势，不利于企业财务质量的提升；成本费用利润率、营业利润率、总资产增长率和资本积累率除 2021 年有所提升外，相对稳定；Z 值在此期间有所提升，尤其是 2021 年，迎驾贡酒 Z 值上升至 15.03，使迎驾贡酒财务质量整体水平偏低，在 2020 年到 2021 年有所回升。

金种子酒企业财务质量水平除在 2017 年和 2020 年有所回升外，其余年份均出现下降，整体呈现下降趋势，由 2016 年的 0.507 下降至 2021 年的 0.219，降幅为 56.759%；该时期企业财务质量水平为 0.219—0.539。金种子酒企业财务质量水平低于白酒产业的企业财务质量水平。2016—2021 年，金种子酒企业财务质量水平均值为 0.396，平均水平处于白酒产业行业靠后位置。随着白酒行业不断向中高端发展，行业利润进一步向头部行业以及中高端品牌集中，而金种子在上市白酒行业的发展中始终位于中后端位置，且企业生产的酒类产品中低端产品占比更大，原材料成本以及人工成本不断上涨。另外，作为区域性企业品牌，市场压力一直很大，与上市白酒企业相比，2021 年，金种子酒成本费用利润率、营业利润率、资本积累率出现负增长，总资产增长率较低，再加上企业存货周转率的下降，使金种子酒财务质量水平有所下降，其排名在上市白酒企业中为第 18 名，位于靠末尾的位置。

2016—2021 年，舍得酒业企业财务质量水平呈现"N"形变化趋势，整体上升，由 2016 年的 0.339 上升至 2021 年的 0.396，增幅为 16.779%；该时期企业财务质量水平为 0.214—0.442。除 2021 年外，其余年份舍得酒业企业财务质量水平低于白酒产业的企业财务质量水平。2016—2021 年，舍得酒业企业财务质量水平均值为 0.325，平均水平处于白酒产业行业靠后位置。2020 年，虽然受新冠疫情影响，聚会、宴请等消费场景减少，许多中高端白酒企业都面临着库存问题，但舍得酒业通过实施老酒战略、拓展企业团购，积极布局新市场、新渠道，取得了良好效果，降低了社会库存，销售额得到大幅度增长，使其财务质量综合指数首次进入行业前十。2021 年，舍得酒业企业流动比率有所提高，由 2020 年的 187.68% 上升至 2021 年的 219.06%；资产负债率有所下降，由 2020 年的 41.41% 下降至 2021 年的 38.26%；企业应收款占比由 2020 年的 6.88% 下降至2021年的3.04%；存货周转率由2020年的0.26次上升至2021年的0.41次；成本费用利润率、营业利润率、总资产增长率、资本积累率和Z值也有所提高，促使舍得酒业财务质量水平提升。与其余上市白酒企业相比，舍得酒业的应收账款占比均值为4.28%，相对偏高，存货周转率均值为0.271次，相对偏低，不利于舍得酒业财务质量水平整体的提升。

2016—2021年，*ST皇台企业财务质量水平呈现先降后升再下降的变化趋势，整体为下降趋势，由2016年的0.190下降至2021年的0.045，降幅为76.169%；该时期企业财务质量水平为0.042—0.485。除2019年外，其余年份*ST皇台企业财务质量水平低于白酒产业的企业财务质量水平。2016—2021年，*ST皇台企业财务质量水平均值为0.178，平均水平处于白酒产业行业末尾位置。2016—2018年，*ST皇台连续三年营业为负，因此，为尽快恢复市场，公司于2019年暂停上市，对经营管理层做出调整，引进新控股股东盛达集团，通过债务转移和资产注入拯救皇台酒业；在销售渠道和产品口感上，首先以甘肃本地消费喜好为主，先掌握本地市场再逐步推向全国市场；组建了新的营销团队；开发新客户，通过多种方式，*ST皇台成功提高了营业收入，扭亏为盈，且净资产为正，并于2020年成功恢复上市。但在恢复上市后，受疫情影响，企业营业收入下降，尤其是中高端产品销售量减少，主营收入内中低端产品收入占主导，毛利率低。同时，为了拓展市场和维护本地市场，公司在销售方面的费用也不断增加，使企业财务质量低于其余企业。2016—2021年，*ST皇台流动比率均值为51.03%，处于白酒产业行业最低水平；企业资产负债率均值为107.1%，处于白酒产业行业最高水平；企业应收账款占比均值为5.64%，也处于白酒产业行业较高水平；企业的存货周转率出现下降趋势，成本费用利润率、营业利润率、总资产增长率、资本积累率和Z值均极不稳定，对*ST皇台财务质量水平产生负面影响，阻碍企业财务质量水平的提升。

第五章 中国白酒产业高质量发展水平格局分析

第一节 中国白酒产业高质量发展水平格局动态演进

一 Kernel 密度估计

本书采用非参数估计的 Kernel 密度估计分析白酒上市企业高质量发展水平的动态演进趋势,核密度估计不需要事先假定变量的分布,对模型的稳健性较强。采用连续的密度函数来描述随机变量的动态演进,计算如式(5-1):

$$f(x) = \frac{1}{Nh} \sum_{i=1}^{N} K\left(\frac{x_i - \bar{x}}{h}\right) \tag{5-1}$$

其中,f(x)为白酒上市企业高质量发展水平的密度函数,N 为样本数量,x_i 为样本值,$\bar{x}$ 为样本均值,h 为带宽。本书采用高斯核密度进行对白酒上市企业高质量发展水平分布动态的估计,计算如式(5-2):

$$k(x) = \frac{1}{\sqrt{2\pi}} e^{\left(-\frac{x^2}{2}\right)} \tag{5-2}$$

二 中国白酒产业产区分布

我国白酒产区大致可分为十个,根据中国白酒上市企业所处省份,白酒企业产区分布如表5-1所示。

表5-1　　　　　　　中国白酒上市企业产区分布

产区	企业	企业所在省份
川酒产区	五粮液	四川省

续表

产区	企业	企业所在省份
川酒产区	泸州老窖	四川省
川酒产区	水井坊	四川省
川酒产区	舍得酒业	四川省
华北产区	山西汾酒	山西省
华北产区	老白干酒	河北省
华北产区	顺鑫农业	北京市
华中南产区	酒鬼酒	湖南省
徽酒产区	古井贡酒	安徽省
徽酒产区	口子窖	安徽省
徽酒产区	迎驾贡酒	安徽省
徽酒产区	金种子酒	安徽省
黔酒产区	贵州茅台	贵州省
苏酒产区	洋河股份	江苏省
苏酒产区	今世缘	江苏省
西北产区	伊力特	新疆维吾尔自治区
西北产区	金徽酒	甘肃省
西北产区	天佑德酒	青海省
西北产区	*ST 皇台	甘肃省

三 中国白酒产业高质量发展总体水平分布动态演进

中国白酒产业高质量发展水平的分布动态演进趋势如图 5-1 所示，从波峰数量来看，2016—2018 年，中国白酒产业高质量发展水平分布出现一个主峰和一个侧峰，主峰位于 0.2—0.4，侧峰位于 0.6—0.8，侧峰主要是由贵州茅台高质量发展水平偏高引起；2019—2021 年，出现一个主峰和两个侧峰，主峰仍位于 0.2—0.4，侧峰分别位于 0.6 的左右两边，偏 0.6 右边的侧峰是由贵州茅台高质量发展水平偏高引起的，其中偏 0.6 左边的侧峰是由五粮液和泸州老窖的高质量发展水平引起的。白酒产业高质量发展水平存在多峰特征，且主峰与侧峰之间距离较大，说明中国白酒产业高质量发展水平存在极化现象。

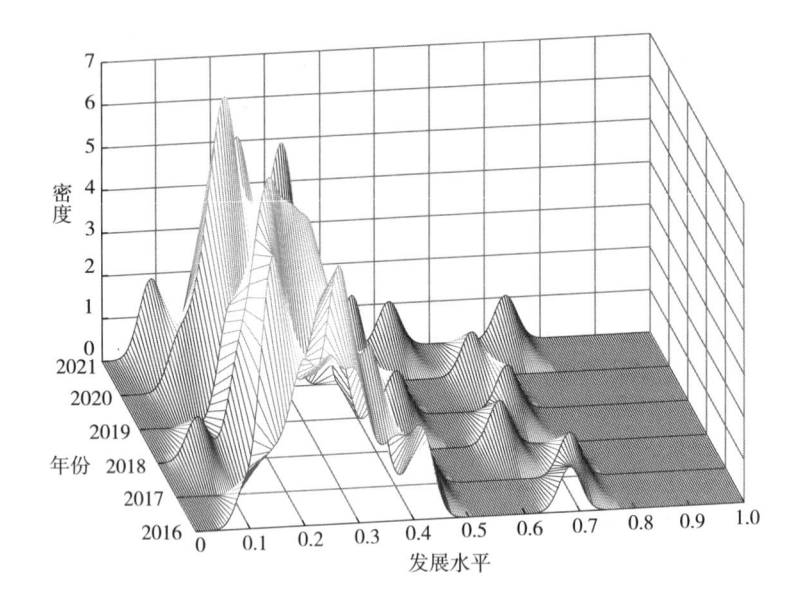

图 5-1　2016—2021 年中国白酒产业高质量发展水平分布动态

从主峰的位置来看，2018 年和 2020 年主峰向左移，说明这两个年度中国白酒产业高质量发展水平有所降低；2017 年、2019 年、2021 年主峰向右移，说明这三个年度中国白酒产业高质量发展水平有所上升。

从主峰高度与宽度来看，2019 年和 2020 年峰度较高，说明该期间中国白酒上市企业高质量发展水平相对集中在 0.2—0.4，但 2020 年波峰宽度较大，说明该年度各上市白酒企业高质量发展仍存在一定差异；2019 年波峰宽度较窄，说明该年度中国白酒产业高质量发展水平差距缩小；2016—2018 年、2021 年波峰"宽而低"，说明在此期间白酒产业高质量发展水平分布较散，具有较大差异。

四　各产区白酒上市企业高质量发展水平分布动态演进

图 5-2 为川酒产区高质量发展水平动态演进图，从波峰数量来看，除 2021 年外，川酒产区高质量发展水平存在两个波峰，且两波峰分别分布在 0.2 左右和 0.4 左右，存在两个波峰的原因是五粮液和泸州老窖高质量发展水平在川酒产区具有明显的领先作用，导致一个波峰出现在 0.4 左右的位置；水井坊和舍得酒业的高质量发展水平在川酒产区相对落后，导致另一个波峰出现在 0.2 的附近。

第五章　中国白酒产业高质量发展水平格局分析 / 161

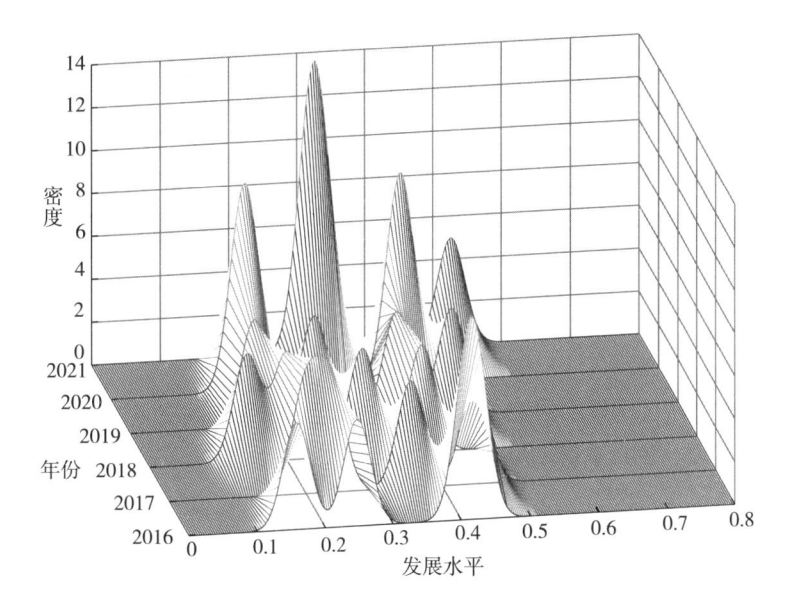

图 5-2　2016—2021 年川酒产区高质量发展水平分布动态

根据波峰的变化可以发现，2016 年，右波峰相对于左波峰"高而窄"，说明该年度五粮液和泸州老窖高质量发展水平的差异小于水井坊和舍得酒业的差异。2017 年，左波峰相对于右波峰"高而窄"，说明该年度水井坊和舍得酒业的高质量发展水平差异小于五粮液和泸州老窖的差异。2018—2019 年，波峰差异不明显。2020 年，两波峰高度与宽度相接近，且高而窄，但两峰间的距离较远，说明该年度五粮液和泸州老窖高质量发展水平的差异与水井坊和舍得酒业的差异相近，且差异较小，但"五粮液和泸州老窖"同"水井坊和舍得酒业"的高质量发展水平存在一定的差距。与其余年份不同，2021 年只存在一个主峰和一个小侧峰，且该主峰"高而窄"，侧峰"较矮"，主峰位置向右移，说明该年度川酒产区高质量发展水平有所提高且差距有所缩减。

图 5-3 为华北产区高质量发展水平动态演进图，从波峰个数来看，除 2018 年和 2021 年外，其余年份华北产区存在一个波峰，且位置较稳定，处于 0.2 左右，说明该时期内华北产区高质量发展水平较为稳定。2018 年，华北产区主峰右侧线出现突出，但还未形成完整侧峰，说明在该年度出现另一个峰值但是距离主峰较近未形成侧峰。2021 年出现侧峰说明该年度华北产区高质量发展水平较其余年份存在较大差异。

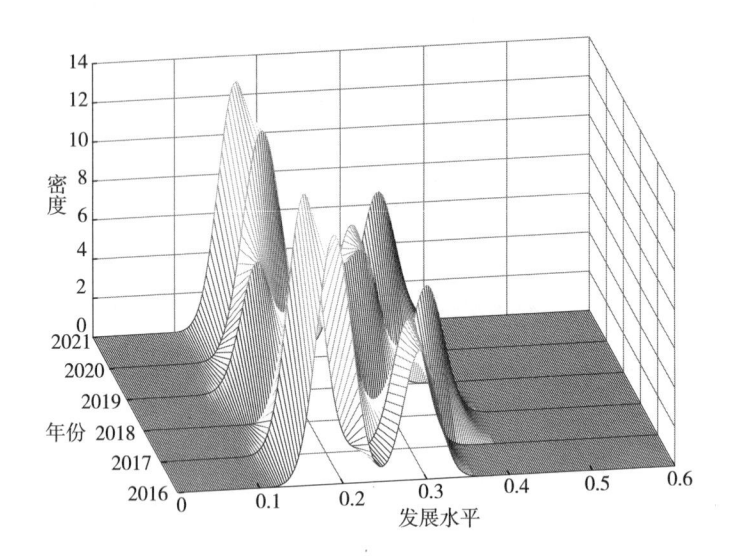

图 5-3　2016—2021 年华北产区高质量发展水平分布动态

图 5-4 为华中南产区高质量发展水平动态演进图，由于华中南产区只有酒鬼酒一家上市白酒企业，所以各年份的核密度曲线呈现正太分布且产区内不存在差异。根据华中南产区的波峰位置来看，整体呈现向右移动趋势，说明华中南高质量发展水平有所提升。

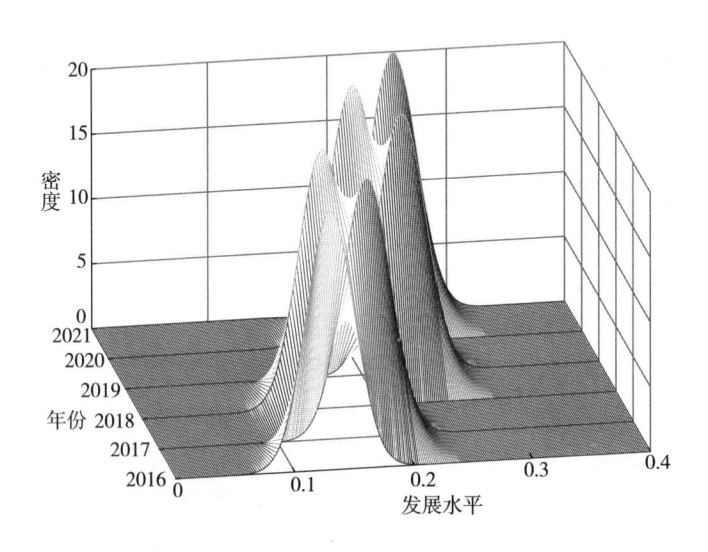

图 5-4　2016—2021 年华中南产区高质量发展水平分布动态

图 5-5 为徽酒产区高质量发展水平动态演进图,从波峰数量来看,2016—2020 年,徽酒产区均存在一个波峰,说明该期间不存在极化现象。2021 年,存在一个主峰,一个侧峰,说明该年度徽酒产区高质量发展水平存在极化现象,存在较大差异。根据波峰的变化来看,2016 年、2017 年、2019 年、2021 年主峰位置位于 0.2—0.4,2018 年和 2020 年主峰向左移,位于 0.2 处,说明徽酒产区高质量发展水平在 2018 年和 2020 年有所下降。

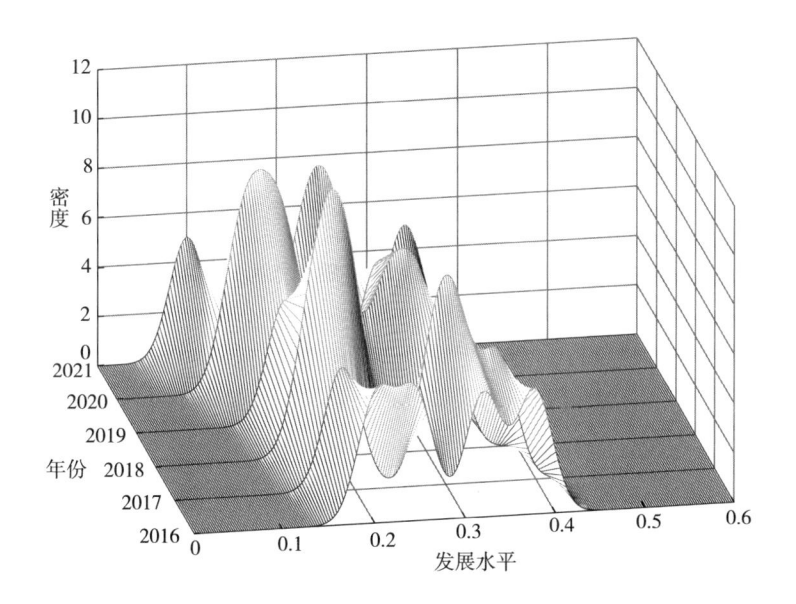

图 5-5 2016—2021 年徽酒产区高质量发展水平分布动态

图 5-6 为黔酒产区高质量发展水平动态演进图,同华中南产区相似,由于黔酒产区只有贵州茅台一家上市白酒企业,所以各年份的核密度曲线呈现正太分布且产区内不存在差异。以 2016 年为参照,2017 年和 2021 年波峰出现右移,说明这两个年度黔酒产区高质量发展水平有所提升;2018—2020 年,黔酒产区波峰位置相对 2016 年向左移动,说明该时期黔酒产区高质量发展水平有所下降。波峰所处位置位于 0.6—0.8,可见黔酒产区高质量发展水平相对其余产区处于较高状态。

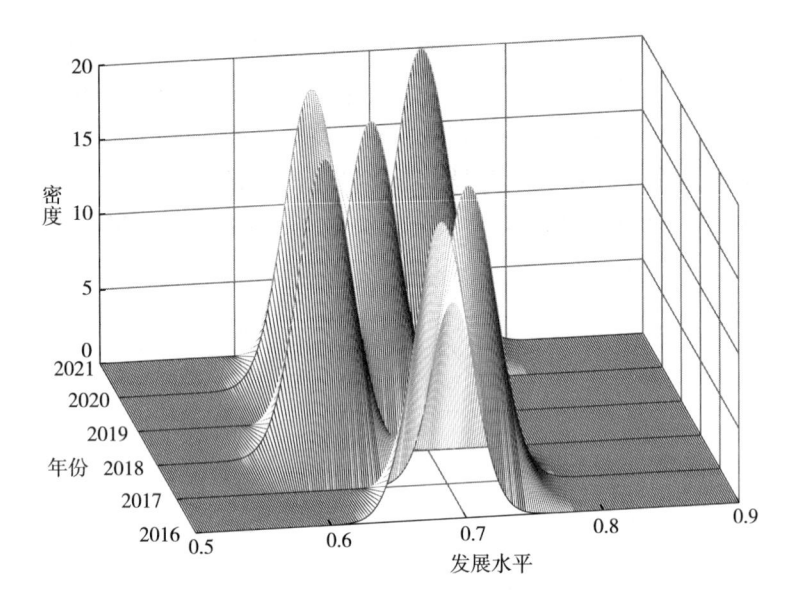

图 5-6 2016—2021 年黔酒产区高质量发展水平分布动态

图 5-7 为苏酒产区高质量发展水平动态演进图,根据波峰数量来看,2016—2021 年,苏酒产区均只有一个波峰,说明考察期内不存在极化现象。但 2016 年和 2017 年波峰"宽而矮"说明这两个年度产区内存在较大差异。2018—2020 年波峰逐渐增高,说明该阶段产区内差异有所减小,2021 年波峰高度出现降低,说明差异有所增加。根据波峰位置来看,波峰处于 0.2—0.4,相对于 2016 年的位置看,2019 年和 2021 年出现右移,说明这两个年度苏酒产区高质量发展水平有所提升;2018 年和 2020 年出现左移,说明这两个年度苏酒产区高质量发展水平有所下降;2017 年位置相对不变,较稳定。

图 5-8 为西北产区高质量发展水平动态演进图,根据波峰数量来看,除了 2019 年没有侧峰和 2017 年侧峰不明显外,其余年份均存在一个主峰和一个侧峰,说明西北产区在 2019 年和 2017 年不存在极化现象,其余年份存在极化现象,存在较大差异。由于 *ST 皇台在考察期内高质量发展水平波动较大且处于较低水平,所以出现侧峰,且位于主峰左侧。根据主峰位置来看,考察期内主峰位于 0.3 左右,2017 年和 2019 年主峰向右移,2021 年主峰向左移,说明西北产区高质量发展水平在 2017 年和 2019 年有所提升,在 2021 年有所下降。

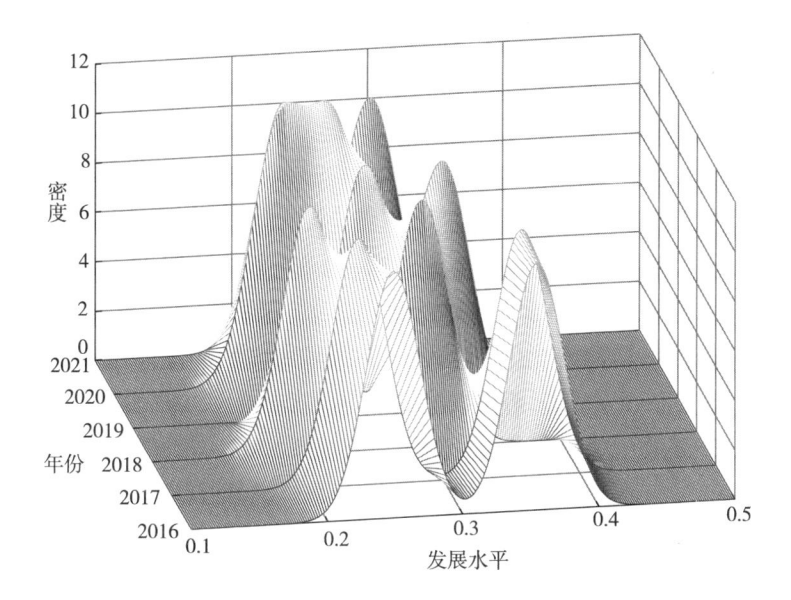

图 5-7　2016—2021 年苏酒产区高质量发展水平分布动态

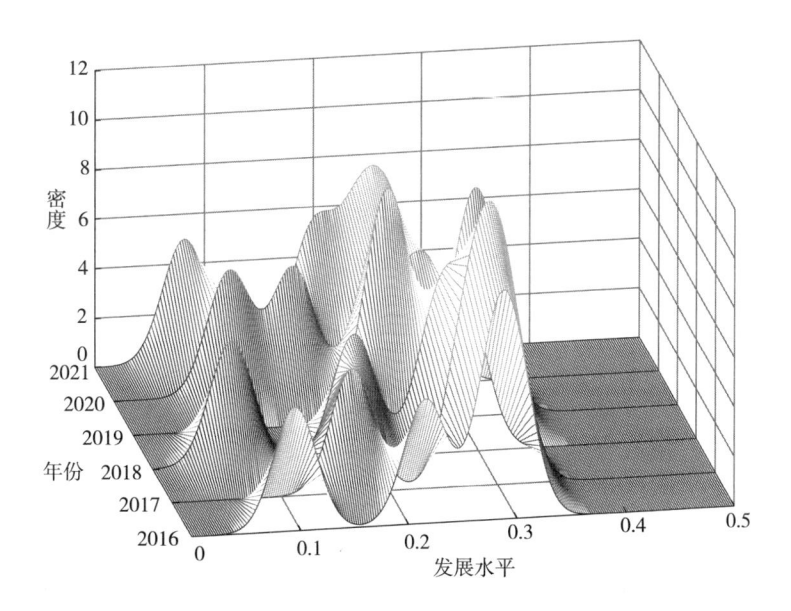

图 5-8　2016—2021 年西北产区高质量发展水平分布动态

第二节　中国白酒产业高质量发展水平差异分析

一　变异系数

变异系数（Coefficient of Variation，CV），又称"离散系数"，是样本标准差与样本平均值的比值，它是一个相对值，是测量离散度的相对指数，变异系数越大，数据离散程度越大，反之越小。其表示如式（5-3）：

$$CV = \frac{\sqrt{\sum_{j}^{m}(H - \overline{H}^2)}}{m} \div \overline{H} \qquad (5-3)$$

其中，CV 为变异系数，H 为中国白酒上市企业发展水平，$\overline{H}$ 为中国白酒上市企业发展水平平均值，m 为样本量。

二　中国白酒产业高质量发展水平差异分析

图 5-9 展示了 2016—2021 年全国及各大产区内高质量发展水平的变异系数发展情况。在样本考察期内，全国的高质量发展水平的变异系数演变总体波动比较平缓，2016—2019 年呈缓慢下降趋势，波动程度缓和，说明全国上市白酒企业之间的高质量水平差异在逐渐缩小。2020—2021 年，变异系数呈上升趋势，说明该阶段全国白酒上市企业高质量发展水平之间差距逐渐拉大，整体来看，2016—2021 年，全国白酒上市企业高质量发展水平的变异系数未出现收敛状态，差异有所上升。

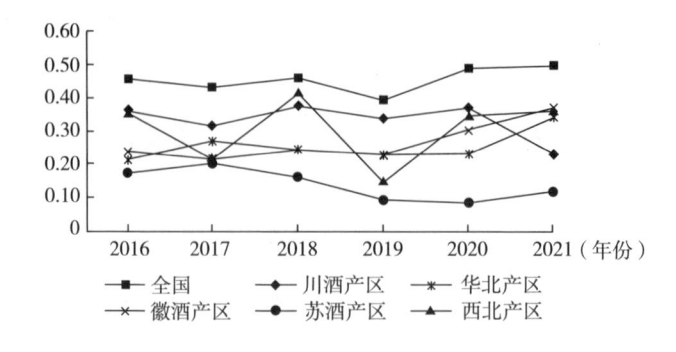

图 5-9　白酒上市企业产区内高质量发展水平变异系数

由于华中南产区、黔酒产区内都只有一家白酒企业，因此此处不做产区内的差异分析。如图5-9所示，五大产区内差异相比于全国白酒上市企业间的差异相对较小。其中川酒产区和苏酒产区内差异有所缩小；华北产区和徽酒产区差异有所扩张，西北产区差异波动较大，但处于轻微扩张趋势。

2016—2020年，川酒产区差异系数为0.317—0.370，相对其余产区差异较大，在川酒产区中，五粮液和泸州老窖作为白酒头部企业，无论是技术、资源、财力还是人力上都能为高质量发展提供支持，与其余两家川酒产业（水井坊和舍得酒业）的差距有所拉大。2021年，水井坊和舍得酒业高质量发展水平提升，促使川酒产区内的差异减小，差异系数由2020年的0.370降低至2021年的0.232，差异有所缩减。

2016—2021年，苏酒产区高质量发展水平差异系数为0.089—0.202，整体有所缩减，说明苏酒产区内差异有所缩小。苏酒产区的两个白酒企业为洋河股份和今世缘，两者高质量发展水平差距相对其余产区间企业高质量发展水平差距较小。

2016—2021年，华北产区高质量发展水平差异系数为0.218—0.347。其中，2016—2020年，华北产区高质量发展水平差异系数相对稳定，说明山西汾酒、老白干酒、顺鑫农业在该期间高质量发展水平相对变动不大，企业间高质量发展水平差异相对稳定。2021年，华北产区高质量发展水平差异系数由2020年的0.232上升至0.347，上升幅度为49.65%。山西汾酒在华北产区中高质量发展水平相对较好，而老白干酒和顺鑫农业高质量发展水平有所降低，以至2021年华北产区高质量发展水平差异系数大幅上升，使华北产区白酒企业间高质量发展水平差异被拉大。

2016—2021年，徽酒产区高质量发展水平变异系数为0.219—0.371。其中，2016—2019年相对稳定，2020—2021年出现大幅上升，整体来看，高质量发展水平处于上升趋势。说明2016—2019年徽酒产区中各白酒企业高质量发展水平差异相对稳定，2020—2021年，徽酒产区中各白酒企业高质量发展水平差异有所增加。2020年，由于口子窖和迎驾贡酒高质量发展水平下降较快，古井贡酒和金种子酒高质量发展水平变化较平缓，使该年度徽酒产区高质量发展水平差异拉大。2021年，古井贡酒、口子窖、迎驾贡酒高质量发展水平呈现上升趋势，而金种子酒依旧处于下降趋势，导致该年度徽酒产区高质量发展水平出现较大差异。

2016—2021年，西北产区高质量发展水平变异系数为0.151—0.418，存在较大的波动变化。根据西北产区的各白酒上市企业高质量发展水平来看，伊力特和金徽酒两家白酒上市企业高质量发展水平波动和差异都相对较小，西北产区的白酒高质量发展水平变异系数不稳定的主要原因是*ST皇台酒业和天佑德酒在考察期内高质量发展水平存在较大波动，导致西北产区高质量发展水平的差异不但不稳定，还存在轻微扩张的趋势。

三 中国白酒产业高质量发展之企业管理与治理水平差异分析

图5-10展示了2016—2021年全国及各大产区内企业管理与治理水平的变异系数发展情况。在样本考察期内，中国白酒上市企业管理与治理水平的变异系数出现"M"形波动，2017年和2020年全国的企业管理与治理水平有所上升，其余年份相对平缓。说明这两个年度中国白酒各上市企业管理与治理水平之间差异有所增加，其余年份各企业间的管理与治理水平差异相对稳定。2021年，全国白酒上市企业管理与治理水平差异系数相对2016年有所增加，由此可知，全国白酒上市企业管理与治理水平之间的差距出现轻微上升。

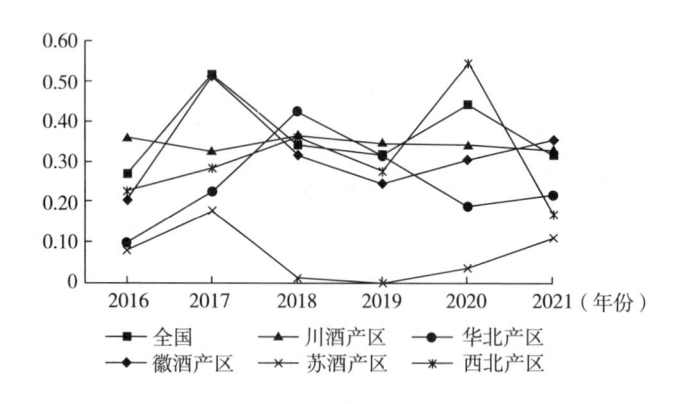

图5-10 白酒上市企业产区内企业管理与治理水平变异系数

如图5-10所示，五大产区中苏酒产区企业管理与治理水平变异系数最低，川酒产区企业管理与治理水平变异系数相对较高，但波动最小，华北产区、徽酒产区、西北产区的企业管理与治理水平变异系数波动较大。说明苏酒产区内各企业管理与治理水平差异最小,川酒产区内各企业管理与治理水平差异较大但是较为稳定,华北产区、徽酒产区、西北产区各企业管理与治理水平差异较大,且该差异不稳定。

川酒产区企业管理与治理水平变异系数相对稳定,但系数处于较高位置。2016—2021年,川酒产区企业管理与治理水平变异系数为0.325—0.364,根据变异系数的变化趋势,发现在该时期出现轻微的收敛,但收敛不明显。说明川酒产区企业管理与治理水平差异较为稳定,差异有轻微的收缩。

华北产区企业管理与治理水平变异系数出现先上升再下降最后又轻微回升的发展趋势。2016—2021年,华北产区企业管理与治理水平变异系数为0.097—0.422,2021年,变异系数为0.219,明显高于2016年的变异系数,发展过程有所波动,但还是处于扩张状态。说明华北产区在考察期内企业管理与治理水平的差异存在较大的波动,与2016年相比,2021年差异有所增加。2018年和2019年因产区内山西汾酒企业管理与治理水平有所增加,与老白干酒和顺鑫农业企业管理与治理水平出现较大差距,导致2018年和2019年华北产区企业管理与治理水平变异系数变大,分别达到0.422、0.313,使产区的差异变大。

徽酒产区企业管理与治理水平变异系数出现"N"形的发展趋势。2016—2021年,企业管理与治理水平变异系数为0.204—0.513,整体呈现上升趋势,在2017年达到考察期的最大值。说明徽酒产区企业管理与治理水平整体差异较大,且差异不稳定。徽酒产区企业管理与治理水平差异较大的原因是金种子酒企业管理与治理水平远落后于古井贡酒、口子窖、迎驾贡酒的企业管理与治理水平。2017年,除金种子酒与其余三家白酒企业有较大差异外,古井贡酒、口子窖、迎驾贡酒三家上市白酒企业的管理与治理水平也存在较大差距,导致该年度徽酒产区的企业管理与治理水平差异在考察期中最大。

苏酒产区企业管理与治理水平变异系数呈现"N"形的发展趋势。2016—2021年,企业管理与治理水平变异系数为0.000—0.180,在2017年达到考察期的最大值。说明苏酒产区企业管理与治理水平整体差异最小,但从变异系数的变化情况来看,苏酒产区区域内企业管理与治理水平的差异呈现"增加—收缩—增加"的变化趋势。

西北产区企业管理与治理水平变异系数在2019年和2021年有所下

降，其余年份均出现上升趋势。2016—2021年，西北产区企业管理与治理水平变异系数为0.171—0.544，整体来看，2016—2020年处于上升趋势，2021年出现大幅下降。说明西北产区企业管理与治理水平存在较大差异，且该差异不稳定，在2016—2020年出现扩张趋势，在2021年差异有所缩减。2021年，由于伊力特企业管理与治理水平有所下降，天佑德酒、金徽酒、*ST皇台的企业管理与治理水平有所上升，使这4家企业间的差异变小，导致2021年变异系数大幅下降。

四 中国白酒产业高质量发展之企业经营能力水平差异分析

图5-11展示了2016—2021年全国及各大产区内企业经营能力水平变异系数发展情况。在样本考察期内，全国白酒上市企业经营能力水平变异系数出现先稳中有降后升的发展趋势。2016—2021年，企业经营能力水平变异系数为0.609—0.753，数值较高，且远高于各产区内的企业经营能力水平变异系数。说明在考察期内全国各白酒上市企业经营能力水平存在较大差异。除2016年和2017年华北产区经营能力水平变异系数和2019年西北产区经营能力水平变异系数低于0.2外，其余年份各产区变异系数均大于0.2，为0.2—0.6变动。

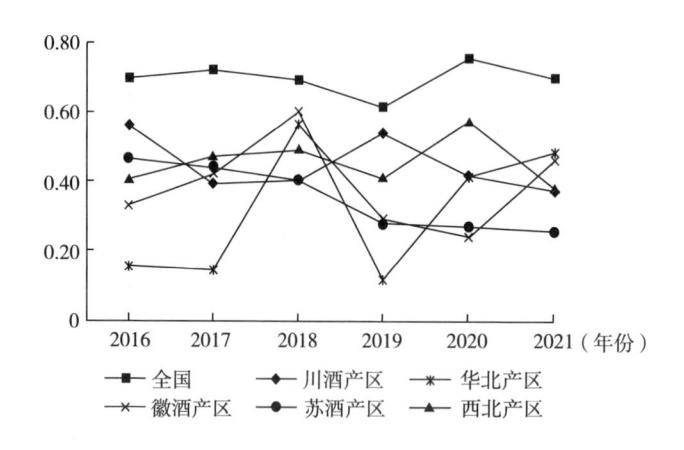

图5-11 白酒上市企业产区内企业经营能力水平变异系数

2016—2021年，其中川酒产区企业经营能力水平变异系数为0.379—0.565，除2019年和2021年有所降低外，其余年份呈现增长趋势，在考察期内，川酒产区的企业经营能力水平变异系数波动相对其余产区较小，但数值较大。说明川酒产区企业经营能力水平存在较大差异,但差异变动相对稳定。2019年和2021年,川酒产区企业经营能力水平差异有所缩减,但其余年份的差异依旧存在扩张趋势。2019年,川酒产区的白酒上市企业经营能力均有所提升,其中水井坊经营能力水平提升较快,缩小了与五粮液、泸州老窖间的差异,以致川酒产区在2019年企业经营能力水平差异有所缩减。2021年,川酒产区经营能力水平存在缩减的原因是泸州老窖在该年度的经营能力水平有所下降,舍得酒业和水井坊的经营能力水平有所提升,缩减了3家企业间的差异。

华北产区在2016年和2017年企业经营能力水平变异系数最低,随后出现大幅增加,由2017年的0.145增长至2018年的0.557,随后有所下降,在2021年有所回升。考察期内,华北产区企业经营能力水平变异系数为0.145—0.557,可见该时期存在较大波动。从整体来看,华北产区变异系数存在增长趋势,说明华北产区的各企业间的经营能力水平差异存在扩张趋势。2016—2017年,华北产区的各白酒上市企业经营能力水平差距不大,但随后差异有所增加,且差异存在较大波动。2018年,由于老白干酒的经营能力大幅提升,导致与山西汾酒和顺鑫农业间的企业经营能力水平差距增大,使该年度华北产区的经营能力水平变异系数高达0.557,为考察期内差异最大的年份。

2016—2021年,徽酒产区企业经营能力水平变异系数为0.376—0.562,除2016年和2019年变异系数相对较大外,其余年份较为平稳,整体来看有收缩的倾向,由2016年的0.562下降至2021年的0.376。说明徽酒产区的各企业经营能力水平在2016年和2019年差异较高,存在较大波动,其余年份的差异相对稳定,但徽酒产区变异系数大于0.3,各年份还是存在较大差异。徽酒产区内各企业间的经营能力水平差异有收缩的趋势,有所减小。

2016—2021年,苏酒产区企业经营能力水平变异系数不断下降,该时期企业经营能力水平变异系数为0.256—0.460,由此可见,苏酒产区内各企业经营能力水平差异有所收敛,差异逐渐降低,有利于产区内各企业平衡发展。

2016—2021年,西北产区企业经营能力水平变异系数存在较大波动,值为0.116—0.600,主要是2018年和2019年西北产区的波动较大,其余年份相对较稳定。说明西北产区内各企业的经营能力水平差异在2018年和 2019 年存在较大的变动，差异未出现收缩趋势，不利于西北产区内各企业的平衡发展。2018 年，产区内经营能力水平差异上升的原因是金徽酒和*ST 皇台在该年度经营能力水平下降较快，拉开了西北产区内的差异水平；2019 年，金徽酒和天佑德酒经营能力水平有所上升，*ST 皇台的经营能力出现大幅上升，使该年度西北产区内各企业的经营能力水平差异大幅缩小。

五 中国白酒产业高质量发展之企业社会影响力水平差异分析

图 5-12 展示了 2016—2021 年全国及各大产区内企业社会影响力水平变异系数情况。在样本考察期内，全国白酒上市企业社会影响力水平变异系数在 2017 年和 2019 年有所下降，其余年份相对稳定。2016—2021 年，企业社会影响力水平变异系数为 0.422—0.593，与企业经营能力水平变异系数相比，相对较低。与各产区相比，除 2017 年企业社会影响力水平变异系数低于华北产区企业社会影响力水平变异系数外，其余年份均高于各产区的变异系数，说明全国白酒上市企业社会影响力水平存在较大差异，差异大于各产区内的差异。

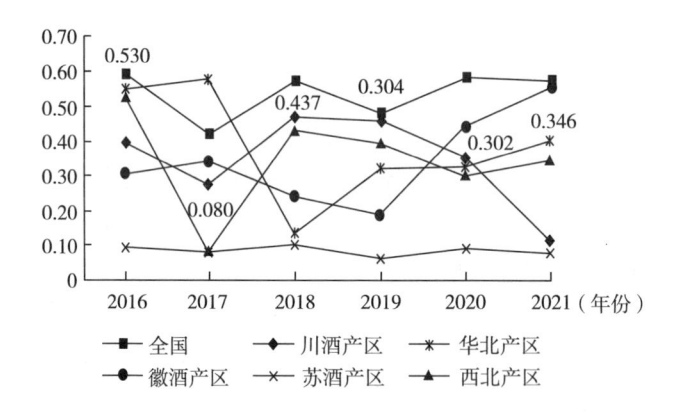

图 5-12 白酒上市企业产区内企业社会影响力水平变异系数

2016—2021 年，川酒产区企业社会影响力水平变异系数为 0.114—0.468，呈现"收缩—扩张—收缩"的发展趋势，从 2016 年的 0.397 波动下降至 2021 年的 0.114。说明川酒产区内的各企业社会影响力水平差异有减小的趋势，有助于川酒产区社会影响力的平衡发展。2018 年和 2019 年，川酒产区社会影响力水平变异系数较大的主要原因是五粮液和泸州老窖在这两年社会影响力水平持续向好，拉大了与水井坊和舍得酒业的企业社会影响力水平的差距。

华北产区企业社会影响力水平变异系数为 0.130—0.581，在考察期内存在较大波动。除 2018 年出现大幅下降外，其他年份均呈现上升趋势。说明华北产区企业社会影响力差异在 2018 年有所缩小，其他年份的差异存在扩张趋势。2018 年，山西汾酒社会影响力水平有所下降，而老白干酒和顺鑫农业社会影响力水平有所上升，使该年度华北产区企业社会影响力水平变异系数大幅下降，企业社会影响力水平差距有所减小。

2016—2021 年，徽酒产区企业社会影响力水平变异系数为 0.189—0.558，在 2018 年和 2019 年有所下降，其余年份处于上升趋势，整体呈现上升趋势。说明徽酒产区在考察期内企业社会影响力水平差异在 2018 年和 2019 年有所缩减，企业年份存在扩张趋势。2019 年及以前，徽酒产区企业社会影响力水平差异出现收缩趋势，有助于产区内平衡发展，但是 2019 年后产区内各企业社会影响力水平差异逐渐扩张，该发展趋势不利于徽酒产区平衡发展。

2016—2021 年，与各产区相比，苏酒产区企业社会影响力水平变异系数最低且最稳定，在考察期内企业社会影响力水平变异系数均值为 0.083。说明苏酒产区内洋河股份和今世缘的企业社会影响力水平相当，两企业差异较小，有助于该产区的平衡发展。

2016—2021 年，西北产区企业社会影响力水平变异系数为 0.080—0.530，在 2017 年出现大幅下降，从整体来看，其发展趋势有所收缩，由 2016 年的 0.530 下降至 2021 年的 0.346。说明西北产区各上市白酒企业社会影响力水平差异呈现收缩趋势，在 2017 年差异最小。2017 年，金徽酒企业社会影响力水平有所下降，而天佑德酒和 *ST 皇台企业社会影响力水平出现上升，使各企业间的社会影响力水平差距变小，导致变异系数在该年度出现骤减。

六 中国白酒产业高质量发展之企业财务质量水平差异分析

图 5-13 展示了 2016—2021 年全国及各大产区内财务质量水平变异系数情况。在样本考察期内，全国白酒上市企业财务质量水平变异系数整体处于上升趋势，由 2016 年的 0.248 上升至 2021 年的 0.334，在考察期内财务质量水平变异系数均值为 0.286，低于西北产区均值（0.427）和川酒产区均值（0.293）。说明全国白酒上市企业财务质量水平存在差

异且存在扩张趋势。

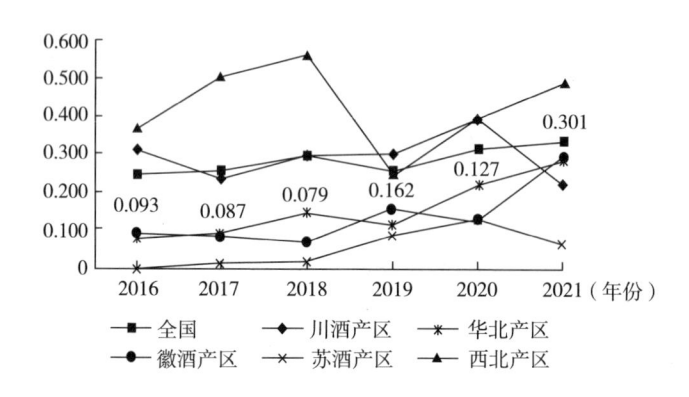

图 5-13　白酒上市企业产区内企业财务质量水平变异系数

2016—2021年，川酒产区企业财务质量水平变异系数为0.222—0.390，出现"收缩—扩张—收缩"的发展趋势，从2016年的0.306下降至2021年的0.222。具体来看，川酒产区企业财务质量水平变异系数在2017年有所下降，2018—2020年处于上升趋势（由0.296逐渐上升至0.390），2021年有所下降。说明川酒产区企业财务质量水平差异存在波动，在2017年差异有所缩减，2018—2020年差异出现扩张趋势，2021年又呈现收缩状态。2021年，川酒产区企业财务质量水平变异系数下降幅度较大的原因是五粮液和泸州老窖在该年度财务质量水平有所下降，水井坊和舍得酒业财务质量水平有所上升，使该年度川酒产区内白酒上市企业的财务质量水平差距减小，导致变异系数减小。

2016—2021年，华北产区企业财务质量水平变异系数为0.082—0.286，呈现波动上升趋势，说明华北产区内各企业财务质量水平差异在逐渐扩张，不利于华北产区各白酒企业财务质量水平平衡发展。

2016—2021年，徽酒产区企业财务质量水平变异系数为0.087—0.301，整体呈现波动上升的趋势，在2018年和2020年出现轻微下降趋势。说明徽酒产区内各企业财务质量水平差异在逐渐扩张，不利于徽酒产区各白酒企业财务质量水平发展。

第三节 Markov 转移概率矩阵分析

一 传统 Markov 转移概率矩阵

本节通过构造 Markov 转移概率矩阵分析中国白酒产业高质量发展水平转移特征。$K_t = (K_1(t), K_2(t), K_3(t), \cdots, K_n(t))$ 表示中国白酒产业 t 年份高质量发展水平转移向量，假设 Markov 转移概率 $K = (K_{ij})$，$K_{ij} = \left(\dfrac{n_{ij}}{n_i}\right)$，其中 K_{ij} 表示 i 类型区域转移到 j 类型区域的转移概率，n_{ij} 表示考察期内初始年份 i 转移到 j 的数量和，n 表示考察期中 i 类型区域数量之和。若转移概率矩阵长期保持不变可得到由式(5-4)确定的中国白酒产业高质量发展水平的稳态分布矩阵：$\Omega = (\Omega_1, \Omega_2, \Omega_3, \cdots, \Omega_n)$。

$$\Omega_j = \sum_{i=1}^{n} \Omega_i K_{ij}, \quad j = 1, 2, \cdots, n \tag{5-4}$$

其中，$\Omega_j > 0$，$\sum_{j=1}^{n} \Omega_j = 1$。

二 中国白酒产业高质量发展水平 Markov 转移概率矩阵分析

本书运用四分位分类法，分别从整体及四个维度对中国白酒产业高质量发展水平进行 Markov 转移概率矩阵分析。

首先对整体进行分析，根据 Markov 概率转移公式将中国白酒产业高质量整体发展水平指数划分为低水平（L<0.196）、中低水平（0.196≤L<0.252）、中高水平（0.252≤L<0.319）和高水平（L≥0.319）四个等级，具体结果如表 5-2 所示。

表 5-2　　2016—2021 年中国白酒产业高质量发展水平传统 Markov 转移概率矩阵

等级	低水平	中低水平	中高水平	高水平
低水平	0.5600	0.3200	0.0400	0.0800
中低水平	0.2500	0.3750	0.3750	0.000
中高水平	0.1304	0.2609	0.3913	0.2174
高水平	0.0435	0.0000	0.2609	0.6957

如表 5-2 所示，对角线上低水平、高水平的数值都比非对角线上的数值大，分别为 56% 和 69.57%，这表明低水平、高水平继续保持原来等级的概率较大，具有相对较强的稳定性。而中低水平、中高水平对角线上的数值小于等于非对角线上的数值，这表明中低水平、中高水平继续保持原来等级的概率低于向上级和向下级移动的概率。由此可见，中国白酒产业高质量发展指数的低水平、高水平这两个等级具有较强的稳定性，中低水平、中高水平稳定性不强。低水平向中低水平转移的概率是 32%。中低水平向中高水平转移的概率是 37.5%，中高水平向高水平转移的概率是 21.74%，概率均大于 20%，向上转移具备一定的可能性。另外，低水平向中高水平、高水平转移的概率分别为 4%、8%，低水平存在"跃迁"。如表 5-2 所示，存在高等级向低等级转移的概率，中低水平向低水平转移的概率为 25%；中高水平向中低水平、低水平转移的概率分别为 26.09%、13.04%；高水平向中高水平、低水平转移的概率分别为 26.09%、4.35%。可见，中国白酒上市企业高质量发展水平存在等级下降的风险。这表明中国白酒上市企业高质量发展水平存在低水平、高水平继续保持原来等级的概率较大，相对中低水平、中高水平具有较强的稳定性；中低水平、中高水平向上级和向下级移动的概率大于保持原来等级的概率，相对不稳定；存在低级水平向高级水平转移的概率和低级水平向高级水平的"跃迁"的概率，根据"跃迁"的概率来看，相对困难；还存在高级水平向低级水平转移的概率，有等级下降的风险。

通过上述分析可知：①在考察期内低水平和高水平对角线概率大于非对角线概率之和，两者等级保持不变的概率大于 56%，大于概率转移的状态，存在惯性发展趋势，而中低水平和中高水平对角线概率小于非对角线概率之和，小于概率转移的状态，存在非惯性发展。②等级向上转移的概率大于向下转移的概率，上对角线之和（103.24%）大于下对角线之和（94.57%），表明考察期内中国白酒高质量发展水平总体呈向上发展态势。

三 中国白酒产业企业管理与治理水平 Markov 转移概率矩阵分析

采用四分位分类法，根据 Markov 概率转移公式将中国白酒上市企业管理与治理水平划分为低水平（L<0.293）、中低水平（0.293≤L<0.414）、中高水平（0.414≤L<0.528）和高水平（L≥0.528）四个等级，具体结果如表 5-3 所示。

表 5-3　2016—2021 年中国白酒产业企业管理与治理水平传统 Markov 转移概率矩阵

等级	低水平	中低水平	中高水平	高水平
低水平	0.3571	0.3214	0.2143	0.1071
中低水平	0.3750	0.2083	0.1667	0.2500
中高水平	0.2381	0.2083	0.1667	0.2500
高水平	0.0909	0.1818	0.3182	0.4091

如表 5-3 所示，对角线上四个等级的趋同概率都比非对角线上的概率之和小，为 16.67%—40.91%，可见各水平继续保持原来等级的概率小于等级转移概率，各水平的发展存在非惯性发展。向上一级转移的概率和为 73.81%，其中低水平向中低水平转移的概率为 32.14%；中低水平向中高水平转移的概率为 16.67%；中高水平向高水平转移的概率为 25%。向上"跃迁"的概率和为 57.14%，其中低水平向中高水平、高水平"跃迁"的概率分别为 21.43%、10.71%；中低水平向高水平"跃迁"的概率为 25%。上级向下一级转移的概率和为 90.15%，其中中低水平向低水平转移的概率为 37.5%；中高水平向中低水平转移的概率为 20.83%；高水平向中高水平转移的概率为 31.82%。向下跨两级及以上的概率和为 51.08%，其中中高水平向低水平转移的概率为 23.81%；高水平向中低水平、低水平转移的概率分别为 18.18%、9.09%，可见中国白酒上市企业管理与治理水平存在等级下降的风险。中国白酒上市企业管理与治理水平低水平、中低水平、中高水平、高水平向上级和向下级转移的概率大于保持原来等级的概率，发展不稳定；存在低级水平向高级水平转移的概率和低级水平向高级水平的"跃迁"的概率，根据"跃迁"的概率来看，具备一定可能性；还存在高级水平向低级水平转移的概率，有等级下降的风险。

通过上述分析可知：①考察期内，各水平对角线概率小于非对角线概率之和，各水平保持原有等级的概率为 16.67%—40.91%，存在非惯性发展。②等级向上转移的概率小于向下转移的概率，上对角线之和（130.95%）小于下对角线之和（141.23%），表明考察期内中国白酒企业管理与治理水平等级转移有向下转移的风险。

四 中国白酒产业企业经营能力水平 Markov 转移概率矩阵分析

采用四分位分类法，根据 Markov 概率转移公式将中国白酒产业企业经营能力水平划分为低水平（L<0.116）、中低水平（0.116≤L<0.158）、中高水平（0.158≤L<0.256）和高水平（L≥0.256）四个等级，具体结果如表5-4所示。

表5-4　　　　2016—2021年中国白酒产业企业经营能力
水平传统 Markov 转移概率矩阵

等级	低水平	中低水平	中高水平	高水平
低水平	0.4000	0.3200	0.2400	0.0400
中低水平	0.2692	0.2692	0.3846	0.0769
中高水平	0.1739	0.3478	0.2174	0.2609
高水平	0.0000	0.0476	0.2381	0.7143

如表5-4所示，对角线上高水平的概率比非对角线上的概率大，概率为71.43%，这表明高水平继续保持原来等级的概率较大，具有相对较强的稳定性。中国白酒产业企业经营能力高水平等级具有较强的稳定性，低水平、中低水平、中高水平稳定性不强。向上一级转移的概率和为96.55%，其中低水平向中低水平转移的概率为32%；中低水平向中高水平转移的概率为38.46%；中高水平向高水平转移的概率为26.09%。存在两级及以上向上"跃迁"的概率和为35.69%，其中低水平向中高水平、高水平转移的概率分别为24%、4%；中低水平向高水平转移的概率为7.69%，可见仍存在向上级转好的机会。但也存在向下级转移的风险，向下级转移一级的概率和为85.51%，其中中低水平向低水平转移的概率为26.92%；中高水平向中低水平转移的概率为34.78%；高水平向中高水平转移的概率为23.81%。向下级转移两级的概率和为22.15%，其中中高水平向低水平转移的概率为17.39%，高水平向中低水平转移的概率为4.76%，中国白酒上市企业经营能力水平存在等级下降的风险。这表明中国白酒上市企业经营能力水平存在高水平继续保持原来等级的概率较大，相对低水平、中低水平、中高水平具有较强的稳定性；低水平、

中低水平、中高水平向上级和向下级移动的概率大于保持原来等级的概率，相对不稳定；存在低级水平向高级水平转移的概率和低级水平向高级水平的"跃迁"的概率，根据"跃迁"的概率来看，具备一定可能性；还存在高级水平向低级水平转移的概率，有等级下降的风险。

通过上述分析可知：①考察期内，高水平对角线概率为71.43%，大于非对角线概率之和，保持原来等级的概率较大，存在惯性发展；低水平、中低水平、中高水平对角线概率小于非对角线概率之和，各水平保持原有等级的概率为21.74%—40%，存在非惯性发展。②等级向上转移的概率大于向下转移的概率，上对角线之和（132.24%）大于下对角线之和（107.66%），表明考察期内中国白酒企业经营能力水平等级转移呈向上发展态势。

五 中国白酒产业企业社会影响力水平 Markov 转移概率矩阵分析

采用四分位分类法，根据 Markov 概率转移公式将中国白酒产业企业社会影响力水平划分为低水平（L<0.178）、中低水平（0.178≤L<0.249）、中高水平（0.249≤L<0.340）和高水平（L≥0.340）四个等级，具体结果如表5-5所示。

表5-5　　2016—2021年中国白酒产业企业社会影响力水平传统 Markov 转移概率矩阵

等级	低水平	中低水平	中高水平	高水平
低水平	0.4583	0.3750	0.0833	0.0833
中低水平	0.3913	0.3043	0.2609	0.0435
中高水平	0.0952	0.3333	0.3333	0.2381
高水平	0.0370	0.0741	0.3704	0.5185

如表5-5所示，发现仅高水平对角线上的概率比非对角线上的概率大，概率为51.85%，这表明高水平继续保持原来等级的概率较大，具有相对较强的稳定性。而低水平、中低水平、中高水平对角线上的概率分别为45.83%、30.43%、33.33%，均小于非对角线上的概率之和，这表明低水平、中低水平、中高水平继续保持原来等级的概率低于向上与向

下转移的概率之和。由此可见，中国白酒产业企业社会影响力处于高水平等级具有较强的稳定性，低水平、中低水平、中高水平稳定性相对较弱。向上一级转移的概率和为87.4%，其中低水平向中低水平转移的概率为37.5%；中低水平向中高水平转移的概率为26.09%；中高水平向高水平转移的概率为23.81%。存在两级及以上向上"跃迁"的概率和为21.01%，其中低水平向中高水平、高水平转移的概率均为8.33%；中低水平向高水平转移的概率为4.35%，可见仍存在向上级转好的机会，但概率较小。也存在向下级转移的风险，向下级转移一级的概率和为109.5%，其中中低水平向低水平转移的概率为39.13%；中高水平向中低水平转移的概率为33.33%；高水平向中高水平转移的概率为37.04%。向下级转移两级的概率和为20.63%，其中中高水平向低水平转移的概率为9.52%，高水平向中低水平、低水平转移的概率分别为7.41%、3.7%，中国白酒上市企业社会影响力水平存在等级下降的风险。这表明中国白酒上市企业社会影响力水平存在高水平继续保持原来等级的概率较大，相对低水平、中低水平、中高水平具有较强的稳定性；低水平、中低水平、中高水平向上级和向下级移动的概率大于保持原来等级的概率，相对不稳定；存在低级水平向高级水平转移的概率和低级水平向高级水平的"跃迁"的概率，根据"跃迁"的概率来看，较为困难；还存在高级水平向低级水平转移的概率，有等级下降的风险。

通过上述分析可知：①考察期内，高水平对角线概率为51.85%，大于非对角线概率之和，保持原来等级的概率较大，存在惯性发展；低水平、中低水平、中高水平对角线概率小于非对角线概率之和，各水平保持原有等级的概率为30.43%—45.83%，存在非惯性发展。②等级向上转移的概率小于向下转移的概率，上对角线之和（108.41%）小于下对角线之和（130.13%），表明考察期内中国白酒企业社会影响力水平等级转移有向下转移的风险。

六 中国白酒产业企业财务质量水平 Markov 转移概率矩阵分析

采用四分位分类，根据 Markov 概率转移公式将中国白酒产业企业财务质量水平划分为低水平（L<0.355）、中低水平（0.355≤L<0.474）、中高水平（0.474≤L<0.568）和高水平（L≥0.568）四个等级，具体结果如表5-6所示。

表 5-6　　　　2016—2021 年中国白酒产业企业财务质量
水平传统 Markov 转移概率矩阵

等级	低水平	中低水平	中高水平	高水平
低水平	0.6250	0.2500	0.1250	0
中低水平	0.3333	0.3333	0.3333	0
中高水平	0.1538	0.3077	0.2308	0.3077
高水平	0.0741	0.1481	0.2593	0.5185

如表 5-6 所示，对角线上低水平、高水平的概率值都比非对角线上的概率值大，分别为 62.5% 和 51.85%，这表明低水平、高水平继续保持原来等级的概率较大，具有相对较强的稳定性。而中低水平、中高水平对角线上的概率小于非对角线上的概率之和，这表明中低水平、中高水平继续保持原来等级的概率低于向上级和向下级移动的概率。由此可见，中国白酒产业企业财务质量水平处于低水平、高水平这两个等级具有较强的稳定性，中低水平、中高水平稳定性不强。低水平向中低水平转移的概率是 25%；中低水平向中高水平转移的概率是 33.33%，中高水平向高水平转移的概率是 30.77%，概率均大于等于 25%，向上转移具备一定的可能性。另外，低水平向中高水平转移的概率为 12.5%，低水平存在"跃迁"。与此同时，存在高等级向低等级转移的概率，中低水平向低水平转移的概率为 33.33%；中高水平向中低水平、低水平转移的概率分别为 30.77%、15.38%；高水平向中高水平、中低水平、低水平转移的概率分别为 25.93%、14.81%、7.41%，可见中国白酒上市企业财务质量水平存在等级下降的风险。这表明中国白酒上市企业财务质量水平存在低水平、高水平继续保持原来等级的概率较大，相对中低水平、中高水平具有较强的稳定性；中低水平、中高水平向上级和向下级移动的概率大于保持原来等级的概率，相对不稳定；存在低级水平向高级水平转移的概率和低级水平向高级水平的"跃迁"的概率，根据"跃迁"的概率来看，相对困难；还存在高级水平向低级水平转移的概率，有等级下降的风险。

通过上述分析可知：①考察期内，低水平和高水平对角线概率大于非对角线概率之和，两者等级保持不变的概率大于 51.85%，大于概率转移的状态，存在惯性发展趋势，而中低水平和中高水平对角线概率小于非对角线概率之和，小于概率转移的状态，存在非惯性发展。②等级向上转移的概率小于向下转移概率，上对角线之和（101.6%）小于下对角线之和（127.63%），表明考察期内中国白酒企业财务质量水平等级转移存在向下转移的风险。

第六章　白酒上市公司财务绩效分析

第一节　盈利能力分析

一　白酒行业盈利能力变化

盈利能力是指一家企业获取利润的能力，也是该企业经营业绩的表现。企业盈利能力强是对企业职工、外部投资者以及债权人利益的保障，也说明其未来发展趋势好，企业价值大。盈利能力越高，单位收入转化为利润的效率越高，其水平的高低与公司的产品竞争力和管理效率等有关。本书主要选取净资产收益率、营业利润率、成本费用利润率三个相关指标对白酒上市企业盈利能力变化进行分析。

表6-1　　　　　　　白酒行业市场份额指标　　　　　　　单位：%

简称＼年份	2017	2018	2019	2020	2021
金徽酒	0.98	0.80	0.70	0.67	0.67
口子窖	2.17	2.05	1.92	1.55	1.65
老白干酒	1.53	1.72	1.66	1.39	1.32
舍得酒业	0.99	1.06	1.09	1.04	1.63
顺鑫农业	7.06	5.79	6.13	5.99	4.87
古井贡酒	4.19	4.16	4.29	3.97	4.34
贵州茅台	35.04	35.3	35.16	36.66	34.74
今世缘	1.78	1.79	2	1.98	2.1
金种子	0.78	0.63	0.38	0.4	0.4
酒鬼酒	0.53	0.57	0.62	0.71	1.12

续表

年份 简称	2017	2018	2019	2020	2021
洋河股份	11.99	11.58	9.52	8.15	8.29
水井坊	1.23	1.35	1.46	1.16	1.52
泸州老窖	6.26	6.26	6.51	6.43	6.75
迎驾贡酒	1.89	1.67	1.55	1.33	1.50
山西汾酒	3.63	4.50	4.89	5.40	6.53
皇台酒业	0.03	0.01	0.04	0.04	0.03
青青稞酒	0.79	0.65	0.52	0.29	0.34
五粮液	18.17	19.19	20.63	22.14	21.66
伊力特	1.15	1.02	0.95	0.7	0.63

二 净资产收益率分析

净资产收益率计算公式：

净资产收益率=净利润/平均净资产

表 6-2　　净资产收益率指标　　单位：%

年份 简称	2017	2018	2019	2020	2021
泸州老窖	19.68	21.65	25.31	27.88	30.93
古井贡酒	18.55	23.41	24.71	18.59	17.14
酒鬼酒	9.02	10.64	12.99	18.59	28.00
五粮液	19.61	23.44	25.82	25.53	25.91
顺鑫农业	6.34	9.80	10.78	5.60	1.35
*ST 皇台	—	—	—	29.68	-10.56
洋河股份	23.84	25.71	21.07	19.97	18.56
天佑德酒	-4.13	4.35	0.91	-5.44	2.39
伊力特	17.11	18.13	16.65	10.40	8.68
金种子酒	0.41	4.47	-7.87	2.46	-5.86
贵州茅台	33.74	35.45	33.92	31.99	30.56
老白干酒	9.86	15.69	13.37	9.26	10.80
舍得酒业	5.71	13.89	18.08	17.30	28.95

续表

年份 简称	2017	2018	2019	2020	2021
水井坊	22.00	33.72	41.64	34.43	50.30
山西汾酒	19.74	26.39	29.12	35.23	42.02
迎驾贡酒	16.55	18.40	20.45	19.28	24.87
今世缘	18.09	20.21	21.90	20.25	23.11
口子窖	23.88	27.24	26.11	17.90	22.30
金徽酒	14.58	13.52	11.92	12.46	11.27
平均值	15.25	19.23	19.27	18.49	18.99

2017—2021年，这一阶段中，白酒行业的净资产收益率变化趋势呈现倒V形，其中2016—2019年为上升时期，2019—2021年为下降时期。2017—2019年，企业的净资产收益率分别为15.25%、19.23%、19.27%；2020年、2021年出现下降。其中贵州茅台的净资产收益率最高，在这一阶段中，贵州茅台的净资产收益率明显高于行业的平均值，其中2016—2018年为上升时期，2018—2021年为下降时期。2017年和2018年，企业的净资产收益率分别为33.74%、35.45%；企业的净利润分别为2900642.32万元、3782961.78万元，同比增长61.77%、30.42%；企业的平均净资产分别为8595908.52万元、10671405.77万元，同比增长率分别为20.96%、24.15%。在最后两年，水井坊的表现最为突出，2019—2020年，水井坊的净资产收益率由41.64%下降为34.43%，受疫情影响，2019—2020年水井坊业绩有回落趋势。而随着宏观经济趋势有所好转，公司白酒销量有所上升。2020—2021年，水井坊净资产收益率由34.43%上升至50.3%，同比增长46.09%，企业盈利能力提升。2017—2021年，泸州老窖净资产收益率持续上升，由19.68%增长到30.93%，增长幅度较大。泸州老窖2017年和2021年的净利润分别为97606.60万元、793726.24万元，增长幅度为713.19%，泸州老窖2017年和2021年的平均净资产分别为1021537.68万元、2565956.55万元，增长幅度为151.19%。由此可知，在此阶段泸州老窖的净资产收益率的提升主要是靠净利润增幅大于平均净资产增幅驱动的。除了泸州老窖等持续上升的白酒公司以外，还有金种子等净资产周转率出现较大波动的公司，金种子酒净资产收益率表明企业在2019年开始出现亏损。据2019年金种子酒年

报披露公司业绩亏损的主要原因是由于行业竞争加剧，公司生产的酒类高端产品布局时间较晚，基础薄弱，未能大规模地占领市场，因此2019年酒类销售收入下滑较为明显，由2018年的87574.90万元下滑到2019年的51124.32万元，下降比例达41.62%，同时酒类毛利率由61.42%下滑到57.30%，进一步影响了公司利润水平。2021年，金种子酒业再度出现亏损，据当年公司年报披露，主营业务亏损的主要原因是，白酒行业竞争持续加剧，行业利润进一步向头部企业集中，进一步向中高端和高端白酒品牌集中。公司作为区域性白酒品牌，市场压力一直很大。公司生产销售的酒类中低端产品占比很大，原材料价格及人工成本持续上涨。第二，2021年酒类收入虽然较2020年增长了24.75%，但由于强势竞品的打压，公司中高端产品尚处于推广培育期，市场基础仍较薄弱，尚未能大规模地占领市场，老产品毛利率较低，从而造成综合毛利率提升较慢。第三，销售费用和管理费用较为刚性，同时为提升产品竞争力，加大了研发费用和品牌建设的投入。舍得酒业在众多白酒公司中，净资产收益率上升较为明显，2017—2021年，舍得酒业的净资产收益率波动上升，但在2020年出现小幅下降。2017—2019年，净资产收益率从2017年的5.71%增长到2019年的18.08%。由此可知，这三年，舍得酒业净资产收益率上升的原因为净利润的增幅大于平均净资产增幅。2015年，舍得酒业主动适应经济发展新常态，把握白酒市场机遇，推进公司营销战略转型。2016年开始，舍得酒业立足管理机制创新，坚持实施"优化生产，颠覆营销"战略。舍得酒业转变策略，舍弃上千款产品，削减低档酒的投入和产量，着力聚焦大单品舍得和沱牌"天特优"系列，中高档酒收入占比大幅提升，使毛利率水平大幅提升，从而净利润大幅增加。2021年，舍得酒业净资产收益率为28.95%，相比2020年，上升67.34%。其中，净利润为127072.03万元，同比增长109.25%；平均净资产为438891.31万元，同比增长25.01%。由此可知，2021年的净资产收益率上升是由净利润增幅大于平均净资产增幅驱动的，净利润的大幅增加是由于营业收入的增加。2021年，舍得酒业持续推进老酒战略，老酒品质进一步得到认可，经销商数量和质量提升明显，忠实消费者越来越多，营业收入增加为496926.65万元，同比增长33.69%。该阶段，舍得酒业的盈利能力随净资产收益率下降而减弱，上升而增强。2018—2020年，该阶段口子窖的净资产收益率逐渐下降，其中，2018—2019年为缓慢下降期，2019—2020年为急速下降期，整体由2018年的27.24%下降到2020年的17.90%，下降幅度为34.29%。2018—2019年，口子窖的净资产收益率由27.24%下降到26.11%，下降幅度为4.15%。其中，口子窖的净利润由153266.35万元上升为172020.55万元，上升幅度为12.24%；口子窖的平均净资产由562606.60万元上升为658957.58万元，上升幅度为17.13%。由此可知，2018—2019年，口子窖净资产收益率的下降是由于净利润的增幅小于平均净资产的增幅。平均净资产的增加是由于所有者权益增加，具体表现为未分配利润的增加，2018年和2019年未分配利润分别为423092.13万元、507527.74万元，2019年同比增加19.96%。2019—2020年，口子窖的净资产收益率由26.11%下降到17.90%，下降幅度为31.44%。其中口子窖的净利润由172020.55万元下降为127574.16万元，下降幅度为25.84%；口子窖的平均净资产由658957.58万元上升为712515.90万元，上升幅度为8.13%。由此可知，2019—2020年，口子窖净资产收益率的下降是由于净利润的下降和平均净资产的上升。2020年，受疫情影响，白酒市场消费需求减弱和同行业竞争形势加剧，口子窖各档次产品营业收入均不同程度下降，高档白酒营业收入同比下降13.23%，中档白酒营业收入同比下降47.60%，低档白酒营业收入同比下降24.30%，最终导致净利润下降。该阶段，口子窖净资产收益率下降，盈利能力减弱。2020—2021年，该阶段口子窖的净资产收益率呈现上升趋势，由17.90%上升到22.30%，上升幅度为24.58%。2020年和2021年的净利润分别为127574.16万元、172708.82万，2021年同比上升35.38%；2020年和2021年的平均净资产分别为712515.90万元、774398.89万元，2021年同比上升8.69%。由此可知，2020—2021年，口子窖净资产收益率上升的原因为净利润增幅大于平均净资产增幅。2021年，口子窖高档白酒营业收入增加，同比增长24.48%，同时中低档白酒收入增长，中档白酒营业收入同比增长97.94%，低档白酒营业收入同比增长20.13%。高档白酒作为口子窖收入和毛利贡献最高的产品，毛利率保持稳定，口子窖保持稳定的品质，有效提高了高档白酒的产量，满足市场对高档白酒的需求，为口子窖盈利能力增长提供保障。该阶段，口子窖净资产收益率上升，盈利能力提升。

三 营业利润率分析

营业利润率计算公式：营业利润率＝（营业利润/营业收入）×100%

如表 6-3 所示，白酒行业营业利润率整体与净资产收益率变动趋势相似，本书将其分为两个阶段进行详细分析。

表 6-3　　　　　　　　　　营业利润率指标　　　　　　　　单位：%

简称＼年份	2017	2018	2019	2020	2021
泸州老窖	32.98	35.82	38.69	47.80	51.30
古井贡酒	22.88	27.02	27.10	23.65	23.37
酒鬼酒	26.09	24.83	26.45	32.96	34.96
五粮液	44.31	46.76	48.38	48.54	49.17
顺鑫农业	5.43	8.80	7.96	4.61	3.79
*ST 皇台	-194.53	-289.49	56.37	30.90	-19.49
洋河股份	44.36	44.76	42.21	46.89	39.40
天佑德酒	-5.15	12.25	4.63	-15.14	8.96
伊力特	25.40	27.13	27.34	25.81	23.94
金种子酒	1.93	9.85	-14.60	3.67	-13.83
贵州茅台	66.89	69.72	69.11	70.20	70.39
老白干酒	8.98	11.19	11.78	12.08	12.64
舍得酒业	12.32	19.99	26.87	28.42	33.69
水井坊	21.79	27.68	31.13	32.10	36.03
山西汾酒	22.94	23.20	23.93	30.27	35.20
迎驾贡酒	28.78	29.98	33.50	36.86	39.59
今世缘	40.92	40.58	40.07	40.87	42.34
口子窖	43.32	48.25	48.76	42.06	46.95
金徽酒	24.31	22.95	21.41	25.10	22.41
平均值	14.42	12.70	30.06	29.88	28.46

白酒行业的营业利润率在这一阶段呈现出较为明显的波动，在 2017 年和 2018 年行业的营业利润率平均值在 20% 以下，而 2019 年之后，营业利润率就维持在 30% 左右，2020 年营业收入减少是因为受疫情影响，餐饮等消费受到限制，收入有所下降。2017—2021 年，贵州茅台、五粮液、

老白干酒、今世缘、口子窖、金徽酒等白酒公司的营业利润率维持得较为稳定,而贵州茅台、五粮液、口子窖等白酒公司的营业利润率都要高于行业的平均值,其中,贵州茅台的营业利润率最高,2017—2021年,贵州茅台的营业利润率分别为66.89%、69.72%、69.11%、70.2%、70.39%;这一期间,企业的营业利润同比增长率分别为60.47%、31.85%、14.99%、12.86%、12.18%,企业的营业收入同比增长率分别为49.81%、26.49%、16.01%、11.10%、11.88%。由此可知,企业的营业利润和营业收入在这一期间均实现了正向增长,营业利润率上升是因为营业利润的增速快于营业收入,贵州茅台在这一期间的盈利能力较强。2017—2021年,今世缘营业利润率保持在40%及以上且增长速度放缓。这五年企业的营业利润率分别为40.92%、40.58%、40.07%、40.87%、42.34%。根据企业报表披露,2017—2021年,营业利润同比增长率分别为21.42%、25.50%、28.72%、7.23%、29.62%。其中,2020年增长幅度最低,究其原因,是因为新冠疫情外防输入、内防反弹压力较大,这对白酒需求总量与结构、消费场景和消费习惯可能产生较大影响,该不确定性可能导致公司销售规模增速放缓甚至下滑。口子窖的营业利润率一直保持在40%以上,2019—2020年,该阶段口子窖的营业利润率呈下降趋势,由48.76%下降为42.06%,下降幅度为13.74%,口子窖的营业利润由227791.32万元下降为168711.77万元,下降幅度为25.94%;口子窖的营业收入由467208.60万元下降为401114.44万元,下降幅度为14.15%。由此可知,2019—2020年,口子窖营业利润率的下降是由于营业利润的下降幅度大于营业收入的下降幅度。2020年,受疫情影响,口子窖各档次产品营业收入均出现不同程度下降,其中,高档白酒销量为23541.84千升,同比下降15.70%,高档白酒营业收入为383782.65万元,同比下降13.23%。口子窖高档白酒销量、收入减少,导致营业利润下降幅度大于营业收入下降幅度。该阶段,口子窖营业利润率下降,盈利能力减弱。2020—2021年,该阶段口子窖的营业利润率呈现上升趋势,由42.06%上升为46.95%,上升幅度为11.63%。2020—2021年,口子窖的营业利润由168711.77万元上升为236099.33万元,上升幅度为39.94%;口子窖的营业收入由401114.44万元上升为502859.83万元,上升幅度为25.37%。由此可知,2020—2021年,口子窖营业利润率上升的原因为营业利润增幅大于营业收入增幅。高档白酒作为口子窖收入和毛利贡献最高的产品，2021年的销量为27669.00千升，同比上升17.53%，营业收入为477736.44万元，同比上升24.48%，并且占口子窖整体营业收入的95%。高档白酒销量和收入的增加导致营业利润增幅大于营业收入增幅。该阶段，口子窖营业利润率上升，公司盈利能力提升。而皇台酒业的营业利润率波动最大，在2018年的营业利润率达-289.49%，但在2019年皇台营业利润率一跃提升为56.37%，营业利润为5583.54万元，增长12960.62万元，营业收入为9904.63万元，增长288.67%。2019年，公司控股股东、实际控制人发生变更，董事会完成改组，新任管理团队通过积极推出新产品、开拓新市场、开发新客户等多种方式并举有效地提升主营业务收入，同时积极推行开源节流、降本增效等优化管理方式，从而对公司2019年业绩产生正面影响，公司的发展步入上升通道。2020年和2021年营业利润率又开始下降，分别为30.90%、-19.49%。2021年营业利润再度亏损为-1775.16万元，同比下降-156.49%；营业收入为9108.81万元，同比下降-10.42%。因此，营业利润的大幅度下降是使营业利润率大额下降的主要原因。皇台在2021年年报中表示，当年甘肃省内多地发生疫情，受疫情管控影响，整体行业消费低迷，给销售工作带来了一定难度。2017—2018年，迎驾贡酒的营业利润率出现小幅上升，营业利润率由28.78%增长至29.98%。2018年，迎驾贡酒销量为48271吨，较2017年的43718吨增长10.41%，营业收入由313838.12万元增长至348880.09万元，同比增长11.17%，同时期营业利润同比增长15.8%，营业利润增长幅度大于营业收入，企业的盈利能力在逐渐增强。2018—2021年，该阶段迎驾贡酒的营业利润率持续上升，营业利润率由29.98%上升至39.59%，增长幅度为32.05%。2018—2021年，迎驾贡酒的营业收入分别为348880.086万元、377698.356万元、345204.671万元、457684.693万元，其中，2020年营业收入减少是因为受疫情影响，餐饮等消费受到限制，收入有所下降；2021年营业收入达到457684.693万元，同比增加32.58%，疫情带来的影响逐渐减少，业绩创新高；同一时期迎驾贡酒的营业利润分别为104594.25万元、126528.949万元、127242.442万元、181189.589万元。经分析，这四年迎驾贡酒的营业收入由348880.086万元增长至457684.693万元，涨幅为31.19%，营业利润从104594.25万元上升至181189.589万元，涨幅为73.23%，营业利润涨幅远远大于营业收入涨幅。由此可知，该阶段营业利润率急剧上升是因为营业利润的大幅度提升。高档白酒是企业的高毛利率产品，高档白酒销售量的增加会导致企业在营业收入相同的情况下，能获得的营业利润更多，企业营业利润率因此上升。作为一家区域酒企，迎驾贡酒近年来一直在布局中高端路线，在白酒市场上占据更多市场份额。迎驾贡酒近几年业绩大增归功于其"高端"的策略。2021年，迎驾贡酒营收首次突破40亿元大关，营收和净利均取得超30%的大幅增长，创下史上最佳业绩。迎驾贡酒将这一亮眼成绩归功于中高档白酒"洞藏"系列销售收入的增加。"洞藏"系列也不断带动着企业产业结构的优化。随着新一轮消费升级的深入，人们对于中高档白酒的需求在持续增加。2021年，以"洞藏"系列为代表的中高档产品营收同比增长近45%，收入占公司总营收近七成。因此，该阶段迎驾贡酒的营业利润大幅提升是因为其主力产品"洞藏"系列等中高档白酒销量在发挥着至关重要的作用。由于营业利润率指标是正指标，该指标越高越好，因此可知该阶段企业具有较强的获利能力，极具有发展潜力。

四 成本费用利润率分析

成本费用利润率公式：成本费用利润率 =（利润总额/成本费用总额）×100%

白酒行业成本费用利润率如表6-4所示。

表6-4　　　　　　　成本费用利润率指标　　　　　　　单位：%

年份 简称	2017	2018	2019	2020	2021
泸州老窖	48.18	54.79	61.51	88.85	101.52
古井贡酒	29.17	36.38	36.67	31.40	31.05
酒鬼酒	34.81	32.91	36.22	53.51	53.42
五粮液	79.01	86.49	92.28	93.07	95.56
顺鑫农业	5.71	9.71	8.69	4.78	3.94
*ST皇台	-103.98	-115.26	74.81	35.37	-12.81
洋河股份	75.50	75.53	67.58	71.73	63.61
天佑德酒	-4.47	13.58	4.56	-14.43	9.49
伊力特	35.08	36.26	37.01	34.10	31.04

续表

年份\简称	2017	2018	2019	2020	2021
金种子酒	1.98	10.94	-12.61	3.65	-11.71
贵州茅台	176.13	197.56	198.15	212.21	215.38
老白干酒	10.36	13.01	13.73	13.47	14.37
舍得酒业	14.38	24.30	36.44	41.25	50.67
水井坊	27.90	35.68	44.68	46.90	55.09
山西汾酒	29.62	30.18	31.81	43.62	54.30
迎驾贡酒	39.00	40.67	48.19	55.19	63.21
今世缘	64.93	63.72	60.11	59.89	68.83
口子窖	74.76	90.10	91.39	69.79	79.24
金徽酒	31.96	29.54	26.71	32.16	27.88
平均值	35.26	40.32	50.42	51.40	52.32

白酒行业的成本费用利润率呈现上升趋势，这表明每一块钱所能带来的利润在增加。如表6-4所示，泸州老窖、舍得酒业、迎驾贡酒等白酒公司的成本费用利润率都是逐年上升，其中泸州老窖的增长率最高，由于严格限制"三公消费"，高档白酒销量锐减，企业利润大幅下降，这使泸州老窖的成本费用利润率下降。2017—2021年，泸州老窖成本费用利润率逐渐回升，从48.18%上升为101.51%。具体分析可知，利润总额和成本费用总额都在逐渐上升。2017—2018年，迎驾贡酒成本费用利润率有所增长，由39%增长至40.67%，涨幅为4.28%。该阶段企业的成本费用总额在逐渐上升，由227991.85万元涨至252964.91万元，增幅为10.95%，利润总额也呈上升趋势，由88915.91万元涨至102878.80万元，涨幅为15.70%。由此可知，迎驾贡酒的营业利润率在此阶段呈上升趋势是源于利润总额涨幅大于成本费用总额涨幅，因此成本费用利润率上升，同时说明企业在2017—2018年的营业收入的增长大大超过营业成本、期间费用的增长，投入产出效率明显提升。2018—2021年，该阶段迎驾贡酒成本费用利润率呈波动上升趋势，从2018年的40.67%上升至2021年的63.21%，上升幅度为55.43%，其中企业的成本费用总额从2018年的252964.91万元增长至2021年的287796.67万元，涨幅为13.77%，利润总额从2018年的102878.80万元增长至2021年的

181917.42万元，涨幅为76.83%。因此，在利润总额涨幅大大地超过成本费用总额涨幅的影响下，迎驾贡酒的成本费用利润率上升。值得注意的是，在白酒企业销售费用普遍居高不下的情况下，迎驾贡酒显得颇为特别。2021年，迎驾贡酒的销售费用4.45亿元，占营收不到10%，较上一年同比增长仅6%，而且增长原因也主要是薪酬费增加所致。蔡学飞指出，随着安徽酒类不断碎片化的渠道竞争强度的增加，迎贺贡酒在安徽省内的渠道建设随着品牌力的提升，投入产出效率提高。通过以上分析可以得知，成本费用总额的增长率低于利润总额的增长率，因此，成本费用利润率能保持连续上升是因为利润总额更高的增长率。结合营业利润率的分析，由于迎驾贡酒中高档产品销售收入实现增收，使利润增幅大于收入增幅，从而成本费用利润率提高，最终企业的盈利能力保持着发展的势头。口子窖的成本费用率呈现先升后降的趋势，在2017—2019年呈现增长，该阶段营业利润的增加主要是由于高档白酒的销量、收入增加。成本费用总额的增加主要是由于营业收入增加导致的营业成本和税金及附加费用增加，2019—2020年，该阶段口子窖的成本费用利润率呈下降趋势，由91.39%下降为69.79%，下降幅度为23.63%。2019—2020年，口子窖的利润总额由227232.58万元下降为166951.57万元，下降幅度为26.53%；口子窖的成本费用总额由248641.76万元下降为239228.90万元，下降幅度为3.79%。由此可知，2019—2020年，口子窖成本费用利润率的下降是由于利润总额的下降幅度大于成本费用总额的下降幅度。利润总额的下降主要是由于营业利润的下降，2019—2020年，口子窖营业利润由227791.32万元下降为168711.77万元，下降幅度为25.94%。由对营业利润率的分析可知，该阶段营业利润的下降是因为受疫情影响，高毛利率的高档白酒销量下降。成本费用总额的下降主要是由于营业收入下降导致的营业成本和税金及附加费用下降，其中，营业成本由116926.11万元下降为99588.72万元，下降幅度为14.83%，税金及附加费用由71005.73万元下降为61572.55万元，下降幅度为13.29%。该阶段，口子窖的成本费用利润率下降，盈利能力减弱。2020—2021年，该阶段口子窖的成本费用利润率呈现上升趋势，由69.79%上升为76.24%，上升幅度为9.24%。2020—2021年，口子窖的利润总额由166951.57万元上升为236491.14万元，上升幅度为41.65%；口子窖的成本费用总额由239228.90万元上升为298436.52万元，上升幅度为

24.75%。由此可知，2020—2021年，口子窖成本费用利润率上升的原因为利润总额增幅大于成本费用总额增幅。利润总额的增加主要是由于营业利润的增加，营业利润由168711.77万元增加为236099.33万元，增幅为39.94%。成本费用总额的增加主要是由于营业成本和税金及附加费用的增加，营业成本由99588.72万元增加为131240.24万元，增幅为31.37%，税金及附加费用由61572.55万元增加为76835.98万元，增幅为24.79%。该阶段，口子窖的成本费用利润率上升，公司盈利能力提升。顺鑫农业的成本费用利润率普遍较低，近五年均低于行业平均值，并且从2018年开始出现下降趋势，其中，2018—2021年，顺鑫农业的成本费用利润率从9.71%下降至3.94%，下降幅度为59.42%。2018年和2021年利润总额为105942.01万元、56167.17万元，下降幅度为46.98%，2018年和2021年成本费用总额分别为1091248.15万元、1424417.98万元，上升幅度为30.53%。由此可知，由于利润总额的下降和成本费用总额的增加的共同影响，导致成本费用利润率下降。三年间主要受疫情影响，顺鑫农业白酒销量下降，利润减少，成本费用利润率下降，企业盈利能力减弱。而贵州茅台因为利润率较高，所以该公司的成本费用利润率大幅高于行业平均值，2017—2021年，企业的成本费用利润率分别为176.13%、197.56%、198.15%、212.21%、215.38%；这一期间，企业的成本费用总额分别为2199554.53万元、2572830.45万元、2966643.21万元、3119389.65万元、3460289.74万元，成本费用总额分别较前一年增长39.62%、16.97%、15.31%、5.15%、10.93%；2017—2021年，企业的利润总额分别为3874007.21万元、5082760.34万元、5878255.18万元、6619694.20万元、7452803.19万元，利润总额的同比增长率分别为61.70%、31.20%、15.65%、12.61%、12.59%。由此可知，这一阶段，贵州茅台成本费用利润率上升是因为利润的大幅增多。金徽酒的营业成本利润率比行业平均值更低，并且整体呈现下降趋势，2017—2019年，该阶段金徽酒的成本费用利润率呈下降趋势，由31.96%下降为26.71%，下降幅度为16.43%。同一时期，金徽酒的利润总额由32412.39万元上升为34451.20万元，上升幅度为6.29%；成本费用总额由101409.72万元上升为128990.41万元，上升幅度为27.20%。由此可知，2019—2020年，金徽酒成本费用利润率的下降是由于利润总额的上升幅度小于成本费用总额的上升幅度。该阶段，金徽酒的成本费用利润率下降，企业盈利能力减弱。2019—2020年，该阶段金徽酒的成本费用利润率呈现上升趋势，由26.71%上升为32.16%，上升幅度为20.40%。同一时期，金徽酒的利润总额由34451.20万元上升为42113.54万元，上升幅度为22.24%；成本费用总额由128990.41万元上升为130941.99万元，上升幅度为1.51%。由此可知，2019—2020年，金徽酒成本费用利润率上升的原因为利润总额的增幅大于成本费用总额的增幅。2020年，营业收入稳步增长，百元以上高档产品销售收入较上年同期增长29.08%，产品结构进一步优化调整，有效控制原材料采购成本，毛利率提升至62.89%，较上年同期增加2.10个百分点，最终使利润总额增加。成本费用总额的增加主要是由于管理费用和研发费用增加。该阶段，金徽酒的成本费用利润率上升，企业盈利能力提升。2020—2021年，该阶段金徽酒的成本费用利润率呈下降趋势，由32.16%下降为27.88%，下降幅度为13.31%。同一时期，金徽酒的利润总额由42113.54万元下降为39009.05万元，下降幅度为7.37%；成本费用总额由130941.99万元上升为139922.90万元，上升幅度为6.86%。由此可知，2020—2021年，金徽酒成本费用利润率的下降是由于利润总额的下降和成本费用总额的上升。利润总额的下降主要是由于营业利润的下降，成本费用总额的上升主要是由于销售费用和管理费用的增加。该阶段，金徽酒的成本费用利润率下降，企业盈利能力减弱。

第二节 偿债能力分析

一 企业偿债能力分析的含义

偿债能力是指企业偿还到期债务的能力。通过对偿债能力的分析，可以考察企业持续经营的能力和抵抗风险的能力，有助于对企业未来收益进行预测。对偿债能力分析后，企业经营管理者能够依据分析数据做出正确的经营决策，准确地评价企业财务状况。偿债能力能够反映企业在满足正常运营情况下，偿还债务能力的大小。企业偿债能力分析包括长期偿债能力分析与短期偿债能力分析。衡量企业偿债能力指标主要包括资产负债率、流动比率、现金比率等。

二 资产负债率分析

资产负债率计算公式：资产负债率=（负债总额/资产总额）×100%

如表6-5所示，白酒行业资产负债率分为三个阶段。

表6-5　　　　　　　　资产负债率指标　　　　　　　单位：%

年份 简称	2017	2018	2019	2020	2021
泸州老窖	22.49	24.25	32.38	33.78	34.89
古井贡酒	32.62	35.81	32.00	31.20	32.12
酒鬼酒	21.09	24.06	24.72	34.12	41.37
五粮液	22.91	24.36	28.48	22.95	25.24
顺鑫农业	61.29	61.07	66.12	64.14	59.82
*ST 皇台	139.81	179.98	79.79	70.71	73.99
洋河股份	31.82	32.16	31.73	28.58	37.34
天佑德酒	13.73	19.14	15.88	16.24	16.35
伊力特	27.13	23.43	33.06	19.77	22.97
金种子酒	28.13	26.52	22.26	24.78	29.02
贵州茅台	28.67	26.55	22.49	21.40	22.81
老白干酒	40.75	49.70	47.49	46.31	51.03
舍得酒业	43.50	43.94	43.90	41.41	38.26
水井坊	43.34	41.94	46.48	51.09	55.33
山西汾酒	40.28	45.21	52.55	49.11	47.97
迎驾贡酒	29.95	32.33	31.63	30.07	30.61
今世缘	26.92	28.86	28.38	30.24	35.59
口子窖	33.76	30.25	26.26	26.19	25.22
金徽酒	21.67	25.99	20.04	21.34	20.98
平均值	37.36	40.82	36.08	34.92	36.89

白酒行业的资产负债率平均值维持在37%左右，并且呈倒"V"形，在2018年达到最高值，而后三年出现下降，说明行业的偿债能力在提升。其中老白干酒、舍得酒业、水井坊、山西汾酒等白酒公司的资产负债率要高于行业的平均值，2017—2019年，舍得酒业资产负债率保持不变，2019—2021年，舍得酒业的资产负债率整体为下降趋势，由43.90%下降

至38.26%。其中，负债总额由253606.52万元上升为309691.31万元，上升幅度为22.11%；资产总额由577650.55万元上升为809343.72万元，上升幅度为40.11%。由此可知，该阶段舍得酒业资产负债率的下降是由负债总额的增幅小于资产总额的增幅。舍得酒业的资产负债率具有一定的变动，但整体维持在40%左右，长期偿债能力变动较小，处于良好水平。而金徽酒在2017—2018年波动性较大，该阶段金徽酒的资产负债率呈现上升趋势，由21.67%上升至25.99%，上升幅度为19.94%。其中，金徽酒的负债总额由50563.60万元增长为70183.50万元，涨幅为38.80%；资产总额由233303.20万元增长为270048.73万元，涨幅为15.75%。由此可知，2017—2018年，负债总额的增速大于资产总额的增速是资产负债率上升的主要原因。负债总额的增加主要表现为长期借款、递延所得税负债增加；资产总额的增加主要是由于预付款项、其他应收款、存货和在建工程的增加。该阶段，金徽酒的资产负债率上升，企业长期偿债能力减弱。2018—2019年，该阶段金徽酒的资产负债率呈现下降趋势，由25.99%下降为20.04%，下降幅度为22.89%。同一时期，金徽酒的负债总额从70183.50万元下降为63704.13万元，下降幅度为9.23%；资产总额从270048.73万元上升为317840.96万元，上升幅度为17.70%。由此可知，2018—2019年，金徽酒资产负债率的下降是由于负债总额的下降和资产总额的上升。负债总额的下降主要是由于应付工程款较上年减少导致其他应付款减少；资产总额的上升主要是由于货币资金、应收账款和其他非流动资产的增加。该阶段，金徽酒的资产负债率下降，企业长期偿债能力提升。2019—2021年，该阶段金徽酒的资产负债率波动较小，对应数据分别为20.04%、21.34%、20.98%，其中，2020年同比上升6.49%，2021年同比下降1.69%。同一时期，金徽酒的负债总额分别为63704.13万元、75369.13万元、79162.52万元，其中，2020年同比上升18.31%，2021年同比上升5.03%；资产总额分别为317840.96万元、353194.85万元、377330.91万元，2020年同比上升11.12%，2021年同比上升6.83%。由此可知，2019—2020年，金徽酒资产负债率的上升是由于负债总额的上升幅度大于资产总额的上升幅度；2020—2021年，金徽酒资产负债率的上升是由于负债总额的上升幅度小于资产总额的上升幅度。该阶段，金徽酒的资产负债率变动较小，企业长期偿债能力处于稳定发展水平。而天佑德酒、酒鬼酒、五粮液、泸州老窖等白酒企业的资产负债率维持的水平较低，但泸州老窖近几年资产负债率上升是由负债总额的增长引起的。近五年，泸州老窖资产负债率逐渐上升，企业财务风险较低，表明其长期偿债能力有所减弱。而酒鬼酒更是在2021年突破了行业的平均值；而贵州茅台的资产负债率却整体呈现下降趋势，这是因为贵州茅台的负债总额同比增长率分别为9.97%、-3.00%、10.95%、27.45%；企业资产总额的同比增长率分别为18.75%、14.51%、16.58%、19.58%。口子窖的资产负债率呈现明显下降趋势，2017—2021年，该阶段口子窖的资产负债率呈现下降趋势，其中，2017—2018年为稳步下降期，2018—2021年为缓慢下降期。2017—2021年，口子窖的资产负债率由33.76%下降为25.22%，下降幅度为25.3%。同一时期，口子窖的负债总额变动幅度较小，最低为2019年的248957.24万元，最高为2021年的278148.00万元；资产总额保持上升趋势，从767635.71万元上升至1103089.35万元，增幅为43.7%。由此可知，2017—2021年，口子窖资产负债下降是由于资产总额的大幅上升。资产总额的增加的原因主要有以下几方面：第一，2017—2021年，口子窖增加东山口子工业产业园工程和募投项目建设投入导致在建工程类资产大幅上升，由33161.51万元增加为123245.44万元，增幅为271.5%；第二，2018年，口子窖年末应收非经营性往来款增加导致其他应收款同比增加103.17%；第三，2019年，口子窖本年预付广告款增加导致预付款项同比增加454.86%；第四，2018—2021年，口子窖其他非流动资产由2391.28万元增加为28831.62万元，增幅为1105.70%。该阶段，口子窖资产负债率下降，企业长期偿债能力提升。而迎驾贡酒与行业的平均值最为接近，2017—2020年，该阶段迎驾贡酒资产负债率呈现倒"V"形变动趋势，2017—2018年，呈波动上升趋势，2018—2020年，呈波动下降阶段。2017—2018年，迎驾贡酒资产负债率由29.95%上升至32.33%，其中，负债总额由176412.061万元上升至207602.677万元，涨幅为17.68%，资产总额由589021.908万元上升至642136.335万元，涨幅为9.02%。由此可知，由于负债总额的急速增长是导致资产负债率上升的主要原因。2018—2020年，迎驾贡酒资产负债率由32.33%下降至30.07%，其中负债总额由207602.677万元上升至221955.262万元，增长幅度为6.91%，资产总额由642136.335万元上升至738128.573万元，涨幅为14.95%。因此迎驾贡酒资产负债率的急速下降是由资产总额涨幅超过负债总额涨幅导致的。由于扩大收入,增加利润会导致企业的资产负债率下降。经分析,2018—2020 年,迎驾贡酒因产品结构升级加上省内份额提升使其利润弹性凸显,该阶段企业的债务负担较轻,其长期偿债能力较强。2020—2021 年,该阶段迎驾贡酒的资产负债率呈现波动上升趋势,由 30.07% 上升至 30.61%,其中企业的负债总额由 221955.262 万元增长至 264102.241 万元,涨幅为 18.99%,资产总额由 738128.573 万元增长至 862797.259 万元,涨幅为 16.89%。同一时期的负债总额和资产总额都在增加,且负债总额增速大于资产总额增速,致使迎驾贡酒在该阶段的资产负债率呈下降趋势。该阶段企业的负债总额大幅增加主要源于应缴税费、应付职工薪酬、合同负债、其他流动负债以及递延所得税负债的增加所致。

三　流动比率分析

流动比率计算公式：流动比率=（流动资产/流动负债）×100%

如表 6-6 所示,白酒行业的流动比率呈现出三个阶段。

表 6-6　　　　　　　　　　流动比率指标

简称＼年份	2017	2018	2019	2020	2021
泸州老窖	3.27	2.86	2.40	2.57	2.43
古井贡酒	1.95	2.10	2.48	2.57	2.64
酒鬼酒	3.49	3.08	3.15	2.45	2.09
五粮液	3.96	3.77	3.22	3.96	3.63
顺鑫农业	1.69	1.75	1.46	1.54	1.57
*ST 皇台	0.36	0.27	0.58	0.70	0.62
洋河股份	2.12	2.30	2.29	2.54	2.01
天佑德酒	3.67	2.85	3.25	3.05	3.81
伊力特	3.06	3.30	4.04	3.81	3.09
金种子酒	2.65	2.89	3.83	3.19	2.75
贵州茅台	2.91	3.25	3.87	4.06	3.81
老白干酒	1.83	1.13	1.28	1.22	1.14
舍得酒业	1.89	1.76	1.79	1.88	2.19

续表

年份\简称	2017	2018	2019	2020	2021
水井坊	1.77	1.87	1.68	1.47	1.30
山西汾酒	1.74	1.70	1.51	1.64	1.77
迎驾贡酒	2.47	2.25	2.33	2.57	2.60
今世缘	2.62	2.53	2.34	2.43	1.99
口子窖	2.21	2.46	2.91	2.73	2.61
金徽酒	1.73	2.02	2.31	2.45	2.71
平均值	2.39	2.32	2.46	2.46	2.36

白酒行业的流动比率整体上比较稳定，维持在2.4左右。如表6-6所示，行业中的五粮液、伊力特在2017年和2021年的流动比率都大于3，说明这两家公司的流动资产较多，偿债压力较小。而皇台酒业的流动比率最小，其中2018年的流动比率为0.27，为历史最低，2017—2018年流动资产的大幅度下降是这段时期流动比率下降的主要原因。2021年流动比率为0.62，比2018年增长了129.98%，流动资产和流动负债分别为20618.91万元、33170.82万元，分别变动了91.40%、-16.78%。所以2018—2021年，流动资产的大额提升和流动负债的减少共同引起了皇台流动比率的增长。而贵州茅台的增长最为明显，2017—2021年，企业的流动比率分别为2.91、3.25、3.87、4.06、3.81；企业的流动负债分别较前一年增长4.20%、10.01%、-3.17%、11.15%、26.80%；企业的流动资产分别较前一年增长24.47%、22.82%、15.35%、16.74%、18.91%。在此期间，贵州茅台流动比率上升主要原因是流动资产增多。贵州茅台的流动比率整体波动不大，尽管有起伏，但是均大于2:1，反映出企业短期流动性储备满足了短期的偿债需求，企业拥有稳定且较强的短期偿债能力。酒鬼酒的下降幅度较为明显，并且在2020年后均低于行业平均值，流动比率从2017年的3.49下降到2021年的2.09。2017—2021年，酒鬼酒的流动资产与流动负债两者的增速对比可知，酒鬼酒近五年流动比率的下降是由流动资产的增速小于流动负债的增速引起的，但酒鬼酒的流动比率仍然高于2，说明其短期偿债能力较强。五粮液的流

动比率保持较高且比较稳定，今世缘下降同样明显，2017—2020年，今世缘酒业的流动比率在2—3波动，其流动比率分别为2.62、2.53、2.34、2.43。而流动比率应在2∶1以上，表示流动资产是流动负债的2倍，即使流动资产有一半在短期内不能变现，也能保证全部的流动负债得到偿还。尽管企业的流动比率有所降低，但是其依然拥有较强的偿债能力。2021年，今世缘酒业的流动比率为1.99，相较于2020年有小幅度下降。究其原因，其流动负债和流动资产的同比增长率分别为43.48%和18.01%，由此可知，负债的大量增加是企业流动比率降低的原因。而金种子酒和伊力特就呈现明显的上升后降趋势，2017—2019年，金种子酒的流动比率分别为2.65、2.89、3.83，这三年金种子酒的流动负债分别为72499.70万元、68303.70万元、60129.81万元，流动负债同比下降17.82%、5.79%、11.97%；金种子酒的流动资产分别为192018.03万元、197066.37万元、230208.11万元，同比增减-10.32%、2.63%、16.82%。由此可知，2017年，金种子酒流动比率下降是因为流动负债减少，2018—2019年则是因为流动资产增多和流动负债减少。2019—2021年，金种子酒的流动比率再次出现小幅下降的情况，由2019年的3.83降至2021年的2.75。尽管金种子酒的流动比率有下降趋势，但整体是上升的，维持在2∶1以上，这说明金种子酒业的资金流动性好，短期偿债能力较强。2017—2019年，伊力特流动负债下降幅度为10.40%。由此可知，2016—2017年，伊力特的流动比率上升主要是由于流动资产上升；2017—2019年，伊力特的流动比率上升主要是由于流动资产的上升和流动负债的下降。该阶段，伊力特流动比率大幅上升，企业短期偿债能力增强。2019—2021年，该阶段伊力特的流动比率下降趋势，由4.04下降为3.09，下降幅度为23.45%。同一时期，伊力特的流动资产分别为294480.78万元、236103.25万元、288235.46万元，2020年同比下降19.28%，2021年同比上升22.08%；流动负债分别为72957.84万元、61972.90万元、93282.18万元，2020年同比下降15.06%，2021年同比上升50.52%。由此可知，2019—2020年，伊力特的流动比率下降是由于流动资产的下降幅度大于流动负债的下降幅度；2020—2021年，流动比率下降是由于流动资产的上升幅度小于流动负债的上升幅度。该阶段，伊力特流动比率有所下降，但仍处于较高水平，企业短期偿债能力较好。老白干酒五年的流动比率都低于行业的均值，并且在2017年之后出现明显的下降。2017—2021年，此阶段老白干酒的流动比率呈波动下降趋势，其中，2017—2018年和2019—2021年为下降期，2018—2019年为上升期。2017—2018年，流动比率由1.83下降为1.13，流动资产由212720.10万元上升为287194.34万元，上升幅度为35.01%，流动负债由116331.27万元上升为255280.88万元，上升幅度为119.44%。由此可知，2017—2018年，老白干酒的流动比率下降是由于流动资产的上升幅度小于流动负债的上升幅度。2018—2019年，流动比率由1.13上升为1.28，流动资产由287194.34万元上升为361618.00万元，上升幅度为25.91%，流动负债由255280.88万元上升为282069.79万元，上升幅度为10.49%。由此可知，2018—2019年，老白干酒的流动比率上升是由于流动资产的上升幅度大于流动负债的上升幅度。2019—2021年，流动比率由1.28下降为1.14。同一时期，老白干酒的流动资产分别为361618.00万元、344818.11万元、421711.25万元，2020年同比下降4.65%，2021年同比上升22.30%。流动负债分别为282069.79万元、282107.75万元、371073.93万元，2020年同比上升0.01%，2021年同比上升31.54%。由此可知，2019—2020年，老白干酒的流动比率下降主要是由于流动资产的下降；2020—2021年，老白干酒的流动比率下降是由于流动资产的上升幅度小于流动负债的上升幅度。该阶段，老白干酒流动比率下降，企业短期偿债能力下降。

四 现金比率分析

现金比率计算公式：现金比率=（货币资金+交易性金融资产）/流动负债×100%

如表6-7所示，2015—2021年，白酒行业的现金比率整体为下降—上升—下降的波动趋势，可以分为三个阶段。

表6-7　　　　　　　　　现金比率指标　　　　　　　　　单位：%

简称＼年份	2017	2018	2019	2020	2021
泸州老窖	193.47	172.95	143.69	149.31	122.43
古井贡酒	32.53	19.43	69.33	125.61	78.88
酒鬼酒	64.28	89.15	168.07	146.99	135.98
五粮液	254.21	236.43	210.44	258.77	240.89

续表

年份\简称	2017	2018	2019	2020	2021
顺鑫农业	62.34	70.49	67.11	77.92	83.67
*ST皇台	0.51	0.12	7.31	2.66	2.90
洋河股份	13.02	23.13	26.00	49.42	84.29
天佑德酒	96.88	90.90	91.00	60.00	116.07
伊力特	172.19	175.73	250.13	201.26	110.13
金种子酒	135.73	113.91	187.11	126.42	88.74
贵州茅台	194.24	231.50	294.46	321.28	308.46
老白干酒	73.07	39.94	44.91	40.51	27.12
舍得酒业	53.82	37.93	54.61	45.86	61.71
水井坊	86.40	78.26	68.64	59.80	58.31
山西汾酒	34.11	20.50	41.27	34.97	42.01
迎驾贡酒	34.57	32.80	37.07	53.02	28.98
今世缘	66.91	76.66	57.44	97.82	77.17
口子窖	48.30	43.87	61.02	58.15	66.76
金徽酒	74.10	33.28	67.29	78.28	88.67
平均值	88.98	83.53	102.47	104.63	95.96

白酒行业的现金比率如图6-7所示，整体呈现倒"V"形，在2019年达到最高，在2020年和2021年都出现了一定程度的下降，其中皇台酒业、古井贡酒、山西汾酒等白酒公司的现金比率较低，集中在0.5以内，皇台酒业由于现金类资产的减少和流动负债的增加，共同导致了现金比率的大幅下降。2016年，古井贡酒货币资金和有价证券总额相较前一年减少了50.99%，古井贡酒2016年年末货币资金为53290.9万元，相比2015年减少了55441.01万元。2016年之后，古井贡酒的现金比率逐年上升，2019年、2020年和2021年，古井贡酒现金比率均大于1，反映出古井贡酒的短期偿债能力不断增强，企业具有很大的发展潜力。五粮液、贵州茅台、泸州老窖、伊力特等白酒公司的现金比率较高。这反映出白酒行业的龙头公司通常有较高的偿债能力。贵州茅台在2017年和2018年，企业的流动负债同比上涨率分别为4.2%和10.01%；企业的货币资金同比增长率分别为31.43%和27.55%。由此可知，2017年和2018年，

贵州茅台的现金比率上升是由于企业货币资金的大幅增长。2018—2021年，这一阶段中，企业的现金比率先下降后上升，但整体上为下降趋势。2019年，贵州茅台的现金比率直线下降，由2018年的2.64下降至2019年的0.32。2019年，企业流动负债和货币资金分别较前一年下降3.17%和88.18%，企业货币资金大幅减少是2019年企业现金比率直线下降的原因。2019—2021年，贵州茅台现金比率有所上升。2020年和2021年，企业的现金比率分别为0.79、0.89。尽管企业的现金比率有所回升，但从整体上看，企业现金比率呈下降趋势。从这一指标看，贵州茅台的短期偿债能力有所下降。2017—2021年，皇台酒业现金比率先升后降。2019年为7.31%，比2017年增长1338.46%。现金类资产为2122.74万元，比2017年增长1097.63%；流动负债为29039.07万元，比2017年下降-16.74%。2021年的现金比率为3.21%，比2019年下降了-56.12%；流动负债为33170.82万元，比2019年增长了14.23%。可以知道，2019—2021年，现金类资产的下降和流动负债的增长共同导致了现金比率的下降。2017—2020年，今世缘企业的现金比率分别为0.77、0.87、1.51、1.66，企业流动负债分别较前一年增长25.36%、27.76%、12.84%、24.95%，货币资金和交易性金融资产总额分别较前一年增长49.46%、44.03%、95.47%、37.00%。由此可知，这一期间，企业现金比率增长的主要原因是货币资金与交易性金融资产总额增加。2021年，今世缘酒业的现金比率为1.33，较前一年有所下降。其流动负债同比增长43.48%，货币资金与交易性金融资产总额同比增长15.46%。由此可知，2021年企业现金比率下降是因为流动资产增多。综上分析，尽管该年度今世缘酒业的现金比率有所降低，但降幅较小。由此可得出与流动比率这一指标相似的结论：尽管企业的流动比率有所降低，但其依然拥有较强的偿债能力。2017—2021年，该阶段老白干酒现金比率呈波动下降趋势，其中，2017—2018年和2019—2021年为下降期，2018—2019年为上升期。2017—2018年，现金比率由0.7307下降为0.3994，现金类资产由85002.96万元上升为101961.01万元，上升幅度为19.95%，流动负债由116331.27万元上升为255280.88万元，上升幅度为119.44%。由此可知，2017—2018年，老白干酒的现金比率下降是由于现金类资产的上升幅度小于流动负债的上升幅度。2018—2019年，现金比率由0.3994上升为0.4491，现金类资产由101961.01万元上升为126675.12万元，上升幅度为24.24%，流动负债由255280.88万元上升为282069.79万元，上升幅度为10.49%。由此可知，2018—2019年，老白干酒的现金比率上升是由于现金类资产的上升幅度大于流动负债的上升幅度。2019—2021年，现金比率由0.4491下降为0.3971。同一时期，老白干酒的现金类资产分别为126675.12万元、119445.78万元、147352.07万元，2020年同比下降5.71%，2021年同比上升23.36%。流动负债分别为282069.79万元、282107.75万元、371073.93万元，2020年同比上升0.01%，2021年同比上升31.54%。由此可知，2019—2020年，老白干酒的现金比率下降主要是由于现金类资产的下降；2020—2021年，老白干酒的现金比率下降是由于现金类资产的上升幅度小于流动负债的上升幅度。该阶段，老白干酒现金比率下降，企业短期偿债能力下降。2017—2018年，口子窖现金比率从0.5350下降至0.4888，下降幅度为8.64%。其中，口子窖的现金类资产由135180.84万元下降为127178.22万元，下降幅度为5.92%；流动负债由252662.29万元上升为260173.57万元，上升幅度为2.97%。由此可知，2017—2018年，现金比率的下降是由于现金类资产的下降和流动负债的上升。2018年，现金类资产的下降是由于货币资金的下降，下降幅度为5.92%；流动负债的增加主要是由于预收款项和其他应付款的增加，增幅分别为7.20%、13.08%。该阶段，口子窖现金比率变动较小，且低于参考值1，企业短期偿债能力有待提升。2018—2019年，该阶段口子窖的现金比率急速上升，由0.4888上升为1.6360，上升幅度为234.7%。其中，口子窖的现金类资产由127178.22万元上升为386843.10万元，涨幅为204.17%；流动负债由260173.57万元下降为236451.96万元，下降幅度为9.12%。由此可知，2018—2019年，现金比率的上升是由于现金类资产的上升和流动负债的下降。现金类资产的增加是由于货币资金的增加，增幅为204.17%；流动负债的下降主要是由于长期待摊费用和其他应付款的下降，下降幅度分别为85.71%、37.84%。该阶段，口子窖现金比率上升，且高于参考值1，企业短期偿债能力增强。2019—2021年，该阶段口子窖的现金比率整体呈下降趋势，从1.6360下降至1.0066，下降幅度为38.47%。其中，口子窖的现金类资产由386843.10万元下降为263732.21万元，下降幅度为31.82%；流动负债由236451.96万元上升为262002.20万元，上升幅度为10.81%。由此可知，2019—2021年，现金比率的下降是由于现金类资产的下降和流动负债的上升。2020 年，现金类资产的下降是由于货币资金的下降和交易性金融资产的下降，下降幅度分别为 1.88%、35.72%；流动负债的上升主要是由于应付职工薪酬、其他应付款和递延所得税负债的增加，增幅分别为 49.77%、45.71%、31.79%。2021 年，现金类资产的下降是由于交易性金融资产的下降，下降幅度为 49.62%；流动负债的增加主要是由于应付职工薪酬、其他应付款、递延所得税负债的增加，增幅分别为 39.14%、38.50%、30.96%。该阶段，口子窖现金比率有所下降，企业短期偿债能力有所减弱。

第三节 营运能力分析

一 应收账款周转率分析

应收账款周转率计算公式：

应收账款周转率＝营业收入×2/（期初应收账款+期末应收账款）

如表 6-8 所示，白酒行业应收账款周转率划分上升—下降—上升三个阶段。

表 6-8　　　　　　　应收账款周转率指标　　　　　　　单位：次

年份 简称	2017	2018	2019	2020	2021
泸州老窖	1745.93	1423.51	1105.01	1681.96	13164.28
古井贡酒	401.02	332.71	295.41	189.35	169.11
酒鬼酒	252.34	192.93	236.64	362.38	1979.65
五粮液	277.87	337.95	382.90	651.58	1252.90
顺鑫农业	85.87	145.23	213.85	277.35	396.85
*ST 皇台	14.88	26.43	54.54	11.41	8.41
洋河股份	2063.01	3475.06	2151.31	2078.32	9263.42
天佑德酒	98.56	44.27	34.80	32.89	52.07
伊力特	68.58	243.71	456.03	535.46	185.80

续表

年份 简称	2017	2018	2019	2020	2021
金种子酒	12.74	11.31	10.35	14.01	10.38
贵州茅台	—	—	—	—	—
老白干酒	6888.88	280.51	120.73	78.90	111.99
舍得酒业	47.81	24.84	19.30	16.63	29.47
水井坊	41.34	48.56	112.06	195.23	986.97
山西汾酒	164.43	829.42	1394.64	3534.09	13601.14
迎驾贡酒	44.73	56.17	73.52	66.26	85.92
今世缘	154.04	111.16	117.21	167.13	185.79
口子窖	245.37	339.38	552.26	1497.75	2622.93
金徽酒	129.05	132.89	128.78	155.62	209.34
平均值	707.58	447.56	414.41	641.46	2462.02

白酒行业的应收账款周转率如表6-8所示，在2019年达到最低，2021年达到最高。其中，2016年起，由于白酒的供不应求，贵州茅台企业不再有应收账款；相反，企业有很多预收账款。同时，因为市场对超高端白酒——茅台酒的需求极为旺盛，经销商只有先付钱才能提货，因此贵州茅台的财务报表上没有应收账款，更没有坏账。这体现了企业独一无二的品牌价值，企业具有良好的营运情况。而泸州老窖、洋河股份、山西汾酒在2021年都有着远高于行业的应收账款周转率，山西汾酒、泸州老窖的应收账款周转率都大于13000。泸州老窖为了应对疫情，大幅回收了应收账款，应收账款由2019年的1829.39万元减少至2020年的150.79万元，减少了91.76%，应收账款周转率因此增加。而2021年应收账款周转率上升至13164.28次，这也与2020年泸州老窖大量回收应收账款的决策有关，在营业收入变动不大的情况下，连续两年的低应收账款金额是应收账款周转率上升的原因。而水井坊、口子窖等白酒公司虽然应收账款周转率对比行业并不算高，但却是行业中少有的能每年实现正增长的公司，2017—2019年，该阶段口子窖应收账款周转率呈缓慢上升趋势，对应数据分别为245.37次、339.38次、552.26次。2017—2019

年，应收账款周转率的上升是由营业收入的上升和平均应收账款的下降共同驱动的。2019—2021 年，该阶段口子窖的应收账款周转率呈急速上升趋势，由 552.26 次上升为 2622.93 次，上升幅度为 374.94%。同一时期，口子窖的营业收入具有一定波动，2019—2020 年为下降阶段，由 467208.60 万元下降为 401114.44 万元，下降幅度为 14.15%；2020—2021 年为上升阶段，由 401114.44 万元上升为 502859.83 万元，上升幅度为 25.37%。平均应收账款呈现下降趋势，对应数据为 845.99 万元、267.81 万元、191.72 万元，2020 年同比下降 68.34%，2021 年同比下降 28.41%。由此可知，2019—2020 年，口子窖应收账款转账率的上升是由于营业收入的下降幅度小于平均应收账款的下降幅度；2020—2021 年，口子窖应收账款转账率的上升是由于营业收入的上升和平均应收账款的下降。自上市以来，口子窖的应收账款周转率整体呈上升发展态势，且该指标 2021 年较 2016 年实现大幅增长，口子窖应收账款的收账速度加快，其坏账损失的发生减少，企业营运能力提升。2017—2021 年，该阶段水井坊应收账款周转率急速上升，水井坊应收账款周转率分别为 41.34 次、48.56 次、112.06 次、195.23 次、986.97 次，相比 2017 年，2021 年的应收账款周转率提升近 23 倍。同一时期，水井坊的营业收入由 204838.04 万元上升为 463186.16 万元，上升幅度为 126.12%，但在 2020 年出现小幅下降，下降幅度为 15.06%；平均应收账款由 9910.30 万元下降为 938.60 万元。由此可知，2017—2021 年，水井坊应收账款周转率上升是由于营业收入的上升和平均应收账款的下降。2020—2021 年，水井坊应收账款周转率变化幅度最大。主要是因为 2021 年疫情形势得到有效控制，市场经济好转，当年营业收入增长率达到了 54.1%，且平均应收账款大幅下降，下降幅度为 69.52%。该阶段，应收账款周转率升高，提高了企业应收账款回款能力，减少了企业坏账的损失，增加企业的营运能力。2019 年，天佑德酒应收账款本年上半年合计达到历史最高，为 7206.27 万元，比之前两年又加大了增加的幅度。应收账款的增速远大于营业收入的增速，说明该公司的应收账款难以及时收回，资金回笼状况不佳。2020 年应收账款周转率为 32.89，同比下降 -5.46%。该年营业收入和应收账款本年上半年合计分别为 76384.49 万元、4644.29 万元，同比变动率分别为 -39.07%、-35.55%。2021 年应收账款周转率为 52.07，增长幅度为 58.31%，该年营业收入和应收账款本年上半年合计分别为

105413.79万元、4048.63万元，同比分别变动了38.00%、-12.83%。因此，营业收入的增长和应收账款合计的下降共同促成了应收账款周转率的增长。2017年，老白干酒应收账款周转率为行业最高，2017—2021年，老白干酒的应收账款周转率为下降期，但2021年出现小幅上升。2017—2020年，老白干酒的应收账款周转率分别为6888.88次、280.51次、120.73次、78.9次、111.99次。其中，老白干酒的应收账款周转率在2018年出现急速下降，由6888.88次下降为280.51次。2018年，老白干酒的营业收入为358302.02万元，同比上升41.34%，平均应收账款为1277.31万元，同比上升3371.14%。由此可知，2017—2018年，老白干酒应收账款转账率的急速下降是由于平均应收账款的大幅上升。2018年应收账款周转率出现大幅度的降低，通过分析发现，主要原因为公司当年收购的丰联酒业的数据合并进入老白干酒的年报，导致期末应收账款余额增加，变动比例高达6742.27%，使得老白干酒的应收账款周转速度变慢。2018—2020年，老白干酒应收账款转账率由280.51次下降为78.9次。同一时期，老白干酒的营业收入分别为358302.02万元、403024.84万元、359778.70万元，2019年同比上升12.48%，2020年同比下降10.73%。老白干酒的平均应收账款分别为1277.31万元、3338.11万元、4559.71万元，2019年同比上升161.34%，2020年同比上升36.60%。由此可知，2018—2019年，老白干酒应收账款转账率的下降是由于营业收入的上升幅度小于平均应收账款的上升幅度；2019—2020年，老白干酒应收账款转账率的下降是由于营业收入的下降和平均应收账款的上升。2020—2021年，老白干酒应收账款转账率由78.90次上升为111.99次。其中，营业收入由359778.70万元上升为402715.20万元，上升幅度为11.93%；平均应收账款由4559.71万元下降为3595.90万元，下降幅度为21.14%。由此可知，2020—2021年，老白干酒应收账款转账率的上升是由于营业收入的上升和平均应收账款的下降。该阶段，整体来说，老白干酒的应收账款周转率下降，企业营运能力减弱。

二 存货周转率分析

存货周转率计算公式：

存货周转率=营业成本×2/（存货期末余额+存货上年期末余额）

白酒行业存货周转率情况如表6-9所示。

表 6-9　　　　　　　　　　存货周转率指标　　　　　　　　　单位：次

简称\年份	2017	2018	2019	2020	2021
泸州老窖	1.10	0.97	0.89	0.68	0.49
古井贡酒	0.85	0.86	0.89	0.79	0.82
酒鬼酒	0.25	0.31	0.38	0.39	0.60
五粮液	0.85	0.94	1.01	1.10	1.20
顺鑫农业	0.99	0.90	1.16	1.44	1.67
*ST 皇台	0.34	0.27	0.31	0.31	0.29
洋河股份	0.53	0.47	0.47	0.40	0.40
天佑德酒	0.68	0.62	0.52	0.29	0.38
伊力特	1.35	1.38	1.44	1.14	0.84
金种子酒	1.14	1.02	0.74	0.83	0.75
贵州茅台	0.28	0.29	0.30	0.30	0.29
老白干酒	0.89	1.05	0.97	0.75	0.64
舍得酒业	0.19	0.26	0.26	0.26	0.41
水井坊	0.50	0.45	0.42	0.28	0.35
山西汾酒	0.86	1.16	0.79	0.67	0.69
迎驾贡酒	0.61	0.61	0.53	0.40	0.46
今世缘	0.52	0.55	0.64	0.62	0.56
口子窖	0.56	0.57	0.54	0.38	0.41
金徽酒	1.16	0.92	0.81	0.65	0.53
平均值	0.72	0.72	0.69	0.62	0.62

白酒行业的存货周转率维持在 0.6—0.7，整体上变化率不大。其中，伊力特和顺鑫农业的存货周转率较高，顺鑫农业存货平均占用额持续上升；2019—2021 年存货平均占用额持续下降。由此可知，在存货平均占用额上升期，存货周转率上升是由于营业成本的增幅大于存货平均占用额增幅；在存货平均占用额下降期，存货周转率上升是由于营业成本的增加和存货平均占用额的减少。2017—2021 年，顺鑫农业存货周转率不断提升，虽然整体数值表现不佳，但近几年显现出持续改进的趋势，企业运营能力逐步提升。而金徽酒、泸州老窖等白酒公司的存货周转率逐年下降。2017—2021 年，泸州老窖存货周转率的持续下降，是因为企业

为了保障公司产品品质及未来市场发展需要，在此期间增加了优质基酒储量，并实施了产品货架期管理。而这一举措无疑是正确的，它使企业主动控制了出货量，降低了出货周期，增强了产品稀缺性。2017—2021年，金徽酒存货周转率呈逐渐下降趋势，由1.16次下降至0.53次，下降幅度为54.31%。同一时期，金徽酒的营业成本由49305.25万元上升为64847.75万元，上升幅度为31.52%；存货平均占用额由42533.99万元上升为123193.02万元，上升幅度为189.63%。由此可知，2017—2021年，金徽酒的存货周转率下降是由营业成本增幅小于存货平均占用额增幅驱动的。该阶段，金徽酒存货周转率下降，存货的占用水平高，流动性低，存货转换为现金或应收账款的速度减慢，企业营运能力减弱。2017—2018年，老白干酒的存货周转率上升是由于营业成本的上升幅度大于平均存货的上升幅度。2018—2021年，老白干酒的存货周转率由1.05次下降为0.64次，下降幅度为39.05%。同一时期，老白干酒的营业成本具有一定的波动，2018—2019年为上升期，上升幅度为11.54%，2019—2020年为下降期，下降幅度为18.29%，2020—2021年为上升期，上升幅度为3.73%。老白干酒的平均存货由132023.31万元上升为204116.85万元，上升幅度为54.61%。由此可知，2018—2019年，老白干酒的存货周转率下降是由于营业成本的上升幅度小于平均存货的上升幅度；2019—2020年，老白干酒的存货周转率下降是由于营业成本的下降和平均存货的上升；2020—2021年，老白干酒的存货周转率下降是由于营业成本的上升幅度小于平均存货的上升幅度。2017—2021年，舍得酒业在该阶段的存货周转率持续上升，由0.19次上升至0.41次，上升幅度为115.79%。同一时期，营业成本由41589.62万元上涨至2110247.78万元，涨幅为4974.98%；存货平均占用额由224383.76万元上涨至267394.04万元，涨幅为19.17%；由此可知，该阶段舍得酒业的存货周转率上升是由营业成本增幅大于存货平均占用额增幅驱动的。营业成本的大幅增加主要是销售增长及产品结构调整所致。其中，产品销量增加，相应的产量也会增长，使成本上升；产品结构调整使成本较高的中高档白酒销售增加，从而使成本上升。2017—2018年，口子窖的存货周转率上升是由营业成本增幅大于存货平均占用额增幅驱动的。该阶段，口子窖存货周转率上升，企业存货运营效率有所提升。2018—2020年，该阶段口子窖的存货周转率持续下降，其中，2018—2019年为缓慢下降期，

2019—2010年为急速下降期。2018—2019年，口子窖的存货周转率由0.57次下降至0.54次，下降幅度为5.26%，营业成本由109422.89万元上升为116926.11万元，上升幅度为6.86%，存货平均占用额由190800.79万元上升为217425.91万元，上升幅度为13.95%。由此可知，2018—2019年，口子窖的存货周转率下降是由营业成本增幅小于存货平均占用额增幅驱动的。2019—2020年，口子窖的存货周转率由0.54次下降至0.38次，下降幅度为29.63%，营业成本由116926.11万元下降为99588.72万元，下降幅度为14.83%，存货平均占用额由217425.91万元上升为260596.56万元，上升幅度为19.86%。由此可知，2019—2020年，口子窖的存货周转率下降是由营业成本的下降和存货平均占用额的上升驱动的。该阶段，口子窖存货周转率下降，表明该企业存货运营效率有所下降，营运能力减弱。2020—2021年，该阶段口子窖的存货周转率呈上升趋势，由0.38次上升至0.41次，上升幅度为7.89%。其中，口子窖的营业成本由99588.72万元上升为131240.24万元，上升幅度为31.78%；存货平均占用额由260596.56万元上升为321024.65万元，上升幅度为23.19%。由此可知，2020—2021年，口子窖的存货周转率上升是由营业成本增幅大于存货平均占用额增幅驱动的。该阶段，口子窖存货周转率上升，企业存货运营效率有所提升。2017—2021年，该阶段舍得酒业的存货周转率持续上升，由0.19次上升至0.41次，上升幅度为115.79%。同一时期，营业成本由41589.62万元上涨至2110247.78万元，涨幅为4974.98%；存货平均占用额由224383.76万元上涨至267394.04万元，涨幅为19.17%；由此可知，该阶段舍得酒业的存货周转率上升是由营业成本增幅大于存货平均占用额增幅驱动的。营业成本的大幅增加主要是销售增长及产品结构调整所致。其中，产品销量增加，相应的产量也会增长，使成本上升；产品结构调整使成本较高的中高档白酒销售增加，从而成本上升。

第四节 发展能力分析

一 营业收入增长率分析

营业收入增长率计算公式：

营业收入增长率=本年营业收入/上年营业收入-1

表6-10　　　　　　　　　营业收入增长率指标　　　　　　单位：%

年份 简称	2017	2018	2019	2020	2021
泸州老窖	25.18	25.60	21.15	5.29	23.96
古井贡酒	15.81	24.65	19.93	-1.20	28.93
酒鬼酒	34.13	35.13	27.38	20.79	86.97
五粮液	22.99	32.61	25.20	14.37	15.51
顺鑫农业	4.79	2.90	23.40	4.10	-4.14
*ST皇台	-73.23	-46.47	288.67	2.67	-10.42
洋河股份	15.92	21.30	-4.28	-8.76	20.14
天佑德酒	-8.27	2.29	-7.04	-39.07	38.00
伊力特	13.34	10.70	8.36	-21.71	7.53
金种子酒	-10.14	1.89	-30.46	13.55	16.70
贵州茅台	49.81	26.49	16.01	11.10	11.88
老白干酒	3.96	41.34	12.48	-10.73	11.93
舍得酒业	12.10	35.02	19.79	2.02	83.80
水井坊	74.13	37.62	25.53	-15.06	54.10
山西汾酒	37.06	55.39	26.63	17.76	42.75
迎驾贡酒	3.29	11.17	8.26	-8.60	32.58
今世缘	15.57	26.55	30.35	5.12	25.12
口子窖	27.29	18.50	9.44	-14.15	25.37
金徽酒	4.35	9.72	11.76	5.89	3.34
平均值	14.11	19.60	28.03	-0.87	27.06

白酒行业的营业收入增长率如表6-10所示，在2019年达到最高，而2020年则出现大面积下降。皇台酒业在行业中的波动最为明显，2017年、2018年营业收入增长率分别为-73.23%、-46.47%，营业收入分别为4760.51万元、2548.34万元。2019年，营业收入增加了7356.29万元，同比增长288.67%。2016—2017年，皇台离职高管就有十余人，涉

及董事长、副董事长、总经理、副总经理、财务、审计、董秘等高管，独董、董事、监事等职位。2017年4月12日，皇台控股权易主盛达集团，当天董事长、总经理、财务总监、董事会秘书等7名高管及1名内部审计部部长集体辞职。2017年末，前任董事长卢鸿毅涉嫌侵占上市公司财产计提了1.0216亿元的大额资产减值，造成年末巨额亏损。这些变故使皇台内部争斗不断，经营决策深受影响，营业收入也遭到不小的冲击。2018年，皇台老产品的销售没有更多的贡献，而研发的新产品又久未上市，经营状况也没有实质性改善，导致销售严重萎缩，销售收入大幅下降，这极大程度上导致了皇台经营亏损。同时与宜宾圆明园实业等公司的诉讼案件计提预计负债2098.20万元，这些都造成了皇台盈利能力的下降。最后一次负增长是2021年，营业收入增长率为-10.42%，营业收入为9108.81万元。2021年，皇台主要销售地区受新冠疫情管控影响，销售收入同比减少。同样波动大的还有洋河股份，2019年和2020年出现了洋河酒厂自上市以来营业收入的第三次和第四次负增长。2019年和2020年营业收入增长分别为2312647.69万元和2110105.11万元，同比下降4.28%和8.76%。2019年，白酒行业市场的竞争更加激化，全面进入挤压式竞争时代，名酒企业在产品、品牌、渠道和市场等方面不断强化优势，无论是高端、次高端产品，还是中低端和小酒等，都逐步形成了各个主流消费价位段的代表性品牌，白酒行业的竞争格局逐渐形成，并将在今后的市场竞争中进一步强化。白酒行业市场竞争的加剧是洋河酒厂营业收入减少的主要原因。2021年，洋河酒厂营业收入同比增加20.14%。该年度洋河酒厂加速营销转型升级，凝聚改革创新势能。坚持市场导向和竞争导向，围绕高端化和品牌化战略，聚焦海天梦大单品打造，构建了"2+5+10"主导产品布局，实施了高端打造"一把手工程"，完成了715个SKU清理，产品规划更加清晰。深度调整营销架构，推进营销组织机构下沉，各品牌实现了独立运作。一系列措施取得实效，进一步提升了企业的运营效率。金徽酒则表现较为稳定，2017—2020年，该阶段，金徽酒的营业利润呈现正增长，增长率分别为12.98%、3.59%、4.26%、24.15%。2016—2020年，营业利润分别为28679.71万元、32403.50万元、33565.21万元、34995.86万元、43447.16万元。该阶段，金徽酒的营业利润呈现正增长，表明金徽酒经营状况良好，发展能力提升。2020—2021年，金徽酒的营业利润呈现负增长，2021年的营业利润增长率为-7.74%。2020年和2021年的营业利润分别为43447.16万元、40085.93万元。营业利润的下降主要是由于金徽酒加大消费者互动及品牌建设，销售费用较上年同期增加；职工薪酬及社保、折旧费用较上年同期增加，导致管理费用增加。该阶段，金徽酒的营业利润呈现负增长，表明金徽酒经营状况一般，发展能力有待提升。古井贡酒在2020年出现负增长，该年度营业利润和营业收入同步减少，其原因与营业收入减少一样，是因为2020年新冠疫情突如其来，消费者需求减少，营业收入减少，从而影响营业利润的减少。2021年，企业的营业利润又有了增长的趋势，营业利润增长率达到27.4%，总的来说，古井贡酒仍具有较强的发展潜力。顺鑫农业第二次营业收入负增长为2021年，营业收入由1551139.95万元降至1486937.90万元，营业收入增长率为-4.14%。2021年，公司经营业绩较上年同期降幅较大主要有以下三个原因：第一，受疫情的反复影响，白酒业务消费场景减少，白酒销量下降，2020年和2021年白酒销量分别同比下降3.84%、5.02%。2019年，顺鑫农业白酒行业营业收入为1028934.54万元，同比增长10.91%；2020年为1018496.76万元，同比下降1.01%；2021年为1022547.54万元，同比增长0.40%。可知，受疫情影响，顺鑫农业白酒行业的营业收入下降。第二，受猪周期下行影响，生猪价格较上年同期降幅较大，导致公司生猪养殖、肉食品加工产业与上年同期相比降幅较大。2021年，顺鑫农业猪肉类产品的营业收入为331317.00万元，同比下降21.29%。第三，公司房地产业务受国家房地产调控政策影响，项目销售及回款较缓，影响了公司整体经营业绩。2020年，老白干酒营业收入增长为负，营业收入增长率为-10.73%，营业收入由403024.84万元降至359778.70万元。该年度受疫情影响，白酒行业不景气，整个行业的营业收入增长率均呈现大幅下降趋势，受整个宏观环境的影响，老白干酒的营业收入增长率出现负增长。

二 营业利润增长率分析

营业利润增长率计算公式：

营业利润增长率=本年营业利润/上年营业利润-1

如表6-11所示，营业利润基本呈现正增长，整体上公司拥有较强的盈利能力。在整个增长过程中2017年和2020年的增长率较低。

表 6-11　　　　　　　　营业利润增长率指标　　　　　　　单位：%

简称\年份	2017	2018	2019	2020	2021
泸州老窖	34.97	36.43	30.84	30.07	33.06
古井贡酒	42.69	47.19	20.31	-13.78	27.40
酒鬼酒	105.39	28.56	35.74	50.47	98.36
五粮液	44.79	39.96	29.53	14.77	16.98
顺鑫农业	16.31	66.69	11.58	-39.68	-21.27
*ST 皇台	33.88	20.34	175.69	-43.72	-156.49
洋河股份	14.35	22.38	-9.73	1.37	0.95
天佑德酒	-123.02	343.43	-64.89	-299.38	181.64
伊力特	22.50	18.21	9.23	-26.09	-0.28
金种子酒	65.08	419.97	-203.12	128.53	-540.01
贵州茅台	60.47	31.85	14.99	12.86	12.18
老白干酒	34.99	76.19	18.42	-8.47	17.16
舍得酒业	11.80	119.15	60.95	7.91	117.94
水井坊	72.67	74.85	41.16	-12.43	73.00
山西汾酒	48.96	57.20	30.61	48.94	65.99
迎驾贡酒	0.79	15.78	20.97	0.57	42.40
今世缘	21.42	25.50	28.72	7.23	29.62
口子窖	47.82	31.98	10.59	-25.94	39.94
金徽酒	12.98	3.59	4.26	24.15	-7.74
平均值	29.94	77.85	13.99	-7.51	1.62

白酒行业的营业利润率如表 6-11 所示，整体呈现先升后降的趋势，其中天佑德酒、金种子酒的波动最大。2016 年 7 月，金种子出资 1000 万元建立大金健康酒业公司，错误地将健康酒作为核心战略单品，并推出和泰苦荞酒单品从而忽略了省内第二次消费升级趋势的开启，公司仍未走出品牌低端形象。2021 年，金种子酒业再度出现亏损，亏损金额高达 16753.29 万元，企业营业增长率为-540.01%。综上分析，企业发展前景并不乐观。天佑德酒 2017 年营业利润增长率为-123.02%，该年营业利润

首度亏损,为-6788.68万元,比2016年下降了-36273.08万元。2018年,营业利润增长率为343.43%,该年营业利润为16525.67万元,比2017年增长了23314.36万元。2019年和2020年营业利润增长率不断下降,分别为-64.89%、-299.38%,营业利润分别为5801.91万元、-11567.72万元,分别下降了10723.76万元、17369.63万元。2021年,营业利润再度扭亏为盈,为9444.10万元,比2020年增长了21011.82万元,增长幅度为181.64%。泸州老窖和今世缘的稳定性最好,保持正向增长,且增长速度较快,企业拥有较强的盈利能力,企业的发展潜力较强。2017—2019年,该阶段今世缘企业的营业收入增长率大幅提升。该阶段今世缘酒业的营业收入增长率分别为15.57%、26.55%、30.35%,其中2017—2018年指标增长最快。2017年,公司实现营业收入29.52亿元,同比增长15.57%;2018年,公司实现营业收入37.36亿元,同比增长26.55%。2019—2020年为第二阶段,2020年,今世缘酒业的营业收入增长率陡然下降,今世缘公司业绩出现下滑,主要是受新冠疫情的影响,但随着疫情防控常态化,目前情况正在好转,影响也在减少。2020年第二季度,公司的营收和利润同比均实现正增长。因此,该年度企业的营业收入增长率有所减慢。第三阶段,2020—2021年,该阶段今世缘酒业的营业收入增长率大幅提升,基本恢复到疫情之前的水平。2021年,今世缘酒业的营业收入由2020年的511936.34万元增长到640550.49万元。企业盈利能力较强,具有很强的发展能力。2020年,伊力特公司出现营业收入负增长的情况,企业营业收入由2019年的230165.30万元降至180206.00万元,同比下降21.71%。该年度公司营业收入较上年减少49959.30万元,营业成本较上年减少19131.58万元,主要系报告期公司产品主要销售区域受疫情多次、反复的影响,终端消费市场始终无法恢复,导致销量下降所致。2017—2020年,伊力特公司的营业收入增长率均处于下降态势,这一时期公司的发展能力有所减弱,而2021年公司营业收入增长率的上升则体现了公司仍具有一定的发展潜力。在行业中,泸州老窖和山西汾酒的营业利润增长率保持较为稳定,这表示公司发展较为稳定。2017—2019年,口子窖的营业利润呈现正增长,增长率分别为47.82%、31.98%、10.59%。企业营业利润分别为105582.37万元、156073.64万元、205982.56万元、227791.32万元。由于口子窖进行产品结构升级,公司加大高档白酒的市场开拓力度,毛利率高的高档白酒营业收入大幅增加，且毛利率低的中低档白酒营业收入减少，最终导致营业利润增加，企业发展能力增强。2019—2020年，该阶段，口子窖的营业利润呈现负增长，2020年的营业利润增长率为-25.94%。2019年和2020年的营业利润分别为227791.32万元、168711.77万元。2020年，受疫情影响，口子窖各档次产品营业收入均不同程度下降，导致营业利润下降，企业发展能力减弱。2020—2021年，该阶段，口子窖的营业利润呈现正增长，2021年的营业利润增长率为39.94%。2020年和2021年的营业利润分别为168711.77万元、236099.33万元。2021年，口子窖高档白酒营业收入增加，导致营业利润增加，企业发展能力增强。顺鑫农业营业利润增长率为负的期间为2020—2021年，该阶段顺鑫农业的营业利润在不断下降，其中，2020年营业利润增长率为-39.68%、2021年营业利润增长率为-21.27%。该阶段营业利润下降主要受两方面影响，一方面，受新冠疫情常态化影响，白酒行业不景气，2019年和2021年顺鑫农业白酒销售收入为1028934.54万元、1022547.54万元，同比下降0.62%，且毛利率由48.08%下降为37.72%，从而导致营业利润下降。另一方面，2021年末，全国生猪存栏、能繁殖母猪存栏分别为44922万头、4329万头，分别较2020年末增长了10.5%和4.0%。随着国内生猪产能超预期恢复，带动生猪出栏量继续保持较高水平，生猪市场供应的持续充裕，导致供需两端依然呈现偏宽松的局面，全国生猪销售价格连续下降。2021年，顺鑫农业猪肉类产品的营业收入为3313169997.23元，同比下降21.29%，使得营业利润下降。迎驾贡酒营业利润基本呈现正增长，整体上公司拥有较强的盈利能力。在整个增长过程中2017年和2020年的增长率较低。2017年，营业利润为90326.14万元，比2016年的89618.53万元增长了0.79%。当年净利润也出现微弱的负增长。这些与营销成本、销售成本提升有关。迎驾贡酒顺应消费升级，通过品牌提升推动中高端产品迎驾贡酒生态洞藏系列，企业战略意图扩大企业知名度和抢占市场，这导致销售成本增加。2020年的营业利润增长率为0.57%，营业利润为127237.35万元。这是由于受到疫情的影响。从整体上来看迎驾贡酒的利润增长率一直处于正增长状态，体现了迎驾贡酒较强的盈利能力。

三　总资产增长率分析

总资产增长率计算公式：

总资产增长率＝资产本期期末值/资产上期期末值－1

表6-12　　　　　　　　　　总资产增长率指标　　　　　　　单位：%

年份 简称	2017	2018	2019	2020	2021
泸州老窖	41.46	14.42	27.94	21.06	23.43
古井贡酒	16.22	23.22	10.88	9.48	67.37
酒鬼酒	7.66	12.92	12.49	34.33	38.60
五粮液	14.07	21.39	23.58	7.05	19.08
顺鑫农业	3.24	7.81	10.94	-1.58	-10.52
*ST 皇台	-20.11	-8.40	75.69	0.46	3.60
洋河股份	11.48	14.58	7.85	0.77	25.86
天佑德酒	-15.78	10.36	-4.51	-5.16	21.05
伊力特	12.99	8.48	32.46	1.78	10.11
金种子酒	-4.22	1.94	14.06	5.87	0.20
贵州茅台	19.19	18.75	14.51	16.58	19.58
老白干酒	-9.89	89.74	14.49	3.06	17.63
舍得酒业	18.51	3.05	19.29	11.73	25.40
水井坊	26.56	14.67	23.39	10.66	34.91
山西汾酒	20.54	24.47	29.74	18.29	51.45
迎驾贡酒	4.24	9.02	8.53	5.92	16.89
今世缘	15.36	18.89	17.17	17.78	21.79
口子窖	34.91	15.19	7.45	3.21	12.49
金徽酒	3.31	15.75	17.70	11.12	6.83
平均值	10.51	16.64	19.14	9.07	21.36

白酒行业的总资产增长率虽然在2020年出现了较大幅度的下降，但其余四年处于增长的趋势。贵州茅台和今世缘的表现较为稳定，2017—2018年，今世缘酒业的总资产增长率持续增长，企业总资产增长速度加快。2017年和2018年，企业的总资产为722322.98万元、858764.89万

元,分别较上一年增长16.91%、18.89%。2019年,今世缘酒业的总资产增长率有小幅度下降,降至17.17%,企业的总资产总额为1006229.44万元。2020—2021年,企业的总资产分别为1185110.18万元和1443369.712万元,分别较前一年增长17.78%和21.79%。今世缘酒业总资产增长率整体波动不大,说明企业拥有良好且稳健的发展能力。2017—2021年,这一阶段中,贵州茅台的总资产增长率尽管有所波动,但整体下降。2021年,企业的总资产分别由2009年的1976962.31万元上涨至25516819.52万元,总资产增长率由2009年的25.49%下降至19.58%。自贵州茅台上市以来,企业的总资产增长率有起伏,但整体较为平稳。企业总资产持续为正增长,由此可知,企业拥有较强且稳健的发展能力。酒鬼酒等白酒公司的总资产增长率则是逐年递增的,这说明公司扩张的速度变快。2017—2021年,酒鬼酒在该阶段呈波动上升趋势。其中,2020—2021年,总资产增长率恢复到30%以上,说明企业在该阶段的资产规模在迅速扩张。2021年,酒鬼酒品牌价值持续提升,市场拓展稳步推进,终端建设不断加强,销售收入实现大幅增长,预计报告期内实现营业收入34亿元左右,较上年同期增长86%左右。从产品结构来看,内参、酒鬼的销售收入是酒鬼酒2021年业绩高增长的主要原因,主打次高端市场的酒鬼酒和主打高端市场的内参酒占整体营收比重已达90%,产品销售结构更为健康合理。经营业绩的不断增长,使企业主营业务收入大幅增加,进而使企业的利润有所提升增加了企业的总资产。企业的发展前景在不断向好。顺鑫农业在2020年和2021年的总资产增长率都为负数,顺鑫农业总资产分别为2167337.96万元、1939249.74万元,总资产增长率分别为-1.58%、-10.52%。该阶段总资产的减少表现为存货的减少,2019年和2021年顺鑫农业存货分别为815981.95万元、550931.65万元,下降幅度为32.48%。经分析,主要受疫情反复及区域房地产竞争加大、价格下挫的影响,顺鑫农业出于谨慎性原则,对存货进行减值测试,并对出现减值迹象的开发成本及开发产品拟计提跌价准备。同时受猪肉价格波动较大的影响,基于谨慎性原则,公司对库存商品拟计提减值准备。迎驾贡酒自上市以来资产增长率都为正数,说明企业资产规模在这几年都有不同程度的增加,尤其是2020—2021年,总资产增长率有大幅提升,由5.92%上升至16.89%,涨幅为185.3%,说明企业在该阶段资产规模扩张速度非常快。经分析,2021年迎驾贡酒的资产总额有大幅增加是由于流动资产较上一年有大幅提升,从53.49亿增长至65.1亿,涨幅为21.7%。与此同时,由于2021年新建酒店和窖炉项目,使在建工程增加,导致相比于去年资产总额增加。而迎驾贡酒流动资产有所增长是基于疫情防控形势总体稳定和居民收入持续恢复性增长,随着消费需求、白酒产品结构持续升级,行业迎来较好的发展空间,白酒销量也在持续提高,进而拉动销售收入的增长,总资产增长率也有极大提升。金徽酒同样自上市以来的总资产都实现了正增长,2017—2021年,金徽酒总资产增长率分别为3.31%、15.75%、17.70%、6.83%。2017—2021年,金徽酒总资产分别为233303.20万元、270048.73万元、317840.96万元、353194.85万元、377330.91万元。自上市以来,金徽酒的总资产都实现了正增长,说明金徽酒的资产经营规模长期处于扩张状态,企业发展能力增强。2017年和2018年,皇台酒业总资产增长率分别为-20.11%、-8.40%,总资产分别为28246.12万元、25874.49万元。2019年,总资产增长幅度为75.69%,总资产为45458.83万元。该年度营业收入为9904.63万元,比2018年上升288.67%,使经营活动现金流入比2018年同期大幅上升。采购原材料、缴纳税费的支出上升,使经营活动现金流出比去年同期大幅上升。皇台购买房产及土地的支出导致投资活动现金流出比去年同期大幅增加。吸收投资及取得借款收到的现金让投资活动产生的现金流量净额大幅减少。2019年11月,盛达皇台公司将商铺、工业土地、地上附着物等资产注入其中。随后盛达皇台被盛达集团无偿赠给皇台,为皇台注入了1.39亿元净资产。2019年,皇台偿还非金融机构借款金额增加使筹资活动现金流出大幅增加。此外,新任管理团队还通过积极推出新产品、开拓新市场、开发新客户等多种方式并举有效地提升主营业务收入,同时积极推行开源节流、降本增效等优化管理方式,公司的发展环境得到了一定改善,也对公司2019年业绩产生正面影响。2017年,老白干酒总资产为负增长,总资产增长率为-9.89%,总资产由320431.09万元降至288740.41万元。其主要原因为赎回部分理财产品导致其他流动资产大幅减少,降幅高达67.43%。

四 资本积累率分析

资本积累率公式:

资本积累率=(本期所有者权益-上期所有者权益)/上期所有者权益×100%

资本积累率是企业当年所有者权益总的增长率，反映了企业所有者权益在当年的变动水平；资本积累率体现了企业资本的积累情况，是企业发展强盛的标志，也是企业扩大再生产的源泉，展示了企业的发展潜力；资本积累率反映了投资者投入企业资本的保全性和增长性，该指标越高，表明企业的资本积累越多，企业资本保全性越强，应对风险、持续发展的能力越大。

表6-13　　　　　　　　　　资本积累率指标　　　　　　　　单位：%

年份简称	2017	2018	2019	2020	2021
泸州老窖	37.90	11.83	14.19	18.55	21.38
古井贡酒	15.16	17.37	17.47	10.78	65.12
酒鬼酒	8.13	8.67	11.51	17.56	23.35
五粮液	13.42	19.10	16.86	15.33	15.54
顺鑫农业	4.48	8.44	-3.47	4.18	0.26
*ST皇台	-1977.24	-84.03	144.39	-45.62	-8.01
洋河股份	13.28	14.00	8.53	5.42	10.43
天佑德酒	-6.76	3.45	-0.66	-5.56	20.89
伊力特	15.61	13.98	15.80	21.98	5.72
金种子酒	0.33	4.22	20.67	2.44	-5.45
贵州茅台	26.51	22.28	20.84	18.22	17.43
老白干酒	6.44	61.09	19.50	5.38	7.30
舍得酒业	14.17	2.26	19.36	16.69	32.14
水井坊	7.54	17.50	13.74	1.14	23.21
山西汾酒	10.37	16.06	12.87	27.52	54.86
迎驾贡酒	4.80	5.32	9.64	8.34	15.98
今世缘	12.28	15.72	17.96	14.72	12.46
口子窖	19.89	21.29	13.69	3.23	13.96
金徽酒	11.32	9.37	27.15	9.32	7.32
平均值	-92.76	15.11	14.20	12.68	17.57

2017年白酒行业的资本积累率最低，主要是因为皇台酒业的资本积

累率低，该年度皇台酒业的资本积累率下降明显，为-1977.24%，当年所有者权益为-11245.13万元，比上年下降11844.15549万元；营业收入为4760.51万元，营业利润为9260.62万元。一方面皇台产品销售收入大幅下降，经营性亏损约9091.5万元；另一方面因与宜宾圆明园实业等多方的诉讼案件计提了预计负债2989.12万元。2017年营业收入相对2016年下降73.23%，主要是前任管理层离职前为了快速变现，进行了大量买赠促销、让利销售、低价销售活动，扰乱了产品价格体系，导致经销商库存积压严重，产品不动销，同时将近6700万元的成品酒被监守自盗，在一定程度上加剧了产品出厂价及市场价的倒挂现象，影响了2017年整体销售收入。2017年经营亏损及预提大额预计负债造成当年净亏损-11675万元，所有者权益为-11245.13万元，比2016年的所有者权益下降11844.16万元。贵州茅台、五粮液、金徽酒的表现较为稳定。2017—2021年，金徽酒资本积累率分别为11.32%、9.37%、27.15%、9.23%、7.32%。2016—2021年，金徽酒的所有者权益分别为164163.46万元、182739.60万元、199865.23万元、254136.83万元、277825.72万元、298168.39万元。自上市以来，金徽酒的所有者权益都实现了正增长，说明金徽酒的资本积累增多，资本保全性越强，应对风险、持续发展的能力越大，企业发展能力增强。口子窖自上市以来的所有者权益都实现了正增长，2017—2021年，口子窖资本积累率分别为19.89%、21.29%、13.69%、3.23%、13.96%。自上市以来，口子窖的所有者权益都实现了正增长，说明口子窖的资本积累增多，资本保全性越强，应对风险、持续发展的能力越大，企业发展能力增强。迎驾贡酒自上市以来资产增长率都为正数，说明企业资产规模在这几年有不同程度的增加，尤其是2020—2021年，总资产增长率有大幅提升，由5.92%上升至16.89%，涨幅为185.3%，说明企业在该阶段资产规模扩张速度非常快。经分析，2021年迎驾贡酒的资产总额有大幅增加是由于流动资产较上一年有大幅提升，从53.49亿元增长至65.1亿元，涨幅为21.7%。与此同时，由于企业在2021年新建酒店和窑炉项目，使在建工程增加，导致相比于去年资产总额增加。而迎驾贡酒流动资产有所增长是基于疫情防控形势总体稳定和居民收入持续恢复性增长，随着消费需求、白酒产品结构持续升级，行业迎来较好的发展空间，白酒销量也在持续提高，进而拉动销售收入的增长，总资产增长率也有极大提升。2017—2019年，今世缘企业的资本积累率分别为14.24%、15.72%、17.96%，这一时期指标的变化，表明企业的资本积累逐年增多，应对风险、持续发展的能力持续增强。2019—2021年，今世缘酒业的资本积累率逐年下降。2020年和2021年企业的资本积累率分别为14.72%、12.46%。总的来说，今世缘酒业的资本积累率变动不大，基本维持在12%—14%，企业拥有一定的扩大再生产能力，投资者投入企业的资本具有一定的保全性和增长性。2017年，泸州老窖资本积累率大幅增加，其原因是该公司对其酿酒工程技改项目建设投入增加，技改项目主要分两期，第一期资金由定增解决，该年度泸州老窖完成了30亿元的定增，用于技改项目一期。2019年7月，泸州老窖申请并通过发行债券，债券总额不超过40亿元，首期在2019年8月成功发行，发行金额为25亿元。2020年3月又完成15亿元的公司债发行。两期总共募资40亿元，用途都是技改项目二期。2020年6月，泸州老窖发布公告，拟在原定74.14亿元的技改投入基础上，再增加14.63亿元，总投入达到88.77亿元。泸州老窖对技改项目的持续投入是资本累积率走势持续上升的原因。

第五节　财务绩效评价

一　盈利能力方面

通过以上分析可知，白酒行业的净资产收益率、营业利润率均呈现出"先下降再上升再下降再回升"的趋势，成本费用利润率则是在逐年上升，白酒行业的盈利能力也随它们的下降而减弱、上升而增强。随着白酒行业深度调整进入发展新常态，且2016年之后白酒行业未出现新的上市公司，2017—2021年，五粮液、贵州茅台等白酒公司的市场份额缓慢增加，虽然市场份额增幅变动不大，营业收入却增长明显。由于政策影响，白酒行业总销售量持续下降，结合公司的盈利水平变化和白酒行业总营业收入大幅上升，可以看出白酒行业近几年的发展状况良好，白酒龙头公司依靠中高档市场，盈利能力持续增强。

二　偿债能力方面

通过以上分析可知，白酒行业的资产负债率和现金比率都是先升后降，资产负债率的下降表示偿债能力的提升，这方面舍得酒业和皇台酒业做得比较好，资产负债率相对于之前年份有所下降；而今世缘和泸州老窖的资产负债率则表现为上升，说明负债相对于资产在增加。而综合下面的流动比率和现金比率来看，则发现白酒行业的偿债能力整体上为提升。

三 营运能力方面

从营业能力方面分析白酒行业，可以发现白酒行业的应收账款周转率表现较好，特别是贵州茅台，由于文中通过存货周转率对贵州茅台的营运能力进行衡量。贵州茅台的存货周转率自上市以来一直低且平稳，但考虑白酒行业生产过程的特殊性，白酒的生产需要经过一个很长的工艺环节：经过粮食采购、酿造、窖藏、再蒸馏勾兑。同时，也需要较长时间的酿造和窖藏才能保障白酒的品质。总的来说，贵州茅台的营运能力是较强的。其他的白酒公司，如泸州老窖、山西汾酒等也有较高的营运能力。

四 成长能力方面

从营业收入增长率、营业利润增长率、总资产增长率、资本积累率四个指标分析白酒行业的成长能力，可以发现虽然白酒行业出现过短暂的停滞发展，但整体上还是处于扩张的阶段，特别是白酒行业的龙头公司，比如贵州茅台、五粮液、泸州老窖等公司，有着较强的营销能力、品质力、品牌力以及核心竞争能力，给公司的发展提供了坚固保障。其他白酒公司，比如顺鑫农业、口子窖、金种子酒等白酒公司就出现负指标，表示在有的年份出现倒退。但是综合来看，白酒行业还是具有一定的成长能力。

第七章 中国白酒上市企业高质量发展对策建议

第一节 中国白酒上市企业存在问题

近年来，世界经济形势的起伏波动和疫情的出现导致消费场景收缩，使高度依赖聚集型消费的白酒行业受到很大程度的负面冲击，对中国白酒上市企业的应变能力和市场效率要求大大提高。同时，国际酒业巨头的大举并购和外来资本的多渠道渗透加剧中国白酒上市企业的市场竞争。随着供给需求的变化和市场竞争的加剧，中国白酒上市企业面临着需求总量成长性弱、高端产能增长瓶颈、毛利率和净利率增长缓慢等难题。中国白酒行业已进入由量到质的关键发展阶段，然而目前，中国白酒上市企业存在企业产能过剩、市场泡沫、结构失衡、标准模糊、厂家压货、经销商库存高企、团购渠道不畅、终端消费需求快速变化等突出问题。

一 管理层面

（一）质量管理体系不完备

中国已从快速发展阶段进入高质量发展阶段，在双循环格局的大背景下，高品质产品成为中国白酒上市企业在新消费时代的制胜关键。高质量白酒产品依托高质量的原料、工艺和储存流程等，白酒上市企业要保证高质量全流程生产，坚持营业重心，才能更好地立足于新时期白酒市场。目前，白酒上市企业在产品质量管理体系的运行方面仍然存在不足。部分企业质量管理体系缺乏主动性、科学性和全面性，仅为产品满足市场准入门槛而被动执行，并未与整体工作统筹融合，存在技术指标制定不合理、体系职能分配不清、体系内部审核流于形式等问题。与此同时，由于重视不足，白酒企业质量体系管理人员待遇普遍较低，工作稳定性、延续性较弱，限制了管理人员专业水平的提升。

（二）财务管理过程控制薄弱

消费者对品牌和品质要求不断提升，面对"由量到质"的消费转变，龙头企业开始大力推进高端、次高端产品拓展，市场竞争逐步加剧。拥有品牌和资源优势的上市企业在追求"强者更强"的同时，更要具备解决财务困境的能力和长期发展的潜力。白酒上市企业自身税负较重，且生产经营、销售及财务核算各具特色，部分企业财务管理仅限于业务层面，未能很好地服务于企业运行的全过程，不能为企业制定发展战略和分析评估风险提供关键决策作用。部分集团公司的子公司在财务内控管理上存在执行流于形式、流程设计不合理、信息沟通不畅，以及内部审计机制架空等问题，导致企业运行成本高涨且运营效率低下。

（三）现代化管理能力不足

灵活有效的管理机制是企业实现高质量发展的重要保障。然而，白酒上市企业高度集中的股权容易造成企业内部监管失利，抑制了公司治理作用的有效发挥。国有企业由于历史或现实原因，内部管理模式改革创新阻力较大；民营企业企一代与企二代的交接，使其股权结构改革和产权结构股份化存在明显不足。目前白酒上市企业多数仍以传统化的管理体制为主，管理能力无法适配市场发展需求，亟待推进现代企业制度改革，提升现代化管理能力。

（四）生产端未实现集中管理

企业数字化发展经历了会计电算化、ERP 时代和"大协同"时代三个阶段。中国白酒行业自动化程度远低于啤酒、酱油等酿造行业，多数中国白酒上市酒企信息化转型仍处于 ERP 阶段，数字化转型刚刚起步。白酒酿造工艺对环境、设备状态和原料质量的敏感性较强，生产运营管理需要对整个流程数据进行统一监控和分析。多数中国白酒上市酒企虽已初步实现流程工序的信息系统建设，但仍存在系统分离、数据孤立，导致查看和抄录数据进行汇总和联合分析的效率极低，缺乏对生产数据进行集中管控和远程运营的生产管理平台，未能实现从"看数据"到"管数据""用数据"的转变，亟待实现集中化、精细化管理。

二 品牌及营销层面

（一）高端化白酒品牌产能增长存在瓶颈

受"三公"消费限制以及疫情等因素的影响，自 2016 年以来中国白酒上市企业总体呈现出挤压式增长的特征。与此同时，年轻人消费偏好的转变，使存量市场显现出从低端向高端升级的趋势。然而现阶段白酒产业低端产能过剩、高端产能严重不足，使消费者对白酒的品质需求和差异化需求未能得到满足。这源于从优质基酒到成品酒的生产周期较长，如茅台，从基酒到上市需5年左右，长生产周期直接限制了产能的增长，加上白酒上市企业中高端化的白酒品牌具有较强优势富集效应，头部品牌盈利状况良好且产能具备一定弹性，使其通常不会过度扩张产量，倾向于科学稳定的增产，导致高端化白酒品牌的总体数量有限，多重因素的影响使高端化白酒潜在的产能增长具有明显瓶颈。

（二）营销端缺乏数字化管控

白酒行业的存货周转时间较长，高端白酒出于品质要求需要较久的库存时间，而中低端白酒在销售环节的去库存压力较大，造成存货周转速度非正常的降低。为适用于不同的消费场景，白酒品牌往往覆盖多价位产品，使其存货管理和渠道通路具有多样性。目前，中国白酒的分销链路以基于经销商环节的深度分销模式为主，区域性较强且运输配送对经销商的依赖性较大。周转时长的存货管理和区域分散的经销商管理加大了白酒企业数字化建设的难度。如何系统集成多区域的经销商、门店管理和销售拜访等，实现企业产品存货、运营和销售的信息共享，是白酒上市企业数字化建设的难题。

（三）酒企与消费者间存在壁垒

目前，白酒上市企业大多仍以销量为导向，采用传统的经销商模式，通过合同负债的方式进行白酒销售，因此渠道质量及授权经销商数量直接决定了白酒的销量。传统的销售方式依赖于经销商自身渠道、人脉和资金，而经销商属于酒企代理，其主要目标是获取即时销售利润。短期看，该模式对白酒销售具有积极促进作用，但长期看，忽视了深度市场调研的白酒销售模式脱离了消费者，使企业无法直接且及时地获取顾客的消费偏好信息，无法通过消费者偏好匹配市场需求，限制了对消费者活力和新产品的深度挖掘，因此整合销售渠道和功能，加强企业与客户直接联系成为激发消费者活力的关键。随着信息化的发展，消费者获取信息的渠道更多地来源于视频网站、社交媒体等互联网平台，消费者通过网购渠道购买产品已成为流行趋势。在消费不断升级的趋势下，作为传统行业的白酒产品仍以线下消费为主要购买方式。随着企业的发展，未来可能面临线上营销增长压力,如何通过调整线上线下营销实现白酒销售的个性化转变,促进白酒销量的大幅提升,是白酒上市企业发展的重要课题。

(四)消费端数字化运用不充分

白酒市场的激励竞争已不再是单纯的价格竞争,更是争夺消费者话语权的竞争。白酒上市企业在市场战略布局中往往仅关注渠道端的管理和疏通,忽视与不同消费群体的联结。传统的白酒市场运作模式限制了企业与消费者的直接关联,缺乏获得销售线索的渠道,消费者的真实需求往往无法反馈到生产端,使企业对消费群体的偏好认知不足,生产和消费脱节,加上个性化服务的缺失,使优质客户的转化和维护成为难题。白酒上市企业亟待走向用户,基于品牌体验数据创建数字化平台,深度挖掘用户认知,通过平台信息共享加速企业与用户之间的友好互动。

三 市场层面

(一)缺乏科学系统的并购战略规划

中国白酒市场份额正不断向龙头企业集中,"资本+产业"成为主要竞争力,出于获取酿酒优势资源、抢占白酒市场份额、放大协同效应及获取控制权收益等动机,并购重组成为中国白酒上市企业在行业集中化趋势下快速发展的最佳手段之一,也是弱势上市公司实现行业转型升级的有效途径。然而,作为传统生产制造企业,多数白酒企业不会主动选择以并购或被并购的方式为企业跨越式发展增添新动能,更多的是经营不善后的被动并购,往往缺乏前期科学谋划,更多地依赖中介机构,受中介机构对白酒企业实际情况了解程度的影响,并购后的战略匹配性不高,如出现消费市场模糊、利益分配不合理和企业文化难磨合等问题,造成绩效与预期目标存在明显差异。

(二)地方及个人保护主义影响资源整合

国有控股性质的中国白酒上市企业,往往对当地国资的创收、地方税收以及就业有显著贡献,政府对重要白酒上市企业的控制权使资源整合的可能性大大降低。民营性质的中国白酒上市企业多为中小型白酒企业,受传统理念的影响,往往不愿介入资本市场,导致企业低效、落后产能不能及时转化、升级,限制了企业自身的发展和白酒产业整体竞争力的提升。

四 可持续与国际化发展方面

（一）环境可持续发展对企业提出更高要求

作为资源密集型产业，白酒在作物种植至生产销售再到大众消费的冗长产业链中面临着来自环境和社会多方因素的共同影响。履行社会责任，增强利益相关者信心、提升企业风险应对能力、塑造企业品牌形象，对白酒上市企业的价值提升和稳定发展具有重要意义。白酒企业在包材使用方面，纸盒、铝制品、玻璃、塑料的生产、加工和回收过程对环境影响较大，实现包材轻量化，提供循环利用率是白酒企业急需解决的问题。在企业运营环节，白酒企业生产、酿造过程具有高水耗、高能耗和高排放等产业特点。在产业链下游，仓储物流环节在燃油、用电等方面产生的碳排放对环境造成了一定的影响，同时，白酒产品营销模式也并未突出倡导健康生活和理性消费等社会议题，白酒上市企业应在兼顾经济效益的同时承担更多的社会责任。

（二）国际市场发展受到阻碍

白酒上市企业中仅有少数企业涉及出口业务，且出口业务量占比极低，部分企业国外市场营业收入年增长率呈现负增长状态。技术标准层面，作为中国独有的烈性酒品种，白酒缺乏与国际接轨的技术标准体系，技术体系的局限性制约了中国白酒国际化推进；政策法律层面，世界各国对烈性酒管理的政策法律差别较大，中国白酒在国外的归类不同于其他酒精饮料，导致进口检验标准不同，关税远高于其他酒类，较高的出口成本，削弱了白酒在国际市场的竞争力；文化融合方面，中国白酒文化在国际化表达和传播上仍是中国思维、中国语言，作为强文化属性商品，文化差异限制了国外消费群体对中国白酒的认知和接受。此外，酒体质感与国外市场要求差别较大也是制约中国白酒"走出去"的主要因素之一。

第二节 高质量发展对策建议

一 产区赋能

产区是中国白酒的闪亮名片。白酒上市企业可借助产区效应的优势，以产区为引领实现白酒产业的创新发展。产区空间的供给侧改革是消除白酒产区发展差异化的关键，也是实现跨区协同与全域布局的关键。政府应做好顶层战略布局以推进供给侧改革，以产区内企业协同发展为目标，实施全域性"大产区"规划，强化目标主体的共同利益，落实主体责任，实现白酒产区的共建、共治和共享。同时，应打破地方政府的竞争模式，消除区域市场分割和地方保护，以产区战略为指导，优化市场机制在白酒产区发展中的调节功能，加强多中心的跨区协同发展。政府、行业协会和主导型企业应共同参与，建立产业生态链，优化区域产业生态系统，实现以产区为引领、全域布局的融合发展。

（一）西部区域

1. 以四川产区为代表

作为中国最适合酿造白酒的"中国白酒金三角"之一、北纬28度上最适合酿造蒸馏酒的区域，四川产区拥有全国乃至世界知名的白酒品牌。位于四川产区的4家白酒上市企业分别是五粮液集团公司、泸州老窖股份有限公司、四川水井坊股份有限公司、舍得酒业股份有限公司。产区生产的五粮液、泸州老窖特曲、郎酒、水井坊、沱牌舍得酒是获得国家级评酒会"六朵金花"的称号的五大品牌。作为全国浓香型白酒强省、唯一"浓酱双优"省，四川产区应以打造"世界优质浓香白酒主产区"为发展定位，深入实施白酒产业供给侧结构性改革，推动白酒企业梯次发展，借助白酒产业优势整合发展，打造全国白酒全产业链示范区，提升产业链招大育强水平，构筑世界一流优质白酒产业集群，推动白酒产业高质量发展。

（1）加大优势品牌影响力

通过建立产区个性化精准服务机制，加强产区要素资源整合，支持白酒上市企业扩大规模、做强主业、做优品牌，打造白酒文化品牌高地。实施优势白酒上市企业奖励计划，加大企业、大集团的引领作用。推动四川省宣传推广融媒体综合平台建立，深度发掘川酒独特的生态环境、技艺传承和文化内涵特点，积极宣传川酒酿酒技艺和品牌文化，打造"川酒大产区"品牌，提升川酒品牌影响力，巩固浓香型产区品牌优势地位。支持企业在国内外适宜地点设立品牌展示展销示范点和川酒文化体验店，强化宣传，提升品牌核心竞争力。

（2）推动产业集聚发展

四川区域应依托长江上游优质浓香白酒核心区和赤水河流域酱香酒谷资源等优势，优化区域产业链布局，完善产区资源要素配置统筹机制，提升产区原粮种植、白酒酿造、质量管理、品牌打造、市场营销全产业链发展水平，增强产区服务效能，促进产区内白酒企业的协同发展。实施白酒优势产区创新升级计划，支持酒业园区提质增效，推进邛崃、绵竹、射洪、富顺等地全国优势白酒产区建成，支持泸州、宜宾加快建设世界一流优质白酒产业集群。加大政策支持，创建具有高质量效益、明显产业优势和带动能力的优质白酒产业示范园区，打造产业金融服务高地。

（3）加大市场拓展力度

支持企业深耕白酒消费市场，紧跟白酒消费年轻化、健康化、女性化、个性化、低度化和国际化新趋势，制定新生代酒品战略，满足消费不断变化的需求，提升企业大单品的市场占有率。充分利用地方、企业、品牌文化特色，挖掘川酒文化内涵外延，积极推动"川酒、川菜、川茶、川景"产业跨领域深度融合。建设"酒镇""酒庄"等独具川酒特色的旅游目的地，通过川酒文化主题文艺作品宣传、川酒文化博览展示、川酒文化精品旅游等的联动效应，加快川酒文化的推广。

2. 以贵州产区为代表

酱香型白酒是贵州白酒的特色招牌，与其他香型白酒相比，酱酒具有品牌稀缺、产能稀缺、基酒稀缺的优势，造就了贵州酱酒不可替代的地位，同时使贵州酱酒具有高成本、高售价和高收藏价值的特点。贵州代表性优质白酒均出自贵州省酱酒组合式产区，仁怀、习水和金沙。贵州唯一一家白酒上市企业中国贵州茅台酒厂（集团）有限责任公司，是白酒上市企业的龙头，其市场份额远超过其他上市企业。贵州应依托不可复制的生态和资源禀赋，打造酱香为主、多香并举的白酒产区。贵州政府应支持茅台酿酒原料基地建设，保障白酒酿造优质原料的充分供给，推进茅台酱香系列酒技改工程及配套设施项目建设，推动茅台集团做大做强，以"百亿产值、千亿市值"为目标，打造省内首家"世界500强"企业、万亿级世界一流企业。以龙头企业为引领培育壮大贵州白酒企业梯队，借助"酱酒核心，赤水河谷"地域品牌优势，构建"品牌强大、品质优良、品种优化、集群发展"的贵州白酒产业发展体系，推动酱香型白酒产能稳步扩大，加快推动一批白酒企业上市，培育壮大产区白酒企业梯队，做强赤水河流域酱酒产业集群，做强做优贵州白酒产业，打造贵州酱香型白酒品牌，稳步扩大酱香型白酒产能，增强贵州酱酒行业领军地位。

(二) 中部区域

1. 以湖南产区为代表

湖南位于长江中游,拥有优质的粮食和水资源,是中国浓香型白酒的聚集地。湖南拥有一家白酒上市企业,酒鬼酒股份有限公司,作为六朵金花之一,其独创的馥郁香型白酒是中国白酒发展史上浓墨重彩的一笔。针对湖南仅有一家白酒上市企业,产区市场竞争能力较弱的现状,政府应在关键环节发力,突出品牌培育、品质提升和人才培养,加速湖南白酒产区建设。

(1) 明确培育重点

支持白酒上市企业通过实施兼并、收购和重组扩大资产规模,根据市场需求合理扩大产能,提升企业竞争优势。鼓励企业开展跨地区投资合作,拓展市场发展空间。加大对白酒上市企业和企业名优产品的政策支持,充分整合农业资源,根据湘酒产业发展要求推进白酒上市企业原料生产基地的建立,加速品种改良,保障湘酒原料优质优良的供应。以白酒上市公司为引领打造白酒产业集群,促进酒旅融合发展,形成"点、线、面"的发展格局,实现高质量发展。

(2) 加强品牌推广

着力把酒鬼品牌打造成全国白酒行业具有较强市场影响力的知名品牌,大力提升内参、湘泉等品牌在全国的知名度和影响力。同时,扶持地方特色古汉、异蛇等保健酒品牌的建设,培育壮大具有自主知识产权的湘酒品牌。依托湘酒历史底蕴与文化内涵,利用湖南传播资源和推广平台优势加大对湘酒领先品牌的宣传和推广力度;搭建湘酒展区,支持上市企业在机场、车站、码头等公共场所进行产品展示;组织举办酒文化节,鼓励上市企业参加国内外知名专业展会、推广会、交易会等;促进酒旅融合,加快开发以湘酒文化为主体的旅游商品和纪念品。通过多途径提升湘酒品牌形象,扩大湘酒品牌美誉度、知名度,促进湘酒市场份额和企业竞争力的提升。

(3) 完善政策措施

推进销售范围全国化深入,通过模式创新、客户开发、专卖店建设等方式培养西北和东北地区未来市场增量。加大财政支持力度,增加专项资金投入,加强上市企业品牌宣传、市场开拓、人才培训及营销网络等建设。支持企业产业结构优化、新产品研发、技术升级、节能环保转型以及配套产业建设。支持湘酒上市企业通过直配、分销、联营、体验店等多种模式，织密营销网络，巩固和提高市场占有率。规范湖南白酒产业市场秩序，形成公平有序、充满活力的发展环境。

2. 以安徽产区为代表

安徽拥有三千年的酿造史，是著名的酿酒之地。安徽拥有安徽古井集团有限责任公司、安徽口子酒业股份有限公司、安徽迎驾贡酒股份有限公司和安徽金种子酒业股份有限公司共4家白酒上市企业。安徽产区白酒是以浓香型白酒为主，其中古井贡酒产自安徽亳州，距今已有近两千年历史，有"酒中牡丹"的美誉；口子窖酒是兼香型酒的代表，其香味较浓、入口回甘；迎驾贡酒产自霍山，采用大别山上的五谷原料酿造；金种子酒是以绵柔取代浓烈浓香型白酒。安徽省应以创新为引领，优化原料、生产、研发和包装基地建设，推进白酒产业链现代化，加快白酒产业质量、效率和动力变革，构建"品牌强、品质优、品种多、集群化"的安徽白酒产区，促进白酒上市企业的高质量发展，提升企业知名度和竞争力。

（1）优化白酒产业布局

优化产业布局，培育优势产业。以白酒上市企业为支撑，结合安徽省黄淮名酒带、长江名酒带地理特点，建立标准化、专业化、规模化优质原料基地，培育核心竞争力产业，引导市场要素资源向优势产区集中，以产区优势带动产业链发展。以产业链为纽带，引导中小企业向龙头企业集中集聚，大力扶持皖北、皖中、皖南主产区，提高产业集中度，实现白酒产业规模化、集约化，打造产业集群，构建协作配套、协同发展的产业体系。

（2）推动企业转型升级

支持发展混合所有制经济，鼓励白酒上市公司增资扩股，引导企业找准市场定位，确定发展目标，建立企业核心骨干人才激励体系，推进建立现代企业制度。促进上市企业转型升级，创建智能工厂，推进生产线数字化、网络化改造，加大制曲、酿酒、储存、包装等白酒生产环节的技术创新和成果转化，提高企业工艺流程、生产装备和过程控制等环节的信息技术集成应用水平，实现从原料供应、生产加工到终端销售的智能化管控。加快全国战略布局，支持白酒上市企业跨省合作，通过资本、品牌和技术整合白酒资源，实现企业优势互补，以白酒上市企业为依托培育一批综合实力较强的龙头企业。

(3) 推进营销网络布局

支持白酒上市企业深耕省内外销售市场，通过织密线上线下营销网络，推进营销网络国际化布局，巩固和提高市场占有率。鼓励白酒上市企业自建电商平台，开展新媒体营销，持续优化消费者购物体验。结合消费者需求，细分目标市场，实现精准营销。白酒上市企业应不断优化业务流程，实现产品设计、品牌推广、物流配送、售后服务等一体化管理，促进线上线下融合发展。

3. 以山西产区为代表

山西杏花村汾酒集团是清香型白酒的龙头企业，是山西省最大且唯一上市的白酒企业。山西汾酒对于清香型白酒的发展及山西省白酒产业具有重要的带动作用。山西应以山西杏花村汾酒集团的高质量发展带动更多汾酒企业上市，形成汾酒产业集群。科学规划江、浙、沪、皖、粤等市场发展路径，推进长三角、珠三角地区的市场突破。

(1) 推动白酒产业集聚发展

积极推进山西汾酒扩产扩容，建设汾酒原酒产储能扩建项目，扩大大曲发酵白酒生产规模，有效提升汾酒原酒产量和储能。推动企业提质转型。优化白酒产业空间布局，鼓励其他白酒企业上档升级，依托汾酒企业优势带动山西产业集群和白酒特色产区建设，培育产区企业与汾酒文化的融合发展和错位竞争优势。

(2) 打造酒文旅融合示范区

山西白酒产业具有浓厚的清香型定位，应依托山西汾酒市场和汾酒文化景区特色旅游资源优势，重点发展酒文化旅游基地和清香型白酒基地，展示汾酒传统酿造工艺传承，宣传汾酒历史文化，推动酒文旅融合发展，深入推进汾酒复兴，与其他省份形成差异化发展。

(3) 加大政府支持力度

完善政府补助政策，鼓励白酒上市企业技术改造升级，新建纯粮固态酿造工艺白酒项目增产增能。增设品牌推广费用补贴，支持白酒上市企业在国家级及省级媒体投放品牌宣传广告，鼓励企业拓展市场营销，在全国地级以上城市开设品牌店、形象店、旗舰店等连锁经营网点。提升白酒上市企业贷款额度并按实际支付贷款利息给予贴息补助，对承担国家、省级科研攻关项目的企业给予财政资金配套支持，对参与国内外行业技术标准制定和修订的企业给予补助。鼓励白酒上市企业引进战略投资者，实施股份制改造，支持产区内其他企业上市并给予奖励。强化并购重组扶持，制定扶持措施推进白酒企业重大兼并重组，依照相关政策给予补助。推进"标准地"出让改革，对山西产区重点白酒生产项目实施优先土地供应，保障白酒企业用地。

（三）东部区域

1. 以河北产区为代表

河北省作为中国酒类生产和消费大省，在中国白酒产业占有重要地位。衡水老白干酿酒集团有限公司是河北省唯一一家白酒上市企业，衡水老白干和十八酒坊是河北省知名白酒品牌。河北省应适应白酒消费升级趋势，坚持创新驱动、市场主导、品质为先、品牌引领，不断提升河北白酒的丰富度、品质满意度和品牌认知度。

（1）龙头企业带动

支持衡水老白干等优势白酒企业开展对标提升行动，通过兼并重组助力企业做强做大。通过学习先进国家和地区成功经验，开展白酒企业家和企业管理人员培训，全面推广先进质量管理技术和方法，切实提高白酒上市企业管理能力。完善金融政策，推动信贷、保险、担保、风投、信托等多种融资形式，为白酒企业提供灵活多样的金融服务。积极培育上市后备白酒企业资源，推动符合条件的白酒企业在国内外多层次资本市场挂牌上市。

（2）突出品牌建设

积极组织白酒上市企业拓展国际市场，强化注册商标、原产地标记产品保护，增强企业品牌意识，挖掘企业品牌文化内涵，讲好品牌故事，提升河北白酒品牌美誉度。加强领军品牌、特色品牌的宣传推广，支持白酒品牌参加国内外知名展销活动，支持企业在机场、高铁站建设品牌形象店、专卖店，提升河北白酒市场占有率。

（3）提升质量标准

以白酒上市企业为重点，打造"粮食种植—纯粮酿造—基酒—陈酿勾兑—高端白酒"全产业链。完善衡水老白干国家智能工厂建设，加快智能化改造升级，建立白酒质量安全监管—追溯体系，推进白酒上市企业危害分析和关键控制点、食品工业企业诚信管理体系等认证，提升白酒企业检验检测能力实现白酒生产全过程动态、质量监测控制和快速检测。推广节水、节能、节粮等高效节能环保技术和装备应用。

2. 以江苏产区为代表

江苏是白酒的产销大省，苏酒在中国白酒行业一直占有重要地位，苏酒酿酒技术历史悠久，酒文化底蕴深厚，曾经是皇室贡酒，在国内外获得众多奖项。经过长期发展，苏酒塑造了口味甘冽、窖香浓郁、回味绵长的独特风味，形成以"三沟一河"（双沟、汤沟、高沟、洋河）为代表的名酒品牌。江苏白酒上市企业包括江苏洋河酒厂股份有限公司和江苏今世缘酒业有限公司。通过加强产区建设和企业营销队伍建设、加大苏酒市场开拓力度、加快新产品的研发、提高苏酒科技含量和产品档次、保障品牌质量等，推动固链稳企，推动白酒上市企业高质量发展。

（1）提升苏酒品牌影响力

支持上市企业优化产品结构，大力发展自主品牌，做强主打产品和主推品牌，打造"高端大单品"，推动企业产品被工信部作为典型成果在线上线下展示。支持企业传承和创新酿酒工艺，深入挖掘"苏酒"文化底蕴，全面实施白酒名牌战略，深入"和""缘"文化及"蓝色经典"时尚文化传播，促进苏酒品牌文化先行。推动酒旅文化融合，鼓励上市企业积极参加文化旅游节和国内外各类展览展销活动，加强"苏酒"产品和品牌宣传，不断提升"苏酒"整体品牌影响力。

（2）政策推动良好产区生态

江苏产区应对上市白酒酒企实行政策倾斜，持续推进洋河和今世缘上市企业的错位发展，支持企业扩大优质产能，加速白酒行业向头部整合。鼓励上市企业实施国际化发展战略，通过兼并重组等方式实现优化调整，建设有国际影响力的大企业、大集团。依托白酒品牌优势，加快推动江苏省白酒核心产区规模化、特色化、差异化发展，打造全国白酒全产业链示范产区。充分发挥江苏省白酒行业协会等行业组织作用，引导企业抱团发展，合作共赢，构建梯度协同发展的良好产区生态。

（3）智改带动企业创新发展

鼓励上市企业牵头筹建白酒制造业创新中心，推动白酒企业实现智能化、数字化、绿色化升级，提升白酒行业协同创新水平。创立江苏省工业和信息化产业转型升级专项资金，对酿造菌群调控及绿色化等关键技术攻关予以资金支持。政府应联合产业上下游协同扶持龙头企业，实现融合发展，同时注意避免省内企业内耗，形成白酒产业良好发展格局，稳守基本盘，深耕省内市场、扩大省外市场、开拓国际市场。

二　全域布局

党的二十大明确了高质量发展的首要任务，擘画了以中国式现代化推进中华民族伟大复兴的蓝图，"加快构建新发展格局，着力推动高质量发展"将成为白酒上市企业的风向标。白酒上市企业应通过差异化发展提升品牌影响力，依托多元化产品把握终端消费者，打造特色品牌文化促进消费者认同，以实现企业品牌、产品、文化的协调发展。管理层面，白酒上市企业应通过数字化转型实现全链条把控，完善治理机制建设带动产品质量提升，实施创新驱动激发企业活力，不断提高组织适配性，加强渠道掌控力，推动企业内部高质量发展。市场层面，白酒上市企业可通过科学并购实现企业升级，同时，政府应优化政策推进市场建设，加强白酒产业人才队伍建设，加大财政及用地支持，助力白酒上市企业高质量发展。白酒上市企业应打造可持续发展的绿色产业生态，注重企业社会责任，通过文化输出促进品牌推广，加快产区建设，建立国际标准，锐意产品创新，注重价值表达，进而实现白酒产业的可持续发展，推动中国白酒的国际化发展。

（一）产品层面

1. 差异化发展提升品牌影响力

白酒品牌影响力直接反映了白酒上市企业发展质量和综合实力。与此同时，深度挖掘企业品牌价值，着力提升白酒品牌辨识度和美誉度，有利于促进白酒上市企业的高质量发展。首先，白酒上市企业应制定优质品牌提升战略，着力推动原优质品牌建设，特别针对龙头企业，通过加强与上下游优质企业的深度合作，提升龙头企业白酒产品质量，促进企业主导产业做优做强，增强企业市场竞争力。其次，在消费升级的驱动下，客户需求发生转变，追求品质消费、健康消费、生态消费已经成为新时代消费的主旋律，"少喝酒、喝好酒"的品质消费理念成为白酒主流消费趋势。面对消费市场对品质化和差异化的需求，白酒企业应深入调研分析，积极研发新颖的高品质白酒产品以满足消费者日益增长的新需要，打造特色品牌文化。最后，应借助产业集群效应，持续推动产区品牌高速发展，如建设四川区域品牌营销服务平台，五粮液、泸州老窖、郎酒、水井坊、舍得酒五大品牌协同合作，加速科技创新，从而有效提升四川白酒品牌影响力。

2. 多元化产品把握终端消费者

从消费需求看，白酒的消费特征正在由单一型向多元型转变，白酒消费已开启新时代。趋向年轻化的消费群体更倾向于追求个性化、时尚化白酒产品，更注重场景化、仪式感和现代感。在消费不断升级的趋势下，中国白酒上市酒企需要更多关注终端消费者需求的变化，以多元化产品稳固已有消费者并吸引更多年轻消费者。积极搭建私域体系，将产品思维转为用户思维，以私域体系为核心充分挖掘品牌潜力，直面消费者需求，全方位提升用户触达，激发用户终身价值。通过建立统一营销平台，整合线上线下营销数据，扫除企业与消费者的障碍，加深企业对消费者多元需求的认识，通过明确品牌产品定位加强品牌塑造，推出契合消费需求的产品，依托营销互动宣传品牌文化，激发消费者的消费热情，使产品深入人心。如针对女性消费者占比的增长推出更契合女性消费者的酒款；针对消费者的年轻趋势推出小包装、低度数、多元化口味的个性化产品；针对现阶段白酒低端产能过剩、高端产能不足的问题，企业应结合消费者实际需求积极研发兼具高品质和创新理念的品牌产品，以实现企业产品供给的有效性；为品牌赋予具有传统文化、国潮、趣味等元素的标签，通过多平台媒体的投放潜移默化地走入人心，还可通过与历史文物、职业球队、地理人文的跨界联动吸引消费者的关注。

3. 特色品牌文化促进消费者认同

习近平总书记在党的二十大报告中明确指出"坚守中华民族文化"。白酒作为历史悠久的文化遗产，是中国传统文化的世界名片，坚持传承、发扬、创新是白酒产业文化自信的具体表现。中国白酒企业应注重品牌文化与企业文化的合理对接，依托品牌独有的历史文化底蕴，结合品牌价值和定位，制定符合企业发展战略与时代要求的创新品牌文化，通过内涵的注入增强品牌对消费者的吸引力和认同感。坚持创新引领品牌文化建设，以中国白酒为媒，以传承千年的国酒文化为介，促进国际酒文化的交流互鉴，推动中国白酒国际化发展进程。

(二) 管理层面

1. 数字化转型实现全链条把控

实现数字化转型可为中国白酒上市企业产业链发展提质增效。通过建立营销全链条数字化管理平台，借助互联网技术为全产业链赋能，实现从生产到营销全过程的实时监督和把控。同时，以市场为导向推进企业内外部资源信息共享，提升营销渠道透明度及全链条对市场变化的反应速度，促进消费者驱动和精准营销，提升企业核心竞争力。生产端，企业应依托酿造工艺建立规范化、标准化生产流程，通过智能酿造，获取酿造环境产生的实时数据，实现对原材料用量和温湿度等工艺标准的精准把控，提高生产运营能力；针对生产工艺、产品特点、工序复杂程度选择合适的质量管理工具，通过监管协调指导高效率生产和质量控制；创建智慧包装系统模块，打造可视化包装生产过程，实现从物料到产品的追溯；完善产品溯源管理模块，将产品原料、辅料添加、质检报告等关键信息录入系统并生产唯一身份码，为企业防范假冒伪劣产品、信息溯源、大数据分析等提供精准数据，实现了产品流向和渠道库存的可视化，提升消费者对企业产品的信任度。营销端，通过引入数字化技术实现精准营销和智慧管理，借助针对性营销模式实现人、货、场的高效整合，为传统营销赋能。结合市场增长潜能、预计市场规模和集中度情况创建消费场景评价模块，精准辨别不同消费场景的本质特征，匹配用户的个性化消费需求，使营销更具针对性。将消费场景按照核心、成长以及孵化再次划分模块，对不同消费场景进行精准业务定位，建设包含客户获取、产品定位、渠道触点、增值服务及客户体验等方面数据的数字化营销平台，实现针对消费场景的有效运营。消费端，围绕消费群体不断变化的消费需求建立数字化消费需求信息共享模块。可通过产品唯一身份码引导消费者关注企业公众号，获取消费者特征数据，精准把握新人群的消费习惯。

2. 治理机制建设带动产品质量提升

中国白酒上市企业高质量发展的首要目标是提供市场需要的高质量产品和高品质服务。白酒上市企业高质量发展在关注技术、设备、产品等创新的同时，还应重视企业内部组织管理、企业文化和治理结构的创新，创造白酒企业的内部动能。企业应通过建立现代化治理结构，完善财务内控管理和质量控制体系，从而以科学的内控手段应对市场竞争的潜在风险。作为纳税大户，白酒上市企业应充分发挥内部监督审计部门在控制管理中的重要作用，通过税负规划，建立主动型税务治理体系，集团公司应时刻关注并严格把控母子公司的纳税情况和风险预警，做到整体把控、及时应对并解决税务风险，确保在长期竞争中实现稳定收益。

针对内部控制管理，白酒上市企业应严格规范组织管理、企业文化和治理结构，并完善企业信息化管理，促进企业内部信息及时、准确、有效的传达，特别是集团公司的母子公司间的信息传送，实现企业内部的实时监督。同时，可充分发挥利益相关者的积极性，提高企业信息披露透明度，通过利益相关者的监管约束，实现企业价值的合理分配。此外，企业应加强全员、全过程、全方位的质量管理，将内部组织活动、生产过程、企业人员等纳入质量管理体系，建立以计划、执行、控制为闭环的可持续质量优化管理机制，建立产品质量数据库，严格质量控制和计量检测。为应对环境风险，企业应适度扩大酿酒专用粮种植基地规模，鼓励新品种的育种研发，并建立生产供给信息共享平台，保证企业酿酒专用原料供给的安全与稳定。企业要正确处理速度、质量、风险的联系，坚持速度服从质量，质量服从风险原则。

3. 创新驱动激发企业活力

创新是引领企业高质量发展的第一动力，中国白酒上市企业应通过高水平的"走出去"和"引进来"实现适应经济新常态的创新驱动发展。企业应强化自身研发能力和创新能力，强调创新在企业发展中的主体地位，通过奖励机制激发企业创新活力。创新发展战略应以消费者市场需求为导向，紧密结合国家发展的重大需求，实现区域创新要素的优化布局，依托创新扩大有效供给，从而满足消费者的多样化需求。在激烈的市场竞争中，企业应积极主动求变，在渐进式创新改革中不断完善企业治理机制创新，提升企业管理的科学性。企业可通过引入优质资本、对标国内外先进管理模式、引导班子职业化、决策制定民主化、建立监事会激励和惩戒机制等途径，实现企业管理效率和活力的提升，推进企业治理现代化。

4. 提高组织适配性，加强渠道掌控力

组织结构是白酒上市企业高质量发展需要的关键要素，企业应合理调整组织架构以匹配新的业务要求。首先，企业应完善总部品牌事业部的顶层设计，将传统的大区制变为以省为单位的战区制，减少层级以实现总部与区域的无缝对接，加强总部对战区的统筹管理，实现组织扁平化。其次，企业应培养专业的营销团队，强化战区责任制，充分发挥小单元作战的灵活性，提升营销团队数字化水平，提高各战区对区域市场的精耕能力。与此同时，白酒上市企业可通过数字化营销平台创建订单中心，应用智能码技术，将产品作为数字化载体，借助全渠道订单流和商品流通信息的汇聚，追踪产品"出厂后—零售前"路径，对产品位置信息和拆箱状态进行实时动态监控，判定渠道库存及动销情况，实现产品物流仓储透明化、可视化，为渠道治理提供数据支持，利用配额调整等方式实现精准"控盘"。同时，优化消费者会员体验，建立分级体系激励模式，采用全覆盖积分等有效手段，让经销商和消费者通过扫码获得积分或直接奖励，确保"控盘分利"的有序实施。

(三) 市场层面

1. 科学并购实现企业升级

随着白酒行业的产销逐渐向优势品牌聚集，并购重组成为中国白酒上市企业抢占市场份额的最佳手段之一。企业在通过并购实现转型升级时，应充分梳理双方优势及劣势，理顺机制机构，结合储备人才和资金的状况明确并购目标，重视科学谋划，降低并购的不确定性，为并购后经营绩效和投资收益的提升做好前期战略规划。重视并购后品牌的整合、延续和推广，明细品牌价格、销售区域和消费群体定位，实现品牌和渠道的优势互补，避免双方产品品质、品牌文化和市场定位趋同造成的企业内耗，以及低端产品的不良口碑对高端品牌形象的负面影响。加强企业特色酿酒工艺技术和品酒、调酒技艺的传承与提升，完善人才提升制度，借助历史文化和传统技艺加强企业文化管理。结合企业自身特点灵活借鉴行业内并购成功案例经验，对交易潜在的法律风险做好前期预判和应对准备。积极对接并购企业所在地方政府，充分有效利用政府资源，争取最大政策优惠，为企业未来发展赢得良好的政商环境。

2. 优化政策推进市场建设

政府应打破地区封锁和部门分割，深化垄断市场改革，推进开放、透明、有序的市场体系建设。首先，政府可通过制定市场准入负面清单、依据发展情况更新政策措施等，实现公平透明的市场环境。出台相关政策，促进社会资源和生产要素向优质产品、品牌和企业集聚，推动白酒上市企业的高质量发展。其次，政策应创建创新要素高效配置的体制机制，通过政策支持推动公共研发平台建设，完善创新人才队伍建设，鼓励企业提高研发投入，深入产学研协同创新，营造有利于白酒上市企业创新发展的政策环境。最后，应出台相关政策降低企业融资成本，加大信贷力度，优化企业融资环境，通过放宽白酒上市企业准入标准吸引更多的民营资本进入。加大宣传力度，优化政策措施，为白酒上市企业高质量发展营造良好氛围。同时，通过充分发挥白酒行业协会在行业自律、行业服务、行业发展等方面的积极作用，以更好地维护市场秩序，实现公平竞争。

(四) 政府层面

1. 加强人才队伍建设

中国白酒企业高质量发展离不开高水平人才。政府应通过完善人才培养、引进、选拔、流动、激励机制，推动内培外引，实现高水平专业人才的聚集。应鼓励高校、研究所和企业建立人才孵化合作机制，通过高校、研究所培养和名师带徒等形式，着力培养百名国家级白酒评委、白酒工程师、酿酒师、品酒师等专业技能人才以及高级经营管理人才。可通过建立白酒中青年专家联盟等方式加大中青年专家和技能型人才培养力度。加大人才引进力度，吸引国内外优秀酒类专业技术人才、高级经营管理人才和战略性人才的加入。与此同时，给予国有白酒上市企业在股权、薪酬、分红等方面更大的自主权，以调动高端人才参与企业发展的积极性。

2. 加大财政及用地支持

政府可通过创立白酒产业高质量发展基金，鼓励银行、保险等金融机构为白酒上市企业提供多元化融资支持，引导资金投向，扩大有效投资，帮助企业摆脱产业瓶颈，促进白酒产业发展保障水平提升。优化白酒上市企业用地规划、审批流程，保障企业园区用地并在供地安排上给予倾斜，促进企业园区的聚集。

(五) 可持续发展层面

1. 打造可持续发展的绿色产业生态

可持续发展是中国白酒上市企业高质量发展的核心动能。企业可通过制度供给的有效完善，推动供应、运营等方面的低碳发展，积极履行生态责任，带动市场竞争环境的良性运转，实现绿色产业生态转型。供应链方面，以智慧农业、生物多样性等计划为依托，为种植人员提供专业培训和资金支持，通过本土优质农作物培育保证高品质原材料的稳定供应，共同构建土壤健康框架，促进生物多样性保护，为健康生态保驾护航。运营方面，积极推广新技术、新材料，加大新能源技术的应用，制定净零排放战略，投资建设绿色电力，采用节能减排新技术提升能源效率，减少温室气体排放，以实现节能减排和环保生产的目标。通过增大可再生能源替换率，向消费者传达品牌绿色可持续发展的理念。产品方面，加强产品安全质量管理，积极提倡"健康饮酒"，推动产品包装轻量化研发，以环境友好型包装材料替代不可回收塑料的使用，建立新的白酒包材检验标准。利用消费者增加对白酒文化的认识，用传统文化加强本土文化主题包装，提升产品的附加价值和文化体验。

2. 注重企业社会责任

白酒上市企业作为白酒企业的领先者，应将战略目标及运营管理与可持续发展紧密关联，保持自身韧性、实现长久发展，承担更多的社会责任。除股东利益外，企业应兼顾员工、合作伙伴、消费者和社区的共同发展，努力适应社会需求，做到因需而生、与时俱进，与上下游产业、价值链紧密联系，为合作伙伴提供技术和资源支持，共创具有影响力的商业生态系统，促进企业实现技术升级、产品创新和产业结构优化，实现企业的可持续发展。与此同时，白酒企业还应与各级政府部门保持密切合作，主动参与政府的环保政策和法规的制定和实施，及时了解环保政策的最新动态，为企业的合规运营提供保障。加强环保宣传和培训，提高员工环保意识和技能水平，全员参与环保活动，确保环保工作的有序开展。

（六）国际化发展层面

1. 推动文化输出，促进品牌推广

品牌输出，文化先行。中国白酒上市企业应学习借鉴世界一流酒企在文化宣传、品牌营销、市场拓展方面的成功经验，借助中国元素和方言因地制宜地讲好白酒的故事，把中国白酒打造成为"会说"多国语言的产品，让中国白酒文化在不同语境、不同文化背景下获得认同与传播，让世界各地消费者感知中华白酒文化的魅力。如川酒可依托当下流行的欧美川菜（特别是火锅）市场，制定"川酒+川菜"的品牌推广战略，打造"川菜+川酒"餐饮文化体验，推动四川白酒国际化发展。除高强度、高浓度的白酒文化输入，还应以国外主流社会接受为目标，寻找核心消费人群，持续精耕海外华人市场。长期生活在海外的华人、留学生、学习汉语和文化的外籍人士是为中国白酒"架桥出海"的关键人选，企业可通过创造更多平台和机会让关键人选接触到中国白酒，并把白酒的良好体验和独特魅力推广传播。企业应积极与驻外机构互动，通过拜访当地大使馆、总理使馆促进品牌推介。

2. 加快产区建设，建立国际标准

"产区"已成为世界烈酒的最佳表达方式。中国白酒上市企业的国际化不应该是企业单打独斗的国际化，而是中国白酒产区的国际化。中国白酒的产区建设是白酒上市企业创新转型发展的重要依托，政府、企业及行业协会应加大联合力度，推动当地产区白酒产业链系统化运作。企业应结合国际市场秩序要求对品牌定位、产品定价、目标市场的准入做好通盘考虑，制定符合自身发展的出口战略，可通过并购等方式达到"借船出海"的目的。依托消费大国的市场地位，制定白酒国际标准化发展战略，通过参与国际饮料酒市场规则的构建和完善工作，积极争取白酒在国际烈性酒标准体系中应有的地位与话语权，以国际标准为支撑，推动中国白酒大规模进入国际市场。

3. 锐意产品创新，注重价值表达

由于国内白酒主流产品的度数普遍较高，远超过国际烈酒平均水平，使其很难被外国人接受。中国白酒上市企业应针对国际化发展需要，对酒精度做出调整，根据不同文化习俗调整品牌定位，实施"一国一策"，让白酒的饮用感受更接近当地主流消费者的需求。与此同时，应聚焦国外各类市场的细分，可借鉴国际知名酒类品牌成功经验，推出具有场景特色、可与其他酒类调和叠加饮用的创新"爆品"，并找准与国际烈酒相比具备竞争力的价格带。此外，应设立具有公信力的官方机构，为符合标准的中国白酒品牌进行价值"背书"，积极解决国外消费者对中国白酒的误解与疑虑。

参考文献

蔡跃洲、马文君：《数据要素对高质量发展影响与数据流动制约》，《数量经济技术经济研究》2021年第3期。

曹广勇等：《再议芝麻香型白酒》，《酿酒科技》2013年第11期。

曹晓丽、杨敏：《高管薪酬激励对上市公司业绩影响的实证研究》，《会计之友》2014年第7期。

曾绍伦、王强：《白酒上市公司质量评价及高质量发展路径研究》，《四川轻化工大学学报（社会科学版）》2020年第2期。

陈东方：《客户价值研究与差异化营销》，硕士学位论文，华北电力大学（北京），2006年。

陈甫：《今世缘公司国缘V系产品营销策略研究》，硕士学位论文，南京邮电大学，2022年。

陈红儿、陈刚：《区域产业竞争力评价模型与案例分析》，《中国软科学》2002年第1期。

陈璟：《基于哈佛分析框架老板电器财务报表分析》，硕士学位论文，厦门大学，2017年。

陈诗一、陈登科：《雾霾污染、政府治理与经济高质量发展》，《经济研究》2018年第2期。

陈一君、胡文莉、武志霞：《白酒企业绩效评价指标体系构建与评价方法——基于BSC和熵权的改进TOPSIS模型》，《四川轻化工大学学报（社会科学版）》2020年第5期

陈一君、甘宇、刘妍：《白酒企业高质量发展评价指标体系构建与测度——一种包含协调度的熵权改进TOPSIS模型》，《四川轻化工大学学报（社会科学版）》2022年第2期。

程虹：《如何衡量高质量发展》，《第一财经日报》2018年3月14日第1版。

崔明、黎旭阳：《基于 5A 消费路径的实体书店全渠道营销策略》，《科技与出版》2019 年第 10 期。

戴艳清、王璐：《"国家数字文化网"服务营销策略研究——基于 7Ps 营销理论视角》，《国家图书馆学刊》2018 年第 3 期。

董娜：《中国中小企业提升核心竞争力的研究》，硕士学位论文，河北师范大学，2011 年。

段炳德：《深刻理解实现高质量发展的重要内涵》，《中国青年报》2018 年第 2 期。

段宁：《基于客户感知的酒文化旅游开发市场特征与定位研究》，硕士学位论文，山东师范大学，2016 年。

甘肃皇台酒业股份有限公司：《甘肃皇台酒业股份有限公司 2021 年年度报告》，2022 年 4 月。

甘肃皇台酒业股份有限公司：《甘肃皇台酒业股份有限公司 2022 半年年度报告》，2022 年 8 月。

高佳晨：《白酒市场有点冷经销商花式促销释压》，《中国食品工业》2022 年第 4 期。

高培勇、袁富华、胡怀国、刘霞辉：《高质量发展的动力、机制与治理》，《经济研究》2020 年第 4 期。

郭旭、周山荣、杨俊：《钻石模型视角下仁怀市酱香型白酒产业集群发展对策研究》，《中国酿造》2020 年第 11 期。

郭悦颖：《企业数字化转型对战略绩效的影响路径研究——基于徐工机械的案例分析》，硕士学位论文，内蒙古大学，2022 年。

韩雷、钟静芙：《高质量发展的内涵解读、理论框架及实现路径》，《湘潭大学学报（哲学社会科学版）》2021 年第 6 期。

何立峰：《深化供给侧结构性改革推动经济高质量发展》，《宏观经济管理》2020 年第 2 期。

何欣、张红梅：《大数据时代的白酒品牌营销战略分析》，《酿酒科技》2018 年第 8 期。

贺晓宇、沈坤荣：《现代化经济体系、全要素生产率与高质量发展》，《上海经济研究》2018 年第 6 期。

洪洁：《现行杜邦分析体系的不足与改进探讨》，《商业会计》2013 年第 2 期。

化春光：《破解茅台巴拿马获奖谜团：一个无中生有的金奖》，《旅游时代》2015年第4期。

黄均红：《酒都宜宾和宜宾酒文化史迹》，《中华文化论坛》2001年第1期。

黄睿、陈昀、王志敏：《哈佛分析在"互联网+制造"型企业中的应用——以小米集团为例》，《财会通讯》2020年第10期。

黄泽悦、罗进辉、李向昕：《中小股东"人多势众"的治理效应——基于年度股东大会出席人数的考察》，《管理世界》2022年第4期。

纪磊：《牛栏山"三五"圆满收官》，《中国酒》2016年第3期。

江源：《中国最大清香型白酒生产基地在汾阳揭牌》，《酿酒科技》2018年第10期。

金孟泽、郭慧：《河南白酒市场浅析》，《中国酒》2000年第2期。

康蕊芳：《杜邦分析体系在财务分析中的应用与改进》，《财会学习》2018年第17期。

李成、任伟、周冠夫：《服务营销在市场营销中的重要性》，《现代交际》2012年第8期。

李代广：《复兴豫酒企业有样板可参照》，《经理日报》2006年1月14日第3版。

李付丽等：《电子舌和测色仪在酱香型白酒质量检测方面的应用》，《酿酒科技》2015年第3期。

李海凤：《内蒙古白酒市场营销策略研究——以河套酒业高端酒为例》，《中国管理信息化》2013年第6期。

李静：《基于大数据精准营销的网络营销策略研究》，《商业经济研究》2017年第11期。

李娟：《经济全球化视角下国际市场营销策略分析》，《商业经济研究》2016年第19期。

李俊靖：《杜邦财务分析新体系及其应用》，《商业时代》2013年第4期。

李晓雪：《"互联网+"时代数字营销面临的挑战与发展》，《现代营销（学苑版）》2021年第5期。

李亚男：《基于老白干酒业的企业风险管理分析》，《企业导报》2011年第7期。

李宇珩：《黑龙江省白酒生产企业现状及相关税收政策效应分析》，《黑龙江科技信息》2011年第34期。

梁淑佳：《北京牛栏山创意包装设计》，硕士学位论文，长沙理工大学，2019年。

刘朴兵：《略论改革开放后河南酒文化的传承和发展》，《农业考古》2012年第1期。

刘守刚：《做酒就是做文化》，《中国酒》2013年第9期。

刘小宇：《大转型：跑出加速度　彰显高质量》，《吕梁日报》2019年1月20日第1版。

刘雅芳、刘宁波：《基于杜邦体系分析的商业银行盈利能力分析——以中国工商银行为例》，《商》2014年第17期。

柳春涛：《杜邦分析法的局限性及改进建议》，《审计月刊》2012年第6期。

龙云安、陈卉、赵舒睿：《白酒产业生产区与自贸区协同发展》，《食品工业》2020年第6期。

吕恩泉、刘江涛：《基于杜邦方法的房地产公司盈利能力分析》，《经济论坛》2010年第2期。

吕建铖：《打破香型束缚，东北酒逆势前行》，《酿酒》2015年第6期。

吕铁：《传统产业数字化转型的趋向与路径》，《人民论坛·学术前沿》2019年第18期。

马广奇、廉瑜瑾：《哈佛分析框架下汽车企业财务报表分析——以吉利集团为例》，《会计之友》2012年第34期。

马茹、张静、王宏伟：《科技人才促进中国经济高质量发展了吗？——基于科技人才对全要素生产率增长效应的实证检验》，《经济与管理研究》2019年第5期。

马茹、罗晖、王宏伟、王铁成：《中国区域经济高质量发展评价指标体系及测度研究》，《中国软科学》2019年第7期。

孟凡德：《铸就高端品牌引领鲁酒振兴》，《中华商标》2012年第7期。

孟祥兰、邢茂源：《供给侧改革背景下湖北高质量发展综合评价研究——基于加权因子分析法的实证研究》，《数理统计与管理》2019年第

4 期。

闵玲等：《"十四五"四川将实施川酒振兴"五大行动"》，《四川日报》2021 年 1 月 21 日第 12 版。

牛思佳、沈雷：《数字化转型下服装品牌营销渠道的策略分析》，《毛纺科技》2020 年第 4 期。

裴长洪、王镭：《试论国际竞争力的理论概念与分析方法》，《中国工业经济》2002 年第 4 期。

戚聿东、肖旭：《数字经济时代的企业管理变革》，《管理世界》2020 年第 6 期。

钱爱民、张新民：《新准则下利润结构质量分析体系的重构》，《会计研究》2008 年第 6 期。

松子、金秀：《景芝镇被授予中国芝麻香白酒第一镇 景芝酒业获中国芝麻香白酒生态酿造产区》，《中国酒》2012 年第 12 期。

宋明佳、张庚淼：《产业国际竞争力评价指标体系研究》，《人文杂志》2003 年第 2 期。

唐海军、朱长跃：《体育赛事品牌的营销策略研究》，《西安体育学院学报》2009 年第 2 期。

陶文昭：《科学理解新发展理念》，《前线》2017 年第 9 期。

陶莹：《白酒企业社会责任与竞争力关系的实证研究——以价值链为视角》，《西南交通大学学报（社会科学版）》2018 年第 1 期。

田洋、刘江甲、杨成文：《杜邦分析法在财务分析上的应用——以五粮液为例》，《当代经济》2016 年第 21 期。

佟启良、王义润：《科学研究选定测试指标要有针对性》，《中国运动医学杂志》1986 年第 2 版。

王波、吴子玉：《基于范数灰关联度确定权重的江苏省文化产业竞争力综合评价研究》，《江苏社会科学》2016 年第 3 期。

王大树：《新发展理念与高质量发展》，《北京工商大学学报（社会科学版）》2022 年第 5 期。

王建蓉：《品位与气质的百年轮回》，《经理日报》2010 年 11 月 8 日。

王锦昆：《高端白酒的市场营销策略浅析》，《商场现代化》2012 年第 21 期。

王小林、杨志红：《高质量发展视角下企业数字化转型的机理》，《求索》2022年第4期。

王秀村、冯姗：《走出4P模式——市场营销的新概念》，《北京工商大学学报（社会科学版）》2005年第4期。

王瑶、黄贤环：《企业高质量发展的指标体系构建与实现路径》，《统计与决策》2021年第12期。

王一鸣：《大力推动我国经济高质量发展》，《人民论坛》2018年第9期。

王玉：《数字经济对中小制造企业转型的影响研究》，《经济社会体制比较》2021年第3期。

韦影、宗小云：《企业适应数字化转型研究框架：一个文献综述》，《科技进步与对策》2021年第11期。

魏敏、李书昊：《新时代中国经济高质量发展水平的测度研究》，《数量经济技术经济研究》2018年第11期。

吴非、胡慧芷、林慧妍、任晓怡：《企业数字化转型与资本市场表现——来自股票流动性的经验证据》，《管理世界》2021年第7期。

吴珊红：《品牌万里行胜利回师北京》，《公共商务信息导报》2006年10月13日第9版。

吴涛：《2008—2010年中国石油天然气股份有限公司财务分析报告——基于哈佛分析框架的运用》，《会计之友》2012年第11期。

吴中超、苏磊：《基于战略群组理论的四川白酒企业竞争策略研究》，《中国酿造》2018年第9期。

习近平：《习近平谈治国理政（第三卷）》，外文出版社2020年版，第238—239页。

肖静华：《企业跨体系数字化转型与管理适应性变革》，《改革》2020年第4期。

谢振斌、郭建波：《四川宜宾县喜捷镇槽坊头酿酒遗址价值分析》，《四川文物》2013年年第5期。

熊燕飞：《泸州老窖品牌战略发展研究》，硕士学位论文，电子科技大学，2016年。

杨春景：《消费税后移对白酒行业的影响分析》，《财会通讯》2020年第6期。

杨继瑞、杜思远、白佳飞：《白酒产业聚集与区域经济发展——兼谈四川新型白酒酒庄打造路径》，《消费经济》2020年第1期。

杨沐春：《且看宋克伟引领下的二锅头"牛速"》，《中国酒》2018年第12期。

姚婷：《作业成本法在A公司酿酒环节的应用研究》，硕士学位论文，大连海事大学，2018年。

喻蕾：《市场营销专业课程教学改革研究》，《科技经济市场》2021年第10期。

张春香：《基于钻石模型的区域文化旅游产业竞争力评价研究》，《管理学报》2018年第12期。

张涛：《高质量发展的理论阐释及测度方法研究》，《数量经济技术经济研究》2020年第5期。

张先治：《构建中国财务分析体系的思考》，《会计研究》2001年第6期。

张新民：《企业财务状况质量分析理论研究》，博士学位论文，东北财经大学，2002年。

张一：《衡水老白干酒新品牌营销战略研究》，硕士学位论文，天津大学，2006年。

张乔等：《内蒙古河套酒业品牌延伸发展的分析与思考》，《中国商贸》2014年第14期。

赵华林：《高质量发展的关键：创新驱动、绿色发展和民生福祉》，《中国环境管理》2018年第4期。

赵剑波、史丹、邓洲：《高质量发展的内涵研究》，《经济与管理研究》2019年第11期。

赵涛、张智、梁上坤：《数字经济、创业活跃度与高质量发展——来自中国城市的经验证据》，《管理世界》2020年第10期。

赵燕：《基于可持续增长率的杜邦财务分析体系重构》，《会计之友》2018年第6期。

周芳：《区域跨境电商产业竞争力评价指标体系的研究》，《重庆理工大学学报（自然科学）》2019年第1期。

庄志锐：《L公司酱香型白酒的营销策略研究》，硕士学位论文，华南理工大学，2020年。

邹广文、华思衡:《在新发展阶段把握高质量发展》,《新视野》2022年第6期。

左仁淑、王键:《竞争中心论:一种新的市场营销观》,《西南民族大学学报(人文社会科学版)》2004年第2期。

[美] 博迪、凯恩、马库斯:《投资学精要(第8版)》,清华大学出版社2015年版。

[美] 菲利普·科特勒:《市场营销原理》,机械工业出版社2008年版,第5页。

[美] 帕利普·希利:《经营分析与评价(第4版)》,朱荣译,东北财经大学出版社2008年版,第41—42页。

《山东省人民政府办公厅转发省经济和信息化委关于加快培育白酒骨干企业和知名品牌的指导意见的通知》,《山东省人民政府公报》2018年第18期。

刘星:《中华优秀传统文化传承发展研究》,中国社会科学出版社2024年版,第29页。

《省人民政府关于促进贵州白酒产业又好又快发展的指导意见》,《贵州省人民政府公报》2008年第2期。

Altman E. I., "Financial Ratios, Discriminant Analysis and the Prediction of Corporate Bankruptcy", *The Journal of Finance*, Vol. 23, No. 4, April 1968, pp. 589-609.

Chanias S., Myers M. D., HESS T., "Digital Transformation Strategy Making in Pre-digital Organizations: The Case of a Financial Services Provider", *The Journal of Strategic Information Systems*, Vol. 28, No. 1, March 2019, pp. 17-33.

Clyde P. S., *Financial Statement analysis and Valuation: A Strategic Perspective*, New York: Dryden Pr, 1999, p. 136.

Erich A. Helfert, *Financial Analysis Tools and Techniques: A Guide for Managers*, New York: McGraw Hill, 2001, p. 467.

Fitzgerald M., Kruschwitz N., Bonnet D., et al., "Embracing Digital Technology: A New Strategic Imperative", *MIT Sloan Management Review*, Vol. 55, No. 2, January 2014, pp. 3-12.

Gawer A., "Bridging Differing Perspectives on Technological Platforms:Toward an Integrative Framework", *Research Policy*, Vol. 43, No. 7, September 2014, pp. 1239-1249.

Gurbaxani V., Dunkle D., "Gearing up for Successful Digital Transformation", *MIS Quarterly Executive*, Vol. 18, No. 3, September 2019, pp. 209-220.

Hess T., Matt C., Benlian A., et al., "Options for Formulating a Digital ransformation Strategy", *MIS Quarterly Executive*, Vol. 15, No. 2, June 2016, pp. 123-139.

Iivonen I., Thalmann S., Manhart M., et al., "Reconciling Digital Transformation and Knowledge Protection: A Research Agenda", *Knowledge Management Research & Practice*, Vol. 16, No. 2, February 2018, pp. 235-244.

Knudsen D. R., "Elusive Boundaries, Power Relations, and Knowledge Production: A Systematic Review of the Literature on Digitalization in Accounting", *International Journal of Accounting Information Systems*, Vol. 36, March 2020, pp. 100441.

Marjorie Wall, Louise A. Heslop, "Consumer Attitudes toward Canadian-made Versus Imported Products", *Journal of the Academy of Marketing Science*, Vol. 14, No. 2, January 1986.

Mary Pugh, Richard Fletcher, "Green International Wine Marketing", *Australasian Marketing Journal*, Vol. 10, No. 3, December 2002.

Mergel I., Edelmann N., Haug N., "Defining Digital Transformation: Results from Expert Interviews", *Government Information Quarterly*, Vol. 36, No. 4, October 2019, pp. 101385.

Porter M. E., *The Competitive Advantage of Nations*, New York: Free Press, 1990.

Rogers D. L., *The Digital Transformation Playbook: Rethink Your Business for the Digital Age*, New York: Columbia University Press, 2016.

Sébastien Lecocq, Michael Visser, "What Determines Wine Prices: Objective vs. Sensory Characteristics", *Journal of Wine Economics*, Vol. 1, No. 1, March 2006.

Stephen H., *Financial Statement Analysis and Security Valuation*, New

York: McGraw-Hill Higher Education, 2012.

Tapscott, *The Digital Economy: Promiseand Perilin the Age of Networked Intelligence*, New York: McGraw-Hil Higher Education, 1996.

U. R. Orth, P. Krška, "Quality Signals in Wine Marketing: The Role of Exhibition Awards", *International Food and Agribusiness Management Review*, Vol. 4, No. 4, February 2001, pp. 385-397.

Verhoef P. C., Broekhuizen T., Bart Y., et al., "Digital Transformation: A Multidis-ciplinary Reflection and Research Agenda", *Journal of Business Research*, Vol. 122, January 2021, pp. 889-901.

Vial G., "Understanding Digital Transformation: A Review and a Research Agenda", *The Journal of Strategic Information Systems*, Vol. 28, No. 2, June 2019, pp. 118-144.

Warner K. S. R., Wager M., "Building Dynamic Capabilities for Digital Transformation: An Ongoing Process of Strategic Renewal", *Long Range Planning*, Vol. 52, No. 3, June 2019, pp. 326-349.